AF557575

SV

Band 1469 der Bibliothek Suhrkamp

Der Nachlaß von Hans Blumenberg
im Deutschen Literaturarchiv Marbach

Hans Blumenberg

Quellen, Ströme, Eisberge

Herausgegeben von Ulrich von Bülow
und Dorit Krusche

Suhrkamp Verlag

Erste Auflage 2012

Satz: Hümmer GmbH, Waldbüttelbrunn
Druck: Druckhaus Nomos, Sinzheim
Fotoarbeiten: Chris Korner
Printed in Germany
ISBN 978-3-518-22469-4

Quellen, Ströme, Eisberge

QUELLEN

Auch wenn man ›Kritik‹ nicht als die erhabenste Fähigkeit des Menschen gegenüber sich selbst und anderen ausgezeichnet wissen möchte, wird man doch dem geschichtlichen Phänomen der großen ›Ordnungsrufe‹ Beachtung und Achtung zuwenden müssen. In ihnen demonstriert sich die Fähigkeit zur Selbstberichtigung der Geschichte, auch wenn von ihr die Voraussetzung noch nicht angenommen worden ist, sie werde durchgängig selbst gemacht. Zwei Grundformen solcher Ordnungsrufe lassen sich, als die Wurzeln aller anderen, aufs präziseste herauspräparieren: der Ruf ›Zu den Sachen!‹ (*ad res*) und der andere ›Zu den Quellen!‹ (*ad fontes*). Der erste Ordnungsruf bindet sich an die Disjunktion von Sachen und Worten, Wirklichkeit und bloßer Rede, Realismus und Rhetorik; der andere Ordnungsruf ist verbunden mit der Disjunktion von Ursprung und Verfall, Authentizität und Scholastik, Genie und Epigonentum, Reinheit und Verderbnis.

Wenn die beiden Ordnungsrufe niemals gleichzeitig ertönt sind, so nicht deshalb, weil man den Eindruck des späten historischen Betrachters immer gehabt hätte, sie schlössen einander aus. Viel eher glaubte man, jeweils durch die eine Wendung oder Korrektur auch die andere schon gefordert oder bewirkt zu haben. Die Rückwendung des spätmittelalterlichen Humanismus zu den antiken Quellen, die für uns das nachhaltigste Beispiel des einen Ordnungsrufes darstellt, war immer von dem Bewußtsein getragen, in der damit vollzogenen Ablehnung aller Scholastik und ihrer Realitätsferne über die Unmittelbarkeit zu deren antiken Autoritäten auch das Wirklichkeitsverhältnis wiederhergestellt zu haben oder wiederherstellen zu können. Die Grunderfahrung ihrer Verderblichkeit, also des durch unverständige Abschreiber verschuldeten Zustands der antiken Texte, vermittelt durch die aus Byzanz hereinströmenden unverdorbenen oder weniger verdorbenen Handschriften, führt zum Pathos des Verlangens nach unverderbten oder wiederherzustellenden Textgrundlagen für das Verhältnis zur Antike.

Der Ordnungsruf ›Zu den Sachen!‹ lebt noch darin von seiner Verachtung der bloßen Worte und der rhetorischen Steigerungsmittel, daß er für sein eigenes Pathos auf die Metapher verzichtet. Der Rückruf ›Zu den Quellen!‹ ist eine Metapher und ist der Inbegriff einer nur rhetorisch möglichen Zumutung. Die Quellen sind immer verloren, liegen immer im Rücken der Geschichte. Allenfalls holt man sie, statt zu ihnen zurückzukehren, wieder hervor, liest die Palimpseste, riskiert Konjekturen. Worin Narziß sich spiegelt, soll nach alter Überlieferung eine Quelle sein, weil das die mythische Suggestion verstärkt, die Schönheit seines Spiegelbildes habe mit der Reinheit des Wassers zu tun, das es ihm zurückwirft; aber einem reinen Quell würde der mythische Hirt nur auf den Grund sehen. Doch der Grund ist gerade das Feste, aus dem die Quelle entspringt, das sie verläßt. Zwischen Quellen und Gründen gibt es ein Widerspiel. Der ›Seelengrund‹ der Mystiker wird, entgegen der Annahme der transzendentalen Religionsphilosophie von Rudolf Otto, kein ›Quellengrund‹ oder ›Wurzelgrund‹ sein. Die Metaphorik der Quelle, bis hin zu ihrer Vergessenheit in der Fachsprache des Historikers und des Philologen, wird ganz im Gegensatz zur Quelle des Narziß nur dadurch den Gedanken anleiten, daß sie fließt. Die Redeweise, daß zu einer Fragestellung *die Quellen nur spärlich fließen*, bewahrt noch im austerminologisierten Fachmilieu das Aroma der Herkunft, während der Vorwurf, davon *steht nichts in den Quellen*, es schlichtweg eingebüßt hat.

Wasser ist nicht gleich Wasser. Eine der simpelsten und doch erst langer Erfahrung zugänglichen Lebenseinsichten. Nicht zufällig reizt die Doppelung ›Quellwasser‹ zur Imagination einer unvergleichlichen Erfrischung. Und die Brauindustrie hat sich noch einer Steigerung versichern zu können gemeint, indem sie sich auf das ›Felsquellwasser‹ ihres Standorts berief – der aus dem Felsen, der äußersten Sterilität, entspringende Quell hat die biblische Konnotation des Wunderbaren nicht vollends eingebüßt.

Eine Lebensgeschichte kann die sprachlichen Namen mit Nebentönungen versehen, die dem Außenstehenden nicht zugänglich sind. Die Sprache schafft auch, so paradox es klingt, die innerindividuelle Intersubjektivität, dem gegenwärtigen Ich nicht verlorengehen zu lassen, was das entschwindende vergangene Ich erlebt und erfahren hat. Manès Sperber hat in seinen Erinnerungen »All das Vergangene ...« die lebenslange Spracherfahrung an den Ausdrücken für Wasser verlebendigt, das ihm als slawisches ›Woda‹ verbunden war mit dem, was man aus dem Brunnen schöpft, als hebräisches ›Majim‹ mit dem, das aus einer Quelle sprudelt, und als deutsches ›Wasser‹ banalerweise mit dem *aus dem Wasserhahn, den ein kleines Kind beliebig öffnen und schließen kann*. (Die Wasserträger Gottes. Wien 1974, 59)

Nicht zufällig ist in dieser ›Verteilung‹ auch eine verborgene Ordnung der Sprachen erfaßbar. Keiner entgeht der Romantik, die im Wort ›Quelle‹ liegt.

›Quellenschule‹ war der respektvolle Spottname für die Historikergeneration Rankes und seiner Schüler bei der ihnen unmittelbar folgenden. Die Selbstverständlichkeit, mit der jene die historische Tatsache den kritisch gesicherten, von Interpretamenten befreiten Quellen unmittelbar entnehmen zu können geglaubt hatte, wurde abgelöst durch das Schlagwort: *Das wahre Faktum steht nicht in den Quellen*. (Johann Gustav Droysen an F. Perthes, 8. Februar 1837; Texte zur Geschichtstheorie, 82) Zwar verrät diese Losung nichts von dem metaphorischen Verständnis des längst fachsprachlich festgelegten Ausdrucks ›die Quelle‹; aber die Wendung gegen den ritualisierten Quellengebrauch der Vorgänger vollzog sich auch unter Wiederentdeckung des metaphorischen Horizonts dieses Zentralbegriffs. Nicht zufällig geschah das im Hauptwerk der neuen methodischen Reflexion und ihrer These, Aufgabe des Historikers sei Verstehen, in Droysens »Historik«.

Der Verfasser der »Geschichte des Hellenismus« (1833-1853) hatte nach Beginn seiner Lehrtätigkeit in Berlin 1856 damit begonnen, Vorlesungen zur »Enzyklopädie und Methodologie der Geschichte« vorzutragen und zur Selbständigkeit einer Historik zu entwickeln. Gerade weil es nicht zuletzt darum ging, die historische Wissenschaft vor der überwältigenden Faszination des Erfolgs der Naturwissenschaft abzuschirmen und in ihrer Autonomie zu sichern, durfte auf den bildhaften Hintergrund des Begriffs aufmerksam gemacht, dieser sogar gegen die historische Absolutsetzung *der Quelle* aktiviert werden. Das ermöglicht vor allem, die Fraglosigkeit zu problematisieren, mit der die politische Geschichtsschreibung vorausgesetzt hatte, die in dynastischen und administrativen Archiven deponierten Quellen seien wegen ihrer bewußten Hinterlegung und Hinterlassung für alle Zukunft das letzte an Befragbarkeit der historischen Realität.

Der Rückgriff auf das ›natürliche‹ Bildfeld der Quelle legt den Zweifel an solcher Ursprünglichkeit ebenso ›natürlich‹ nahe. Man wollte über die Quelle hinaus zurückfragen dürfen und müssen: auf den Willen, der sie geschaffen und hinterlassen hatte, auf die Gesamtheit der Bedingungen ihrer Entstehung. Man würde so den Umfang des unter dem Titel der Quelle befaßten Materials über den Umfang der bewußt geschaffenen Hinterlassenschaft von Staatshandlungen hinaus erweitern müssen. Droysen hat am metaphorischen Leitsystem der Quelle das Rückfragen auf deren weiteren Ursprung und Versorgung veranschaulicht. Zunächst hat auch er die finale Auffassung: *In den Quellen sind die Vergangenheiten, wie menschliches Verständnis sie aufgefaßt und sich geformt hat, zum Zwecke der Erinnerung überliefert.* (Grundriß der Historik, ed. R. Huebner, § 24, 333) Der Zweckbegriff steht erst in der Druckauflage von 1882. In der ersten Fassung, die 1858 als Manuskriptdruck für die Hörer der Vorlesung erschienen war, war die Instrumentalität der Quellen weniger deutlich ausgesprochen: *In den Quellen sind die Vergangenheiten, wie menschliches Verständnis sie aufgefaßt und ausgesprochen, als Erinnerung geformt hat, überliefert.* Es ist greifbar, daß kein handelndes Subjekt auftritt, das sich Überlieferung zum Zweck gesetzt hätte. Aber die metaphorische Herkunft ist so weit abgeblendet, daß eine ganz unverträgliche Koppelung mit der Lichtmetapher hergestellt werden kann: *Die Quellen, auch die vorzüglichsten, geben ihm (sc. dem Forscher) sozusagen nur polarisiertes Licht.* (§ 25, 334)

Unabhängig von dem Willen, der die Quelle hinterläßt, und unabhängig von Art und Anlaß ihrer Formung ist schon die historische Tatsache selbst, von der die Quelle doch nur ein Beleg oder Relikt ist, *ein Komplex von Willensakten, oft vieler, helfender und hemmender, Willensakte.* (§ 28, 335) In welchem Verhältnis die vorfindlichen Materialien zu jenen vergangenen Willensakten stehen, hat die Kritik zu bestimmen. Die Quelle ist also ein den historischen Sachverhalten für uns vorgelagertes Produkt, das Zutagetreten eines bis dahin konturlosen Systems der Zuführung von Realität zur Theorie. Auf diesen ›Quellgrund‹ bezieht sich nun die weiträumige Vorstellung, in der Droysen den metaphorischen Bezug des Terminus überraschend eigenartig aufdeckt und wieder in Kraft setzt: *Nicht das wüste Durcheinander der gleichzeitigen Meinungen, Nachrichten, Gerüchte ist die erste Quelle; das ist nur der sich täglich wiederholende atmosphärische Prozeß der aufsteigenden und sich niederschlagenden Dünste, aus denen die Quellen werden.* (§ 34, 338)

Der Historiker, der die letzten Hintergründe des Geschehens über die Quellen hinaus verfolgen und bloßlegen will, findet das Bild der atmosphärischen Dünste, aus denen die Quellen werden, *wie sozusagen aus den Geschäften Geschichte wird.* (Texte, 61) Es sind nicht alle und nicht beliebige Geschäfte, aus denen die Quellen des Geschichtsschreibers hervorgehen, sondern nur solche, die *durch eine gewisse Art der Betrachtung, unter gewissen Gesichtspunkten als Geschichte erscheinen.* Für ihre geschichtliche ›Qualität‹ muß das Bild des atmosphärischen Prozesses immer weiter vorangetrieben werden: über die *Wasserniederschläge, aus denen die Quellen werden*, hinaus zu den Dünsten, die in noch feinerer Verteilung und noch unmerklicher enthalten, was in Niederschlägen bereits hohe Merklichkeit annimmt, und schließlich zur Metapher der Stimmungen, unter denen jene Geschäfte ablaufen. Nach ihnen wird metaphorisch gefragt, *unter welchem atmosphärischen Druck sich die Dinge vollzogen.* (Zur Quellenkritik und deutschen Geschichte des 17. Jahrhunderts. In: Forschungen zur deutschen Geschichte 4, 1864, 15-55)

Druck erscheint noch ungreifbarer als Dunst. Droysen scheint alles darauf anzukommen, die letzte Herkunft des geschichtlichen Sachverhalts in Unbestimmtheit oder gar Unendlichkeit verschwimmen zu lassen. Dabei hält seine Metaphorik am homogenen Zusammenhang der Orientierung fest; das Bild bleibt konsistent. Es gibt ein Ideal, das der Historiker nicht erfüllen kann, das aber, was er faktisch tut und in Ermangelung tieferer oder höherer Einsicht tun muß, der Kritik aussetzt, seine Materialien seien *nicht die Wirklichkeiten selbst, nicht einmal Fotografien von ihnen, so wenig wie es von Verhandlungen die Protokolle sind*, da doch noch das sorgfältigste Stenogramm einer Rede oder einer Verhandlung *immer nur eine Totenmaske des lebendigen Vorganges geben* wird. (Texte, 64)

Die der späteren »Historik« zugrunde liegende Vorlesung von 1857 über »Enzyklopädie und Methodologie der Geschichte« hatte das Problem der Entstehung des geschichtlichen Stoffes noch überwiegend als das des Verhältnisses von einzelnem und Staat als der Größenordnung des geschichtlich handelnden Subjekts gesehen. Doch dies entließ gerade die gegen Hegel wie Ranke geltend gemachte Frage, ob denn wirklich der Staat das Subjekt der Geschichte und darüber hinaus sogar das Maß sei, woran bestimmt werden kann, was geschichtlich ist und was nicht. Die Optik des Historikers erscheint der des Geologen am nächsten, der die Sedimente ganzer Erdzeitalter betrachtet, ohne noch an die zahllosen Organismen zu denken, die sie einmal hervorgebracht haben müssen. Dem entspricht das Verhältnis von Ich und Geschichte: *Es liegt in der Natur der menschlichen Persönlichkeit, daß sie ein Gewebe aus allen Fäden sittlicher Gestaltungen um sich her habe, wie fein oder roh es denn sei. In myriadenhafter Wiederholung bildet diese Tatsache die sich fort und fort anschließende*

Entwicklung des Menschengeschlechtes. Jeder einzelne hat diese mikrokosmische Welt seiner Persönlichkeit geformt; und wie winzig und gebrechlich diese Welt sein mochte, sie blieb von ihr zurück wie die Schalen der Infusorien, die zusammengeschlemmt jene großen Kreidelager bilden. (Texte, 13 f.)

Es ist erstaunlich, daß die geschichtliche Rechtfertigung der Existenz des einzelnen und seine Individualität mit Metaphern ausgesprochen werden können, die sonst gerade seine Bedeutungslosigkeit, sein funktionales Aufgehen in Anonymität beschreiben: dem Bienenstock, der Austernbank, dem Kreidefelsen. Droysen will mit derselben Metaphorik dem absoluten Rang der politischen Handlung des Genies, der singulären Persönlichkeit, entgegentreten, indem er zur bleibenden Substanz der geschichtlichen Formation die sittliche Qualität der individuellen Person macht. Die unendliche Arbeit der Individuen schafft allererst das Niveau, auf dem sich die Größe der geschichtlichen Taten und Ereignisse überhaupt der historischen Optik darbietet: *Freilich Myriaden leben und sterben, ohne daß ihrer Namen gedacht wird. Aber indem sie ein noch so kleines Gebilde ihres Ich zurücklassen, sind sie mit unter den zahllosen Atomen, die, aufeinander gehäuft, alpenhaft emporsteigen müssen, um endlich diejenigen zu tragen, welche die Spitze und die kühnen Konturen der Höhe bilden sollen.* (Texte, 18)

Anhebung des Niveaus für den geschichtlichen Prozeß bis ins Alpenhafte ist die eine Richtung der Metaphorik des Historikers, Schaffung des Gefälles für die geschichtliche Streuung und Überflutung der Niederungen die andere. Diese bedeutet, daß *das geschichtliche Leben, nachdem es den Erdkreis zu umfluten begonnen hat, auch in die tieferen Schichten hinabdringen, auch diese bewegen und erheben wird.* (Texte, 24) Was sich derart ausbreitet, ist geschichtliches Bewußtsein, und was damit wächst, ist *die strömende Kraft des geschichtlichen Lebens*, die ihrerseits auf das geschichtliche Bewußtsein zurückwirkt.

Droysens Auflehnung gegen den Absolutismus der Quellen scheint, wie Auflehnungen oft, die Beschränkungen deutlich genug zu erfassen und zu überschreiten, doch nicht erkennbar zu machen, wie die Zeugnisse und Aufschlüsse, die Fragestellungen und Gegenstände aussehen könnten, in deren Genuß historische Erkenntnis nach jenem Durchbruch gelangen würde. Der atmosphärischen Metaphorik der Quellen und Strömungen entspricht, daß nicht die Taten und Ereignisse, sondern die Zustände und Institutionen thematisch werden müssen. In die Wirkungszeit Droysens fällt die Prägung des Titels ›Kulturgeschichte‹ mit dem Programm einer neuen Entgrenzung des historischen Gegenstands. Es ist bezeichnend für die Funktion der Metapher, daß sie von der fachsprachlichen Fixierung eines Ausdrucks in dem Augenblick auf seinen imaginativen Horizont hinüberschwenkt, wo eine Disziplin den Umkreis ihrer langfristig definierten Gegenständlichkeit sprengt, um neuerdings festzulegen, womit sie es zu tun hat und mit welchen Mitteln sie sich dessen versichern will.

Unter dem Titel der Kulturgeschichte war eine fast schrankenlose Erweiterung fällig, was fortan ›Quelle‹ heißen durfte. Da war nun Droysen, bei aller Bereitschaft, hinter die schulmäßig anerkannten Quellen zu gehen, zurückhaltend: *Ich gehe mit schwerem Herzen daran, den Namen Kulturgeschichte zu brauchen. Es ist ein Name von höchst zweifelhaftem wissenschaftlichen Wert und von nur zuviel dilettantischem Rang.* (Texte, 27) Das Leben empfinde jede seiner Gegenwarten *als großes Netz von Zuständen*, als *ideellen Durchschnitt durch die vollströmende Bewegung von sittlichen Gestaltungen.* In dieser Betrachtungsweise werde die Gegenwart mehr als Gleichzeitigkeit von Fakten und zuständlichen Daten; sie wird zur Gleichheit eines Stils.

Die Identität der Prägung ist das eigentliche Thema einer Kulturgeschichte. Um diesen theoretischen Zugriff nach Einheit abzuheben gegen die bloße Summierung von Erkenntnissen aus Spezialdisziplinen, hat Droysen wieder eine große Metapher zur Verfügung, deren entfaltete Imagination unterscheiden läßt zwischen der Dramatik der

Ereignisse und der stillen Dauerhaftigkeit von Prägungskräften. Kulturgeschichte würde, *wie der Nil mit jeder Jahresüberschwemmung eine feine Schicht Humus niederschlägt, so diese Niederschläge der immer neuen Flutungen und Überflutungen der Menschenwelt beobachten: nicht wie der Strom steigt und überschwemmt und wieder sinkt, sondern was von ihm zurückbleibt als Kulturboden und Befruchtung zu einer neuen Ernte.* (Texte, 29)

Der Gesamtkomplex der Metaphorik des Historikers Droysen stellt sich als eine Rhetorik der Verundeutlichung dar; er hält etwas in der Hinterhand, was er uns nicht preisgibt; so etwas wie eine Sache seiner persönlichen Frömmigkeit, die unbenannt bleiben soll. Zwar lenkt er den Blick auf den Einzugsbereich seiner Quellen jenseits ihrer methodischen Faßbarkeit, um dieses Quellgebiet der Ströme aber zugleich der Kompetenz des Historikers zu entziehen: Der Alltag der Meinungen und Erzählungen, der Nachrichten und Gerüchte, der aufsteigenden und sich niederschlagenden Dünste, des wechselnden atmosphärischen Drucks der Stimmungen wird keineswegs zum Thema gemacht. Die metaphorische Grenzüberschreitung soll nur festhalten, was den Leistungen einer Disziplin als Prozeß ihrer Gegenstandsbildung vorausgeht.

Es ist zwar nicht die Kritik der historischen Vernunft, an die Dilthey denken wird, wohl aber die Bestimmung ihrer Gegenständlichkeit durch Hinweis auf ein ›Ding an sich‹, welches außerhalb ihres Horizontes bleiben muß. Deshalb ist die Kulturgeschichte nicht nur aus zufälligen und behebbaren Mängeln ihrer Vertreter heraus fragwürdig; sie ist es konstitutiv.

Alexander Demandt, der in seiner großen Monographie »Metaphern für Geschichte« (München 1978, 189) Droysens Quellenmetaphorik mit dem zentralen Zitat aus der »Historik« gerade erwähnt, faßt die Eigentümlichkeit seiner Rhetorik in einem einzigen Satz zutreffend zusammen: *Droysen gibt Antwort darauf, wie die historischen Quellen zu ihrem Wasser kommen, und verweist dafür auf eine Zustandsform der Überlieferung, die sich dem Zugriff noch entzieht.* Alle

Aufmerksamkeit hätte sich bei einem Disput über den metaphorologischen Befund auf das Wörtchen ›noch‹ zu richten.

Die Rede von den Quellen ist in einer Fachsprache wie der philologisch-historischen kaum noch als Metapher wahrgenommen. Wird sie durch einen unerwarteten Akt des zögernden Gebrauchs wieder hörbar ›beim Wort genommen‹, so zerbricht eine Selbstverständlichkeit in der Lebenswelt aller, die sich der Fachsprache bedienen. Etwas historisch Entschlafenes wird ins Leben zurückgerufen.

Ein solcher Augenblick ergab sich, als kurz vor seinem Tode Richard Harder, der meisterhafte Eindeutscher des Plotin, auf der Tagung der Fondation Hardt im August 1957 über die »Quellen Plotins«, den Umgang der Philologie mit dem Ausdruck ›Quelle‹ aufgriff und darauf hinwies, es handle sich um eine Metapher – was natürlich alle, die dabei waren, wußten, was aber seit Menschengedenken nicht mehr bedacht worden war. (Sources de Plotin. Fondation Hardt pour l'Étude de l'Antiquité Classique. Entretiens Tome V. Vandœuvres-Genève, 327-339) *Sollte die Altertumswissenschaft einmal anfangen*, so sagte Harder, *über ihre eigenen Begriffe nachzudenken, so müßten wohl solche Metaphern überprüft werden, sowohl die biologischen wie Stammbaum und Entwicklung als auch die physikalischen wie Ursache und Wirkung.* Harder gesteht, daß er gegenüber dem Begriff der Quelle eine gewisse Scheu empfinde zuzugestehen, daß die Metapher der Erkenntnis des Sachverhalts nicht eben förderlich sei. Was tue der, der aus einer Quelle schöpft? Er schöpft; aber was daraus wird, ist in der Sprache des Historikers nachher bezeichnet als ›Einfluß‹. Und was ist der Quelle geschehen, aus der geschöpft wurde? *Das Wasser der Quelle ist lauter; wer aus ihr schöpft, trübt sie.*

Wer den ›Einfluß‹ der Quelle empfängt und aufnimmt, reflektiert ihre Qualität der Ursprünglichkeit und Reinheit; doch – wie in einem der Harder so vertrauten metaphysischen Prozesse des Neuplatonismus – geht die Selbstmitteilung des Höchsten nicht ohne Erniedrigung und Minderung, Eintrübung oder gar Verderbnis ab. Das Paradox, daß die Quellen sich trüben, indem sie zum Strom werden, und erst wieder sich läutern, wenn die Ströme sich im Meer verlieren, ist das der geschichtlichen Wirkung selbst. Trauer über die Verderbnis der Quellen ist die des Romantikers, der die Geschichte diesseits des Paradieses und seiner Quellen im Grunde nicht gewollt haben kann.

Harders Bemerkungen zum Thema »Quelle oder Tradition?« waren als Einleitung zu seinem Tagungsreferat über »Das Ganze vor und bei Plotin« gedacht, dessen Text nicht erhalten ist. Die protokollierte Diskussion verrät noch, wie störend, wenn nicht gar zerstörend die Wendung der Aufmerksamkeit auf einen nicht mehr wahrgenommenen Hintergrund – diese Elementarleistung einer Metaphorologie – wirken kann. Es tritt plötzlich heraus, daß die einzelne Metapher zu einem Orientierungssystem gehört und dieses anzeigt; zugleich ergibt sich, daß die Latenz des Hintergrundes durch die vermeintliche Evidenz der Metapher abgesichert und der Aufmerksamkeit entzogen wird. In den Einwänden gegenüber Harder steckt Abwehr gegen deren Störung.

Der im Verbund mit Paul Henry so verdiente Editor des Plotin Hans-Rudolf Schwyzer räumt ein, ›Quelle‹ sei ein mythologischer Ausdruck, aber deswegen doch kein unerlaubter Begriff; man müsse sich nur verständigen, was man damit meint. Doch ebenda liegt es: Die Plausibilität der Metapher, ihre bildliche Suggestion, hebt über das Bedürfnis nach vorheriger Verständigung hinweg und läßt alle meinen, alle wüßten schon längst, was man damit meint. Bei dem Referenten, so die Intervention, habe man *zeitweise das Gefühl, er sehe Gespenster aus der Tiefe.* Kommen Gespenster aus der Tiefe? Oder ist dies eine besondere Art intellektueller Gespenster? Jedenfalls wäre es ebendiese Art von Gespenstern, mit denen es der Metaphorologe aufnehmen müßte. Die Wiedererweckung der Metapher aus dem fachsprachlichen Terminus bringt aus jener Tiefe ihr Potential an Implikationen, an Konnotationen, mit, die nicht beliebig ausgetauscht oder durch Verständigung abgeschaltet werden können. Sie bieten sich zwar ständig an, können aber auch so lange ungenutzt bleiben, bis jemand sie benötigt. In einem Stück theoretischer Rhetorik etwa.

Daher gibt es Abneigung gegen solche implikativen Angebote der Metapher. In der Diskussion von Vandœuvres sagte ein anderer Erforscher der Spätantike, Willy Theiler, er selber *brauche das Wort Quelle nicht ..., weil die Durchführung des Quellenbildes sprachliche Schwierigkeiten mit sich bringt.*

Vielleicht sei es relativ gleichgültig, fährt Theiler fort, welche *mythologischen Ausdrucksweisen* man verwende. Die Hauptsache sei *das Mitarbeiten an der Sache.* Aber gerade das ist's – was ›die Sache‹ selbst ist, an der zu arbeiten man mittun sollte. Gibt es die Sache ohne ein Orientierungssystem, in dem sie ›eingebunden‹ ist, an dem sich ihre Zusammenhänge erfassen lassen, die sie allererst zur Sache machen, ohne die sie nur ein kärgliches Fakt[um] wäre?

Und ist die Rede von den Quellen wirklich ›mythologisch‹? Das soll doch wohl heißen: unwiederholbar, durch Begriff und Vernunft überholt, ohne erreichbare Erlebnisqualität, wie sie die Metapher tragen kann. Würde da nicht widersprechen, wer die Erfahrung einer Quelle selbst je als etwas Erstaunliches gemacht hat? Nicht zufällig der große Wilamowitz findet es in seiner Lebenserzählung wichtig, daß er aus einer Heimat kommt, in der es keine Quellen gab, nur tief ziehende Wasseradern, aus denen mit Ziehbrunnen geschöpft wurde, und der Brunnenmeister die gewichtige Figur war, weil er die Ader finden konnte. *Es machte mir den Eindruck eines Wunders, als ich in Thüringen zuerst eine wirkliche Quelle und einen rieselnden Bach sah: das kannt[e] ich nur aus Märchen und Gedichten.* (Ulrich von Wilamowitz-Moellendorff, Erinnerungen 1848-1914. Leipzig o. J. (Vorwort datiert 1928), 16)

So einer muß aufgehorcht haben, wenn er den fachlässigen Gebrauch von ›Quelle‹ übernahm, wie er ins Metier gehörte.

Ein anderer der bedeutenden Philologen des 19. Jahrhunderts hat sich Luft gemacht über die schulgebundene Emsigkeit der bloßen Anhänger von diesem und jenem, über die »-aner«, wie er sein Distichon überschreibt:

Steine auch sprudelt die Quelle hervor, sich hemmend den Ausgang;
Aber die Schranke durchbricht bald die erhöhte Gewalt.
Nimmer achtet des Quells, sein lautes Rauschen verwirrt euch;
Aber die Steine, sie nehmt tastend und prüfend mit euch.
(Theodor Gomperz, Distichen. In: Essays und Erinnerungen. Stuttgart 1905, 226)

Solcher Spott wäre für sich der Aufzeichnung vielleicht noch nicht wert, gäbe es unter den Nachlassenschaften von Theodor Gomperz nicht noch eine andere Blickwendung auf die Quelle, die mit dem Ernst der Geschichte, mit ihrem unerkannten und wohl auch noch unerkennbaren Ernst zu tun hat. Gomperz hatte auf die Aufforderung des Herausgebers der damaligen »Zeit« geantwortet, das Buch von Theodor Herzl »Der Judenstaat« zu besprechen. Die Antwort war in der Ausgabe vom 29. Februar 1896 abgedruckt. Er verstehe angesichts der zionistischen Bewegung, wie Meister Anton bei Hebbel, die Welt nicht mehr, *um mich darüber anders ergehen zu können als in Naturlauten der Verwunderung und Verblüffung*. Damit sei niemand gedient. In Naturlauten nicht zufällig, denn was ihn die Welt nicht mehr verstehen läßt, ist die im Programm Herzls vermeinte Widernatur, den Geschichtslauf rückläufig machen zu wollen. Der Philologe, der zu den Quellen geht und die verspottet, die an ihnen nur Steine finden, kann doch der Geschichte selbst nicht zutrauen, sie – und nicht nur der Historiker – könne je zu ihren Quellen zurückkehren. Das läßt ihn ausbrechen: *So weit also wäre es gekommen! Der Strom der Geschichte, so fordert man ernsthaft, soll zu seiner Quelle zurückfließen.* (Theodor Gomperz, Der Zionismus. Aus: »Die Zeit« vom 29. Februar 1896. In: Essays und Erinnerungen. Stuttgart 1905, 196)

Ein zu seiner Quelle zurückfließender Strom – die ganze rhetorische Evidenz des abweisenden Gestus hängt an dem Verstoß gegen alle Natur in dieser Metapher.

Der deutsche Betrachter steht nicht an der Quelle. Isoliert gelesen, gibt diese Formel ein vernichtendes Fazit von eineinhalb Jahrhunderten des besonderen, privilegierten wie hingebungsvollen deutschen Verhältnisses zu ›den Quellen‹, ihrer Freilegung, Sicherung, Erschließung und Auslegung. Und nun sollte der deutsche Betrachter nicht mehr dort stehen, wohin er gehörte?

Doch fügt Walter Benjamin, in dessen Essay über den »Sürrealismus« von 1929 dieser Satz nahe am Anfang steht, sogleich hinzu: *Das ist seine Chance. Er steht im Tal.* Und das Tal ist, in der Epoche der Energie, der geeignetere Standort, um das, was von den Quellen kommt, hinsichtlich dessen zu betrachten, worauf es ankommt: *Er kann die Energien der Bewegung abschätzen.* Woraufhin? Um in der *Krisis der Intelligenz* als der des *humanistischen Freiheitsbegriffs* aus dem Stadium der ewigen Diskussionen heraus und *um jeden Preis zur Entscheidung zu kommen.* Damit ist auch hier, das einleitend ausgespannte Bildpanorama von Quelle und Strom abschließend, das große Modewort der ausgehenden zwanziger Jahre, die gefährliche Kombination von ›Entscheidung‹ und Gleichgültigkeit des Preises, gefallen. Es ist das, was in der intellektuellen Existentialisierung die politischen Extremoptionen einander assimiliert. Zur ›Entscheidung um jeden Preis‹ findet sich freilich das, was nötig ist, nicht mehr an der Quelle.

Folgerichtig kommt es bei *geistigen Strömungen* nicht so sehr auf die Richtung als vielmehr aufs Gefälle an. Dieses müsse ›scharf genug‹ sein, damit *der Kritiker seine Kraftstation an ihnen errichten kann.* Für den Surrealismus ergibt das Gefälle der *Niveauunterschied Frankreich – Deutschland.* Wer da, wie eben der Kritiker, richtig steht, hat anderen Gewinn als etwa eine ›Expertenversammlung‹ an der Quelle: denn dort käme diese auch nach reichlicher Überlegung nur zum Resultat, *der kleine Bach da werde niemals Turbinen treiben.* Quelle und Bach, gunstlos jeder energetischen Nutzung, waren 1919 die Literaten in Frankreich, bei denen es angefangen hatte, was durch Manifest Surrealismus werden sollte – und dieser Anfang war eben *ein dünnes Bächlein*, das seine dürftigen Quellwasser aus zwei Reservoirs bezog: aus der *feuchten Langeweile des Nachkriegs-Europa* und aus den *letzten Rinnsalen der französischen Dekadenz.*

Das ganze System der Erzeugung von Strömung, von Energie, ist sowohl auf seinen Zeit- wie auf seinen Raumbezug aufs schönste ausgeführt. Aber als Voraussetzung einer Kraftstation des ›Kritikers‹, der dem Ganzen zusieht, macht es einen eigentümlich überdimensionierten Eindruck.

Die Verfügung des verspäteten Zeitgenossen über Benjamins Notizen und Vorstudien, auch über seine Paralipomena, bestätigt den ersten Eindruck. Es ging ursprünglich um eine gewaltigere Energieversorgung als die des Kritikers, um die *Gewalt des Surrealismus*, um ›revolutionäre Energien‹, die aus dem Veralteten zu ziehen wären wie jene Feuchte und jene Rinnsale eben in die fallende Strömung übergehen. Also um die sich ballenden Energien, die auch aus dem sich Verlaufenden, aus den harmlos erscheinenden Rest- und Nebengrößen anfallen können, wie man *Sonnenkraftmaschinen* konstruiert habe, die *ungeheure Energien aus der atmosphärischen Wärme* ziehen könnten, und schließlich wie man *die Niveauverschiedenheiten der Wasserläufe zu Energiequellen umgewandelt* hat – so seien *die ungeheuren Spannungszustände des Kollektivs, die die Mode ausdrückt, der Revolution dienstbar zu machen.* Nichts also vom Kritiker und seinem Zuschauerstandort im Tal, alles bezogen auf den Schauplatz eines eher mondänen Vorgangs literarischer Zirkelbildung, der eben nur als Symptom großräumiger Zuläufe und Untergründigkeiten, Spannungen und Stimmungen den ersten Eindruck der Harmlosigkeit zu hintergehen auffordert. Was Benjamin sich als eine ›andere Formulierung‹ notiert, nimmt das eher Atmosphärische, aber als solches eben doch äußerster Aufladungen Fähige, noch präziser auf; verdeutlicht die ›Gewalt‹ des Surrealismus als ›Gewaltsamkeit‹: *die gewaltigen Kräfte der Stimmung zur Explosion zu bringen.*

Die zunächst am Eindruck der Quellenmetapher gefundene eigentümliche Entschärfung des Essays gegenüber den Entwürfen läßt sich am letzten Beleg der Explosion als Domestikation greifen, wenn man eine der Metaphern des publizierten Textes ins Auge faßt: *Im Weltgefüge lockert der Traum die Individualität wie einen hohlen Zahn.*

Das sollte man ohne Zimperlichkeit bezüglich der Qualität hinnehmen. (WW II 1, 295, 297; II 3, 1031)

Wollte man die Furcht des Philologen, sich auf die terminologisch gewordene Metapher der Quelle einzulassen, beim vollen Namen nennen, müßte man wohl sagen, sie gelte allem, was im weitesten Sinne Geschichtsphilosophie sei, auch wenn es diesen Namen noch nicht angenommen habe. Denn geschichtsphilosophisch ist nicht nur die Frage nach dem Ganzen der Geschichte, seinem Anfang und Ende, seiner Richtung und seinen Wendemarken, sondern schon die Frage danach, wie Ereignisse im weitesten Sinne miteinander im Zusammenhang stehen können. Ausdrücklich ist dies als Philosophie der Geschichte benannt und am imaginativen System von Quelle und Strom orientiert bei Herder. Seinen Begriff des geschichtlichen Fortschritts setzt er ab sowohl gegen den Zweifel am gerichteten Sinn der Geschichte als auch an der rationalistischen Idee ihres Ganges: *Sollte es nicht offenbaren Fortgang und Entwicklung, aber in einem höheren Sinne geben, als mans gewähnet hat? Siehest du diesen Strom fortschwimmen: wie er aus einer kleinen Quelle entsprang, wächst, dort abreißt, hier ansetzt, sich immer schlängelt und weiter und tiefer bohret – bleibt aber immer Wasser! Strom! Tropfe! immer nur Tropfe, bis er ins Meer stürzt – wenns so mit dem menschlichen Geschlechte wäre?* (Auch eine Philosophie der Geschichte, ed. H.-G. Gadamer, 48)

Kommt man zu den Quellen, wenn man diesem Schema nachgeht? Dann wäre der Historiker eben der Geschichtsphilosoph mit umgekehrter Blickrichtung. Goethe hat den *Verstandesphilosophen* vorgeworfen, sie verfielen aus gar zu großer Liebe zur Deutlichkeit der Undeutlichkeit; ihnen gehe es so *wie dem, der einen Fluß von seiner Mündung an aufwärts verfolgt, und so immer auf einfallende Bäche und Flüßchen stößt, die sich wieder verzweigen, so daß er am Ende ganz vom Wege abkommt und in Deverticulis logiert.* (Zu Riemer, November 1806; WW XXII 421)

Heidegger hat 1950 im Vorspruch zu seinen »Holzwegen« diesen Titel folgendermaßen erläutert: *Holz lautet ein alter Name für Wald.*

Im Holz sind Wege, die meist verwachsen jäh im Unbegangenen aufhören. Sie heißen Holzwege ... Schon Schelling hatte es in der Einundzwanzigsten Vorlesung seiner »Philosophie der Mythologie« nötig gefunden, die Verwendung der Redensart, man befinde sich mit einer unvermeidlichen Unbestimmtheit auf dem Holzweg, anmerkungsweise mit der Worterklärung aus dem »Adelung« zu erläutern: *Holzweg, ein Weg, der in einem Wald von Holzfuhren gemacht worden und an keinen bestimmten Ort geht.* (I 496 A.) Die profan-naturnützerische Ursache für die Abruption solcher Wege kann allerdings Heidegger nicht sehen lassen. Aus Gründen, wie sich zeigt. Denn die Überraschung für den Metaphorologen ist, daß Heideggers Holzwege zu den Quellen führen. Wir verdanken diese Aufklärung den Mitteilungen, die Carl Friedrich von Weizsäcker von »Begegnungen in vier Jahrzehnten« gemacht hat. (In: Erinnerung an Martin Heidegger, ed. Günther Neske, Pfullingen 1977, 242) Auf den längeren Spaziergängen bei Besuchen in Todtnauberg habe ihn Heidegger auf einen Waldweg geführt, der abnahm und mitten im Wald an einer Stelle aufhörte, wo auf dem dichten Moos Wasser austrat. *Ich sagte: ›Der Weg hört auf.‹ Er sah mich pfiffig an und sagte: ›Das ist der Holzweg, er führt zu den Quellen. Das habe ich freilich nicht in das Buch geschrieben.‹* Mancher, der es liest, wird sich sagen: Das hätte ich mir denken können.

Weshalb hatte er es nicht in das Buch geschrieben? Weil es nicht nur zur Sprache der verbrauchten positiven Wissenschaft gehörte, sondern auch zu der seiner philosophischen Frühzeit?

In der Marburger Vorlesung des Sommersemesters 1925 »Prolegomena zur Phänomenologie von Geschichte und Natur« hatte Heidegger eine schon dem Endstadium angenäherte Fassung von »Sein und Zeit« vorgetragen. Das Dasein erschließt Welt als Bedeutsamkeit im verstehenden Besorgen; und da diese Welt niemals selbst wie ein Seiendes anwesend sein kann, wird sie erschlossen in derselben Weise, die schon Husserls Theorie der Fremderfahrung unter dem Titel der Appräsentation befaßt hatte. Weil Welt mit jedem Seienden appräsentiert ist, kann es auch den umgekehrten Bezug geben, daß etwas Seiendes erschließt, was selbst nicht von seiner Art des Seienden ist: ein Umweltding wird Zeichen. Von diesem Typus ist auch die Quelle, und sie kann es nur sein, wenn sie als Metapher vergessen ist. *In einem solchen Zeichensein, das in der Umweltlichkeit fundiert ist, gründet die mögliche Funktion des Umweltdinges als Quelle für historisches Entdecken und Bestimmen.* (WW XX 289) Der Bauer, der ein prähistorisches Steinbeil findet, hat vielleicht nichts anderes vor sich als einen Stein, der seinem Wagen oder Fuß im Wege lag oder seinen Pflug schartig machte; er vermochte nicht zu entdecken, was der Stein bedeutete. Heidegger dramatisiert: Der Bauer läßt das widerwärtige Hindernis am nächsten Felsen zersplittern. Das Steinbeil ist eine historische Quelle wie die beschriebene Pergamentrolle, die nochmals für eine andere Zeit zeugen kann als die, in der sie beschrieben worden ist. Heideggers Quellen bleiben, um die Metapher metaphorisch verdeckt sein zu lassen, trocken. *Entscheidend dafür, daß überhaupt dieses Ding als Quelle genommen wird, ist das verstehende Seinsverhältnis zu dem bezeugten Gewesenen.* (290) Der Blick des Analytikers ist so ausschließlich auf den gerichtet, der die Quelle versteht und dadurch ein vorhandenes Ding überhaupt erst zur Quelle qualifiziert, daß er aus jedem Mitverständnis der Metaphorik herausfällt: Dabei versteht es sich, daß *man eine solche Quelle nicht aufteilen darf wie ein Botaniker die weniger geeigneten und die geeigneten Pflanzen auf seinem Tisch.* (291) Quelle[n] gibt es nur, wo es so etwas wie eine Welt gibt; aber es ist dem Gehör des Autors verschlossen, daß dies eine Welt ist, in der Quellen vorkommen, die nicht nur kraft eines verstehenden Verhaltens fließen.

Solange die Quelle mit dem Zeichen verglichen werden kann und die Verweisung auf das, wofür sie einsteht, ihr ganzes Bedeutungsmoment ausmacht, ist sie, sobald man auf das Bild zurückgeht, selbst ein Derivat. Nichts von der Distanz der Strömungen zu ihrem Ursprung an der Quelle und aus ihr kann als Trübung in die so benannte Vorstellung mit eingehen. Im Marburger Sommersemester 1927, ganz nahe an »Sein und Zeit« und teilweise dieses schon überschreitend, figuriert die Quelle nun ganz als das, was übermächtig gegenüber all dem ist, was sie aus sich entläßt. Diese Vorlesung über »Grundprobleme der Phänomenologie« gibt schon eine Neubearbeitung des 3. Abschnitts des allein veröffentlichten 1. Teils von »Sein und Zeit« und darin den ersten Schritt über dieses hinaus in der Anmeldung der ›ontologischen Differenz‹. [Zeit]lichkeit ist der Horizont, in dem sich das Dasein selbst versteht und auf den hin es sich ekstatisch entwirft. Hätte man hier den *Ursprung der Möglichkeit von Seinsverständnis* erreicht, so wäre dieser *notwendig reicher und trächtiger als alles, was ihm entspringen mag*, und darin wiederholt sich nur das in der Philosophie ständig wiederkehrende Verhältnis der ontologischen Überlegenheit des Möglichen über das Wirkliche. Eben das ist es, was Heidegger mit der *Übermacht der Quelle* meint und womit er das Abfallen alles dessen meint, was diesseits seines Ursprungs liegt: *Alles Entspringen und alle Genesis im Felde des Ontologischen ist nicht Wachstum und Entfaltung, sondern Degeneration, sofern alles Entspringende entspringt, d. h. gewissermaßen entläuft, sich von der Übermacht der Quelle entfernt.* (WW XXIV 438) Die ganze Aufmerksamkeit auf das Sprachliche ist gerichtet auf den Komplex von Ursprung und Entspringen als der nicht vermeidbaren Bildung einer Distanz und Differenz, und greifbar ist die Bevorzugung der organischen Metaphern von Wachstum und Degeneration, die zu tun haben mit Heideggers Vorliebe für die Antithesen von Boden und Bodenlosigkeit, Wurzel und Entwurzelung. Daran ist Anstoß genug genommen worden. Hier geht es nur um die Konkurrenz, die zwischen den Metaphern der Quelle und der Wurzel besteht, die beide etwas mit Ursprünglichkeit zu tun haben.

Dieser Sachverhalt der ontologischen Dimension stellt sich an der Geschichtlichkeit des Daseins als dessen Verfallenheit an seine Welt und an seine Tradition dar, die ihm das Fragen und Wählen der Eigentlichkeit abnimmt. Was die Tradition dabei dem von ihr beherrschten Dasein übergibt, macht sie nicht zugänglich, sondern verdeckt sie, indem sie es der Selbstverständlichkeit überliefert. Sie verlegt damit *den Zugang zu den ursprünglichen ›Quellen‹*; und daß hier die Metapher gehört worden ist, ergibt sich aus der näheren Bestimmung, daß aus diesen Quellen einmal die Kategorien und Begriffe der Überlieferung zum Teil *in echter Weise geschöpft* worden war[en]. Tradition schafft daraus nicht nur getrübte Einflüsse, nicht nur die Unkenntlichkeit der Herkunft, sondern vor allem die Unbedürftigkeit des Rückgangs auf den Ursprung. In diesem Zusammenhang treten die konkurrierenden Metaphern in schönster Deutlichkeit hervor: Tradition *entwurzelt die Geschichtlichkeit des Daseins*, lenkt sein Interesse vom Selbstverständnis auf die Fremdartigkeit entlegener Kulturen ab und sucht gerade damit die eigene Bodenlosigkeit zu verhüllen. (Sein und Zeit, 21; § 6) Man fühlt sich daran erinnert, wie in den »Pensées« Pascals das Heilsinteresse der Seele als aufgehend und abgelenkt in den vielfältigen Zerstreuungen von Welt und Gesellschaft beschrieben wird.

Eine Wiederkehr der ›Quellen‹ wird man in den späten Abschnitten des Werkes über Zeitlichkeit und Geschichtlichkeit, zumal über den Zusammenhang von Geschichtlichkeit des Daseins und Geschichtsverständnis der Historie, erwarten. Heidegger zitiert breit aus dem Briefwechsel zwischen Dilthey und dem Grafen Yorck von Wartenburg über die Eigenart des historischen Gegenstandes, die Differenz des [On]tischen und des Historischen, und damit über die Distanzierung von Rankes Geschichtsbegriff, der den Geschichtsstoff auf das Politische beschränkt hatte. Was sich als Historische Schule bezeichnet hatte, sei fern jeder Lebendigkeit gewesen, denn alles wirklich Reale werde *zum Schemen, wenn es als ›Ding an sich‹ betrachtet, wenn es nicht erlebt wird.* Und da taucht auch die Metapher der Bodenlosigkeit auf, als die des Denkens und des Glaubens an solches Denken ist sie historisches Produkt. [Gegen]mittel ist zwar der Rückgang auf die Quellen, aber nicht auf die der historischen Schulüblichkeit, sondern auf die, die sich dem Historiker nicht unter den Kriterien seiner Gegenständlichkeit zeigen: *Aber Geschichtskenntniß ist zum besten Theile Kenntniß der verborgenen Quellen.* (Sein und Zeit, 400 f.; § 77) Das soll nicht nur heißen, daß es verborgene Quellen gibt, die erst noch gesucht und kritisch auf das Niveau der anderen Quellen gebracht werden müßten, sondern daß die Quellen des Geschichtsverstehens wesentlich verborgen sind.

Der Rückgang auf die Quellen als ›verborgene‹ hat seinen wissenschaftsgeschichtlichen Paradefall von zumindest für die Zeitgenossen schönster metaphorischer Eignung in der Suche nach den Quellen des Nils. Ein von Heidegger verabscheuter Neuerer, Sigmund Freud, hatte seine gerade mit Breuer entwickelte Theorie über die Entstehung der Hysterie auf die seit der Antike quälende Verborgenheit der Quelle des Nils bezogen. In einem bisher der Öffentlichkeit vorenthaltenen Brief an Wilhelm Fließ vom 26. April 1896, also noch ein gutes Stück Zeit vor dem größeren Durchbruch der »Traumdeutung«, hatte er einen seiner Mißerfolge mit dieser Theorie beschrieben: Ein Vortrag im Psychiatrischen Verein habe *bei den Eseln eine eisige Aufnahme* gefunden. Die maßgebende Instanz für das Fach am Ort habe sich so geäußert: *Es klingt wie ein wissenschaftliches Märchen.* Man muß die Empörung über diesen Ausspruch nicht teilen, denn vieles von dem, was Freud in der Folge der Fachwelt mitteilen sollte, hat durchaus auch diesen Klang, ohne daß damit schon etwas über die theoretische Qualität gesagt sein müßte. Für Freuds Selbstbewußtsein war der Mangel an Zustimmung viel schwerer erträglich, als er es im Rückblick des Erfolgreichen wahrhaben sollte. An die Äußerung von Krafft-Ebing schließt er eben die metaphorische Apostrophe auf die Nilquellenfrage an: *Und dies, nachdem man ihnen die Lösung eines mehrtausendjährigen Problems, ein caput Nili aufgezeigt hat!* (Max Schur, Sigmund Freud. Leben und Sterben. Frankfurt 1973, 633)

In der Sprache Freuds wimmelt es von Quellen: Reizquellen, Affektquellen, Traumquellen, doch bekommt die Metaphorologie damit nur wenig zu tun, weil diese Doppelbildungen durchgängig nicht mehr als Metaphern gehört werden. Die Traumquellen können aufgezählt werden wie die Urkunden, die ein Historiker benutzt. Für das Rätsel der Traumbildung kann von *Aufdeckung einer unvermuteten psychischen Reizquelle* als dessen Lösung gesprochen werden. (Traumdeutung, 45 f.) Daran ist nichts, was aufhorchen läßt, wie es immer dann geschieht, wenn die Metapher beim Wort genommen wird und dadurch Orientierung gibt. Um das im Kontrast zu verdeutlichen: Freud kündigt im einleitenden Überblick zur wissenschaftlichen Literatur der Traumproblematik bis 1900 den Übergang zur These von der Funktion des gesamten Leitsystems für die Traumbildung mit dem Satz an: *Indes bedarf es jetzt nur eines Schrittes weiter, um auf eine Traumquelle zu stoßen, die reichlicher fließt als jede frühere und eigentlich für keinen Fall zu versiegen verspricht.* (Traumdeutung, 40) Auf diese nur bei Nacht freigesetzte Einwirkung des gesamten Organismus bei der Herstellung der Träume habe schon Schopenhauer 1851 hingewiesen, indem er die Abschirmung von der übertäubenden Wirkung der Tageseindrücke zur Bedingung dafür erklärte, daß bei Nacht die aus dem Inneren heraufdringenden Eindrücke sich Aufmerksamkeit verschaffen könnten, *ähnlich wie wir bei Nacht die Quelle rieseln hören, die der Lärm des Tages unvernehmbar machte.* (Traumdeutung, 41) Auch wenn es um die neuentdeckte Distanz der latenten Traumgedanken zu den frühkindlichen Erlebnissen geht, entfaltet die ›Traumquelle‹ kaum etwas von dem metaphorischen Potential, gerät im Gegenteil in Reibung mit zwei anderen metaphorischen Komplexen, dem der Spur und dem der Rolle: *Je tiefer man sich in die Analyse der Träume einläßt, desto häufiger wird man auf die Spur von Kindheitserlebnissen geführt, welche im latenten Trauminhalt eine Rolle als Traumquellen spielen.* (171) Noch weiter zurück als in die infantile Phase des Individuums führt die Erörterung von Träumen, deren Typik darauf schließen läßt, daß sie aus der Gattungsgeschichte der Menschheit stammen. Sie verdienen besonderes Interesse, *weil sie vermutlich bei allen Menschen aus den gleichen Quellen stammen, also besonders gut geeignet scheinen, uns über die Quellen der Träume Aufschluß zu geben.* (205) Auch für die Bildmächtigkeit des Geburtsvorganges, dessen Bedeutung für Phantasien und unbewußte Gedanken Freud erst spät aufgegangen ist, hat sich die Metaphorik der Quelle verschliffen, etwa in der genetischen Feststellung: *Der Geburtsakt ist übrigens das erste Angsterlebnis und somit Quelle und Vorbild des Angstaffekts.* (331 A.) Terminologisch ganz ausgebrochen aus dem genuinen Bildfeld ist die Rede von der Pluralität der Affektquellen, die den nämlichen Affekt liefern können und bei der Traumarbeit zur Bildung desselben *zusammentreten*, nicht einmal zusammenfließen. (392) Doch ist die Terminologisierung noch nicht vollends abgemachte Sache, wie sich wenig später bei Deutung des Non-vixit-Traumes fast überreichlich ergibt. In diesem Eigentraum des Autors geht es auch um seine Neigung zu Indiskretionen und um das Bedürfnis nach ausgeprägten Freund-Feind-Verhältnissen. Der in den Traum einfließende Ärger über die Fama, schlecht etwas für sich behalten zu können, hole sich *Verstärkungen aus in der Tiefe fließenden Quellen und schwillt so zu einem Strom feindseliger Regungen gegen in Wirklichkeit geliebte Personen an. Die Quelle, welche die Verstärkung liefert, fließt im Infantilen.* (394) Die Erinnerung an kindheitliche Rivalitäts- und Verklagungsverhältnisse wird zum *Mittelstück der Traumgedanken, das die in den Traumgedanken waltenden Affektregungen, wie eine Brunnenschale die zugeleiteten Gewässer, sammelt* und von dem aus die Traumgedanken in beschreibbaren Wegen fließen. (395) Es mag genug sein, den instabilen Zustand der Begriffsbildung in diesem Stadium zwischen Metapher und Terminus zu belegen.

In den »Analysen von Traumbeispielen« der 12. Vorlesung »Zur Einführung in die Psychoanalyse« aus der Mitte des Ersten Weltkrieges ist zwar vom Fließen einer Quelle die Rede, aber diese selbst ist derart bestimmt, daß die Metapher für ihren Inhalt nicht vollzogen werden kann: Die Ambivalenz in der Traumbeziehung zum Vater war, soweit sie angst-betont ist, *aus der Quelle der frühzeitigen Sexualeinschüchterung geflossen.* (Vorlesungen, 151) Aber es ist schwer zu sehen, wie Einschüchterung, von welcher Art immer, eine Quelle hergeben könnte, aus der irgend etwas fließt. In der 32. Vorlesung der erst

1933 nachgeschobenen und niemals vorgetragenen »Neuen Folge der Vorlesungen zur Einführung in die Psychoanalyse« erklärt zwar Freud überraschend: *Die Trieblehre ist sozusagen unsere Mythologie*, macht aber von dieser Eröffnung weder figurativen noch metaphorischen Gebrauch. Im Gegensatz zum von außen kommenden Reiz, gegen den sich der Organismus weitgehend abschirmen kann, ist der Trieb aus dem Inneren kommende Größe, der sich keiner [durch] Flucht entziehen kann. An ihm – und er ist ganz das Schulmäßige beherrschend – ließen sich Quelle, Objekt und Ziel unterscheiden, wobei für die Quelle gilt, sie sei *ein Erregungszustand im Körperlichen, das Ziel die Aufhebung dieser Erregung, auf dem Wege von der Quelle zum Ziel wird der Trieb psychisch wirksam.* (Neue Folge, 80)

Die abstrakten Markierungen des Triebweges, Objekt und Ziel, wirken auf die des Ausgangspunktes zurück und lassen der Quelle nichts von ihrem metaphorischen Horizont.

Was aus der Quelle wird, wenn sie zutage getreten ist, hängt von ihr nicht mehr ab. Ob sie, wie auch in der Metapher bestimmungsgemäß, zum Strome anschwillt, kann nur durch die Zahl und Mächtigkeit der anderen Quellen entschieden werden, deren Ausstoß sich mit dem ihrigen irgendwo vereinigt. Sonst wird sie, im schlechtesten ihrer Schicksale, zum Rinnsal, verläuft sich, versickert, bleibt in all ihrer Verausgabung vergeblich.

Es gibt entmutigende Beispiele. Der theologisch Enttäuschte sieht die reiche Quelle der Offenbarung in dürftigen Rinnsalen dogmatischer Verarbeitung und philologischer Auslegung sich verlaufen.

Es war eine zweckmäßige Metaphorik, ein »Handbuch der Botanik« Goethe zuzueignen mit der Bemerkung, dies könne nur unter der Annahme gewagt werden, das Leben des Verfassers möge nicht lange genug dauern, um eine des Adressaten der Widmung würdige Frucht zu treiben, und, dessen nicht genug, *wo nicht die Frucht, doch wenigstens die schönste Blüte abwarten, die das Samenkorn, welches Sie, ein reicher Säemann, ausgestreut haben, für alle Welt auf meinem Acker getragen hat.* Der Bonner Professor Christian Gottfried Nees von Esenbeck, der diese metaphorischen Blüten zusätzlich zur gedruckten Widmung des Werks brieflich 1820 treibt, wünscht Nachsicht für seine *grünen Blätter*, als Vorboten künftiger Blüten – um so mehr, als doch niemand besser vermöchte als der Adressat, *im Blatt auch schon die Blüte zu sehen.* Goethes »Versuch die Metamorphose der Pflanzen zu erklären« hatte noch auf den jungen romantischen Botaniker als *schöne Vermenschlichung* der pflanzlichen Natur gewirkt. Durch Goethe habe *zuerst die Pflanze unter uns über sich selbst geredet.* (Briefe an Goethe II 275 f.)

Das dem Anreger solcher Bildlichkeit gewidmete Handbuch solle nun die Grundidee tiefer bis in die Einzelheiten der pflanzlichen Gebilde und Teile hinein verfolgen und von der Erhabenheit der Konzeption näher an den akademischen Vortrag heranrücken. Dieses Verhältnis nun zwischen dem originären Entwurf und seiner im Handbuchtypus aufgehenden Ausführung läßt sich nicht mehr mit der im ersten Teil des Briefs eingeschlagenen Metaphorik erfassen. Sie ist dafür allzu organisch, zu sehr festgelegt auf das Verhältnis von Ansatz und Erfüllung, Aussaat und Ausreifung. Was für die Huldigung an den Patriarchen solcher Betrachtungsweise angemessen war, konnte sich ihr Epigone nicht dienstbar machen. Er wechselt das Bild und beruft sich auf die Quelle in der Unentschiedenheit dessen, was aus ihr wird. Hier hat jeder die Chance, dem Ursprung zu dienen: *Was Sie in der unversiegbaren Quelle mit wenigen Sprüchen aufgeschlossen haben, rinnt hier in viele Ströme und Bächlein auseinander, und läuft Gefahr, ganz darin zu versiegen* ... Ein anderes Quellenschicksal, das diesem noch verglichen werden kann, gehört ganz dem Zeittypus der romantischen Rhetorik an, Offenbarung und Uroffenbarung als in der Geschichte und durch die Geschichte verlaufende Wahrheitsschicksale zu betrachten, sich am gerade noch erkennbaren Restbestand uralten Besitzes in einer neuen Art von Anamnesis zu üben. Für das Quellenschicksal von Goethes botanischer Morphologie ist dieser Vergleich so hypertroph wie naheliegend, die Gefahr des Versiegens der unversiegbaren Quelle in ihren Ausläufern sei gerade *wie die Offenbarung in den Abzugsrinnen der Exegese.* Von ihm, dem Adepten jener Selbstaussagen der Pflanzennatur, sei daher vieles in diesem Handbuch in der Absicht geschrieben worden, *die kleinen Bäche wieder zu sammeln.* Weiter sei er nicht gegangen, zumal nicht im Übergang zu bildlicher Darstellung, deren Aufgabe er in das romantische Programm, eine geheimnisvolle Schrift der Natur lesbar zu machen, einbezieht: *eine Hieroglyphenschrift aus dem Grünen.*

Mehr an Material für eine Metaphorologie kann man von einem Brief nicht verlangen, wenn auch die Zweifel an der rhetorischen Unschuld des Metaphorikers den Genuß trüben mögen. Nun möchte man das Ganze doch auch von der anderen Seite her gesehen haben – um in der Metaphorik zu bleiben: von der Quelle her. Goethes Verhältnis zum begeisterten Bonner Botaniker ist von der Zwiespältigkeit aller seiner Beziehungen zur Romantik geprägt. In diesem Fall dadurch zu schmerzhafter Deutlichkeit gebracht, daß der Anhänger seiner Morphologie, der sie durch Benennung einer brasilianischen Malve als Goethea zu feiern sich aufschwang, im Erscheinungsjahr seines Botanik-Handbuchs auch eines Traktats »Über den Magnetismus« sich vermaß. Und ebendieser verdunkelte die schöne Darbringung der »Botanik« und ließ Goethe sagen, daß er sich *jedesmal in Verlegenheit fühle, was ich wohl zu erwidern hätte.* Die Metapher, die Goethe dafür wählt, daß er angesichts der Schrift über den Magnetismus *in ziemliche Versuchung geführt* worden sei, ist die des Himmelskörpers, der nicht nur eine Tagseite hat. Vertrauend auf treue Führung habe er *ein paar Schritte gegen die Nachtseite wagen* können, sei aber bald umgekehrt, denn er sei *nun einmal dazu nicht berufen.* Trotz der Freundschaft mit Lavater und anderen Anhängern neuer Naturwunder sei er doch niemals davon angezogen worden, sondern habe sich verhalten *wie einer, der neben einem Flusse hergeht, ohne dass ihn die Lust zu baden ankäme.* (An Nees von Esenbeck, 23. Juli 1820; WW XXI 402 f.) Was Goethe dem so bereitwilligen Anhänger auf der anderen Seite zu verstehen gibt, ist im Grunde die schroffste Differenz der Weltansichten bei scheinbar äußerster Annäherung der theoretischen Optik – die entschiedenste und nur an der Metapher eben faßbare Absage, verkleidet in hofmännische Freundlichkeit: er läßt sich führen, kehrt aber nach wenigen Schritten um; er schließt die Augen, aber nicht, um ins Unsichtbare eingeweiht zu werden: *Wo das Auge sich schließt und das Gehirn seine Herrschaft aufgibt, bin ich höchst erquickt, in einen natürlichen Schlaf zu fallen.* Sollte bei dem gemeinsamen Interesse an dem, was im hellen Sonnenschein der Tagseite anschaubar bleibe, sich ergeben, daß *auch etwas Unaussprechliches zur Sprache käme, so wollen wir es so genau nicht nehmen.* Weniger an Toleranz konnte unter der geltenden Verkehrsordnung nicht gewährt werden: er wolle der Ehre der angetragenen Widmung des »Handbuchs der Botanik« nicht entsagen, doch die dringende Bitte aussprechen, er möge es, so ers täte, *wo nicht wortlos, doch wortkarg* tun.

Ein Jahr später schon zeigte sich eine für die tiefere Spannung symptomatische Differenz, deren vermeintliche Ungewichtigkeit unter dem Aspekt von Goethes Verhältnis zu seiner Farbenlehre gesehen werden muß. Der Naturphilosoph wollte wohl ein noch übriges tun und eine jener der Philosophie des Tages eigentümlichen Vereinigungen stiften, indem er »Farbenlehre« und »Morphologie« in ein Werk brachte, unter dem Titel »Von der Farbe der Pflanzen«. Bei dem Handstreich, seiner professionellen Domäne die letzte Weihe zu geben, Zentrum auch des Reiches der Farben zu sein, verfehlte er die Reinheit der Quelle und schrieb: *Grün, die Farbe des Pflanzenreichs, liegt in der Mitte der sieben prismatischen Farben.*

Das Verhältnis des Adepten zum Mystagogen hat Schwierigkeiten, die nicht zuletzt mit dem zu tun haben, was Freud den Narzißmus der kleinen Differenzen genannt hat. Wer gegen die Sprachvorschrift verstößt, das Unbewußte sei auch unbewußt nicht anders zu nennen als so, verscherzt sich den Zufluß aus der Quelle. Freud war gegen Entstellungen der von ihm geschaffenen oder eingemeindeten Terminologie nicht weniger empfindlich als Goethe gegen Verschiebungen in der von ihm erlassenen Ordnung der prismatischen Farben.

Als Freud den Goethe-Preis der Stadt Frankfurt 1930 erhielt, erwiderte er auf den Glückwunsch von Arnold Zweig, es sei für die darin gesehene *Versöhnung mit der Zeitgenossenschaft* reichlich spät und es habe der Zuerkennung auch nicht bedurft, um ihn in der Sache zu ermutigen, denn er habe *am endlichen Durchdringen der Analyse lange nach meiner Zeit* nie gezweifelt. (21. August 1930; Briefwechsel 18 f.) Diese Erwiderung verwundert Zweig, denn daß er den hohen Preis mit einer *Skepsis über die Zukunft der Analyse* in Verbindung gebracht hatte, rührte von der Erfahrung einer Begegnung mit Freud selbst in Wien her. Dieser habe damals *tief enttäuschte und bittere Worte* gesprochen, der Schöpfer über sein Geschöpf. Die, die die Analyse an sich erfahren hätten, schmerze es, Freud nicht in dem Gefühl zu wissen, daß *ein so lebendiges, dynamisches und aufwühlendes Geistesprinzip*, einmal in die Welt gesetzt, nicht mehr zu wirken aufhören könne, *bis es den stumpfen Widerstand der Welt besiegt hat.* (8. September 1930; Briefwechsel, 22) Freud erwidert unbetroffen, er sei sich eines Gegensatzes zwischen Äußerungen, einer Änderung seiner Erwartungen infolge der Ehrung nicht bewußt; die Vergeßlichkeit für eigene Aussprüche sei besonders groß und führe zu Inkonsequenzen.

Es ist Sache des Initianden, der ›Sache‹ ein Opfer zu bringen. Zweig bringt ihr das der Wiener Literatur und ihrer Seelenkenntnis. Selbst ein Arthur Schnitzler habe erfahren müssen, was sich seiner Kenntnis bisher entzogen hatte, was nun unvergleichlich schärfer und genauer anschaulich geworden war: *Sie haben gezeigt, dass die menschliche Seele sozusagen sieben Stockwerke hat und dass die Wiener Schriftsteller nur die Farben ihres Daches hübsch beschrieben haben* ... Es ist Arnold Zweigs eigene Erfahrung, die Gleichzeitigkeit seines dreifachen Essays über Lessing, Kleist und Büchner mit dem Stefan Zweigs über Hölderlin, Kleist und Nietzsche (beide 1925), die er in der Metaphorik der Quelle zu erfassen versucht als die eigentümliche Vergeblichkeit der Mühe, *über einem völlig ungeklärten, gut verzementierten Unterbewußtsein aus sauberen Bestandteilen eine geistige Schriftsteller-*

existenz aufzubauen und, während die eigentlichen produktiven Quellen mit vermauert wurden, aus den spärlichen Rinnsalen, die die Verdrängung durchließ, seinen Garten zu bewässern. (16. September 1930; 30) Seltsam, dieser voltairische Schlenker am Schluß nach dem Verstoß gegen die Sprachregelung, der erst viel später, am 3. April 1934[,] als inzwischen im Druck notorisch gewordener Verstoß von Freud beanstandet werden wird (Briefwechsel, 81), wovon Freud selbst in einem Nachtrag sagt, er sei *immer sehr empfindlich in kleinen Dingen.* (82)

In Karlsbad seien ihm Trinken und Baden sehr wohl bekommen, schreibt Goethe am 15. August 1806 an Zelter und greift sogleich zu den höchsten Tönen: Es sei *wirklich etwas Wundersames in alle diesem* und er freue sich, seinen *Unglauben* an die Wirksamkeit des Badewesens aufgeben zu können. Er hatte seit dem Ausgang des Winters, wie in den Jahren zuvor, gekränkelt, und Lauchstädt schien nicht mehr kräftig genug.

Die wundersame Kraft aber bedurfte des Anschlusses an andere Konstituentien der Weltverfassung Goethes. Die Herkunft der Heilkraft aus dem Primärgestein schien die Zuträglichkeit des Wassers für eine derart dem Ursprünglichen zugewandte Natur zwar nicht zu erklären, aber vertraut und stimmig zu machen: *Die seltsame Quelle, die aus den urältesten Gebirgen heiß hervorspringt, hat uns diesmal so wie früher auf die Urdokumente hingewiesen, und wir verdanken der Zeit, die in Erfahrungen und Betrachtungen vorschreitet, auch hier gar manches.* (Goethe an Zelter, Jena 15. August 1806; Briefwechsel I 153)

Den bilderfreudigen und sprachkräftigen Zelter läßt diese Anschließung der neuesten Wohltätigkeit der Erde an Goethes Zuneigung zu ihrer Festigkeit nicht ruhen, die Kraft der Quelle über die Induktion der Freundschaft auf sich abzuleiten: *So hat die Hoffnung, das Leben der Liebe, eine neue Liebe zum Leben in mir erweckt, die auch mir aus der Karlsbader Quelle kömmt, und auch ich bin genesen, wie mein ganzes Wohlsein jetzt mit dem Ihrigen zusammenhängt.* (Zelter an Goethe, Berlin 30. August 1806; Briefwechsel I 154)

Man sieht leicht, daß Goethes Blick auf die wohltätige Quelle schon den Blickwinkel des Alters hat. Die Konvergenz eines lebenslangen Interesses an Gestein, an der Erde und ihrem Untergrund, mit dem heilkräftigen Entgegenkommen des unterirdisch Verborgenen nimmt er als Bestätigung, als Konfiguration einer Sinnbildung. Auch die Umgehung eines Zugeständnisses an die Romantik und ihrer Art, neue Kräfte in der Natur zu finden und eher bei den unsoliden Höhlungen und Brennstoffen der Erde zu verweilen, deutet sich an. Der Quell ist heiß, aber nichts läßt erkennen, daß diese Qualität dem Widerwillen gegen alles Vulkanische hätte etwas anhaben können.

Zwei Jahre später nutzt Goethe ausdrücklich die Quellenmetapher zur Abweisung der Romantik. Er hatte Zelter den jungen Violinisten und Kompositeur Franz Karl Eberwein zur Disziplinierung artistischen Wildwuchses nach Berlin geschickt, und Zelter hatte sich der Aufgabe mit der ihm eigenen Energie unterzogen. Zelter befindet den jungen Protegé Goethes als *schon ziemlich in die allgemeine Wildnis übergegangen*; sein Geigenton sei schön und rein, doch habe er sich im Zeitgeschmack *eine weinerliche retardierende Kantilena* angewöhnt, die ihm auszutreiben sei. Dazu das metaphorische Konzept, es sei notwendig, daß *der junge Mann den Strom der Mitte versuche.* (Zelter an Goethe, Berlin 9. September 1808; Briefwechsel [I] 217 f.) Die Strommetapher läßt Goethe dorthin zurücklenken, woher der Strom kommt: die Kunstwelt liege zu sehr im Argen, als daß ein junger Mensch wie Eberwein wahrnehmen könnte, worauf es ankomme: *Sie suchen es immer wo anders als da, wo es entspringt, und wenn sie die Quelle ja einmal erblicken, so können sie den Weg dazu nicht finden.* (Goethe an Zelter, Weimar 30. Oktober 1808; Briefwechsel I 221) Bei den jungen Talenten in der Poesie, aber wohl auch in der Malerei und Musik, gehe nun alles *durchaus ins Form- und Charakterlose* und keiner wolle begreifen, daß *die höchste und einzige Operation der Natur und Kunst die Gestaltung sei.* Das gelte vor allem fürs Humoristische mit den *schrecklichsten Beispielen* Jean Paul und Görres. Die Metapher der Quelle, die wohl der den Ursprüngen zugewandten Romantik sichtbar geworden sei, nicht aber erreichbar, nähert sich der Vorstellung der *natura naturans*, deren einzige Operation ebendie Gestaltgebung der *natura naturata* ist. Die Metapher der Quelle begünstigt nicht mehr Ursprünglichkeit im Sinne ungebändigter Wildheit, dessen also, was sich gerade der Unentschiedenheit erfreut, noch nicht zu wissen und erkennen zu lassen, was es einmal werden solle. Dieses Vor- und Zwischenstadium hat seinen Eigenwert gegenüber der durch Erstarrung gefährdeten Form verloren.

Die Quellenmetaphorik von Karlsbad, so ließe sich sagen, beruht auf einer vertikal orientierten Naturansicht: Die Quelle ist das, was aus der Tiefe kommt und von dort seine Gestaltungsmacht wie seine Heilungskraft bezieht. Goethes frühe Metaphorik der Quelle basiert auf einer horizontalen Orientierung des Verhältnisses zur Natur; sie ist, was außerhalb des Bezirks domestizierter Gewalten liegt. In die Menschensiedlung gehört der Brunnen, in deren residenzstädtliche Verfeinerung der Springbrunnen, in die von all diesem fernab liegende und nur dem stürmischen Wanderer erreichbare Natur gehört die Quelle. Für den herzoglichen Wegebaudirektor und Kriegskommissar ergab sich bei Inspektionen und Aushebungen Gelegenheit, dem Zustrom der Quellen in den städtischen Brunnen in der umgekehrten Richtung nachzugehen. Im Frühjahr 1779 war er über Jena und Dornburg nach Apolda unterwegs und hatte an Charlotte von Stein geschrieben: *Mir ists auf dieser ganzen Wanderung wie einem, der aus einer Stadt kommt, wo er aus einem Springbrunnen auf dem Markte lang getrunken, in den alle Quellen der Gegend geleitet werden, und er kommt endlich spazierend einmal an eine von diesen Quellen an ihren Ursprung, er kann dem ewig rieselnden Wesen nicht genug zusehen und ergötzt sich an denen Kräutern und Kieseln* … (Goethe an Charlotte von Stein, Apolda 5. März 1779; Werke XVIII 421)

In seinem Lebenskreis, in seiner Umwelt, schließlich in einer ganzen Kulturepoche war Goethe selbst die Quelle: ein Ursprung, an den man über Nachahmer, Gegenläufer und Epigonen hinweg noch gehen konnte, weil die Welt klein genug war. Friedrich August Wolf blickt auf den Genuß von vier *unbeschreiblich glücklichen Tagen* zurück und wandelt das dem Philologen so vertraute diachrone Bild der Quelle ab, um das Verhältnis von Literatur und Anschauung, Vermittlung und Unmittelbarkeit zu bezeichnen: *Es ist doch durchaus etwas anderes, Schriften, selbst die worin das Herz noch so stark redet, zu bewundern und hochzuschätzen, und den Quell, der sich in unserm Zeitalter kaum genug ergießen kann, in seiner eigentümlichen Fülle und Klarheit zu sehen.* (Friedrich August Wolf an Goethe, Halle 22. Juni 1795; Briefe an Goethe I 203)

1812 – in einem Jahr, in dem Goethe länger als sonst sich den Bedrängnissen in den böhmischen Bädern entzog – liest Zelter »Dichtung und Wahrheit« als Entwicklung eines poetischen Berufs, die den Überfluß der Gaben mit der Ökonomie ihrer Bestimmungen verbunden hätte, also mit einer Genauigkeit der Passung von Produktion und Rezeption: *einem Quell darf um Wasser nicht bange sein, das so leicht keiner brauchen und verbrauchen wird, als wozu er kann.* (Zelter an Goethe, Berlin 14. November 1812) Goethe ist gerade mit dem Projekt einer Badeanstalt in Northeim beschäftigt. Zelter blickt auf Karlsbad, und die therapeutische Implikation der Quellenmetapher schlägt durch, wenn er auf der Seite der Rezeption die Skala der des Quells Bedürftigen sehen läßt: *Der Erhitzte, der Durstige, der Ermattete, der Heilige, der Starke, der Gewaltige, alle diese suchen ihn, weil sie die Notwendigkeit seines Daseins fühlen, und für solche fließt er heilbringend …*

Schließlich darf in dieser vom Quell begünstigten Landschaft die tragische Figur des Verdurstens an der Quelle nicht übersehen werden. Ottilie, Goethes Schwiegertochter und Vertraute dessen, der so oft aus der Quelle nicht schöpfen konnte, die er selbst war, hatte zu ihrer Grabschrift bestimmt, was einem unerfüllten Leben den überdeutlichen letzten Ausdruck gegeben hätte: *Von Quellen umgeben, verdurstete sie, denn keine bot ihr einen frischen Trank.* (Kurt Pfister, Söhne großer Männer. München 1941, 168)

Beweise sind Ableitungen, ihr Bewiesenes immer ein Abgeleitetes.

Unbewiesenes gilt nichts, wenn und weil es als Beweisbares, nur eben nicht Bewiesenes unterstellt wird. Nimmt man das Unbewiesene als das Unabgeleitete, gewinnt es an Würde vom Wort her. Nur muß vorausgesetzt werden dürfen, daß es vor der Ableitung und ohne sie etwas der Qualität des Abgeleiteten Vergleichbares überhaupt gibt. Sonst ist ein solcher Satz wie der Schopenhauers, für sich genommen, ohne Sinn: *Jede Wahrheit deren Grund kein Beweis ist, ist der welche einen Beweis zum Grunde hat vorzuziehn.* (1817; Nachlaß I 454) Damit man dem Verdacht enthoben wird, das Unabgeleitete sei ein wesenloses Schemen, hilft die Metapher nach, die der Ableitung die Assoziation von Natürlichkeit und Künstlichkeit verschafft: ... *so wie Wasser aus der Quelle dem aus dem* aquaeduct *vorzuziehn ist.* Die Vorstellung eines kunstfertigen Bauwerks, welches die Quelle mit dem Ort der Entnahme des Wassers verbindet und dieses vor dem Versikkern schützt, enthält zugleich etwas von der Kostbarkeit der transportablen Substanz, deren Mangel an Allgegenwart die Umständlichkeit eines ganzen Systems von technischen Vorkehrungen verständlich macht. Es ist eine Metapher für zwei Richtungen der philosophischen Aufmerksamkeit: die auf das System der Ableitungen gerichtete und die auf die Quelle bezogene. Die Ableitung kann nichts erbringen, was nicht schon die Quelle hergegeben hat: *Denn der Beweis ist die mittelbare Erkenntniß der Wahrheit, ist ihre Begründung durch Aufweisung ihrer Identität mit einer andern schon anerkannten Wahrheit. Es läßt sich aber keine Wahrheit denken, die nur auf solche Weise mittelbar zu begründen sei und nicht auch unmittelbar.*

Diese Notiz ist ein Jahr später in das Hauptwerk eingegangen. Es sei die gängige, darum aber noch nicht richtige Meinung, Wissenschaftlichkeit der Erkenntnis bestände in der größeren Gewißheit, woraus die Vorbildlichkeit von Mathematik und Logik für jeden Wissenschaftsbegriff gefolgert werde. Aber unumstößliche Gewißheit der Erkenntnis könne noch nicht das ausschlaggebende Kriterium für Wissenschaftlichkeit sein. Insofern Wissenschaftlichkeit die Verbindung zwischen dem Allgemeinen und dem Besonderen herstellt, als ein *stufen*weises Herabsteigen, bekommt es die systematische Form, die ihren Eindruck bestimmt; doch habe dies *den alten Irrtum veranlaßt, daß nur das Bewiesene vollkommen wahr sei und jede Wahrheit eines Beweises bedürfe; da vielmehr im Gegenteil jeder Beweis einer unbewiesenen Wahrheit bedarf, die zuletzt ihn oder auch wieder seine Beweise stützt.* Ebendeshalb sei eine unmittelbar begründete Wahrheit der durch einen Beweis begründeten so vorzuziehen *wie Wasser aus der Quelle dem aus dem Aquädukt.* (Die Welt als Wille und Vorstellung I § 14; WW I 112) Obwohl das Wasser aus dem Leitungsbauwerk kein anderes als das aus der Quelle ist und sein kann, was Schopenhauers alternative Formulierung aus dem Blick drängt, verdient die Entnahme des Wassers an der Quelle den Vorzug vor der an irgendeinem Ort seiner Ableitung, offenkundig deshalb, weil die Substanz durch Ableitung an Qualität verliert, obwohl sie identisch dieselbe bleibt. Es handelt sich eben gerade nicht um ein Mehrquellensystem: *Anschauung, teils reine a priori, wie sie die Mathematik, teils empirische a posteriori, wie sie alle andern Wissenschaften begründet, ist die Quelle aller Wahrheit und die Grundlage aller Wissenschaft.* Die Metaphorik der Quelle überbietet eine andere von noch größerer Altehrwürdigkeit in der Sprachtradition der Philosophie: die unmittelbar aus der Anschauung geschöpften und auf sie ohne Beweise gegründeten Urteile seien für die Wissenschaft, *was die Sonne im Weltgebäude: denn von ihnen geht alles Licht aus, von welchem erleuchtet die andern wieder leuchten.*

Alle Berufung auf Anschauung hat das Eigentümliche, daß sie selbst die Anschauung nicht liefern, sondern nur auf diese hinweisen kann. Das Versorgungssystem der vernünftigen Subjekte besteht nur aus Aquädukten, die mit der Mahnung versehen sind, noch besser sei es, aus der Quelle zu trinken, und man möge sich in der Gegenrichtung des Fließens im Leitungswerk zu jener begeben. Wie begründet sich das, was auf Anschauung begründet zu sein beansprucht, auf ebendiese? Der Phänomenologe würde antworten: durch Beschreibung. Aber auch Beschreibung ist keine Herstellung von Unmittelbarkeit, so wie die Darstellung eines Beweises vollgültig dieser Beweis selbst sein muß. Deskription ist eine Verfahrensanweisung zur Herstellung von Anschauung, deren Qualität und damit Erfolgssicherheit nicht adäquat sein kann. Jedenfalls sind nicht Deskriptionen schon die Quelle selbst, so wie Beweise die Aquädukte selbst sind. Es geht hier ums Verführerische der Metapher, um ihre rhetorische Doppeldeutigkeit. Das zeigt sich sogleich, wenn statt von Beschreibung von einer ästhetischen Kunstleistung gesprochen wird, welche durch die Differenz von bloßer Anweisung zu bildnerischer Vergegenwärtigung den Hiatus zur Anschauung überspringen lassen soll. In einer Aufzeichnung von 1814 hat Schopenhauer das Problem am neuzeitlichen Grundverdacht aufgehängt, den Descartes mit der Figur des genius malignus verbunden hatte, unser Erkenntnisbild von der Welt könne eine einzige große Täuschung sein, *ein großes X für ein U.* Hatte Descartes für die Gewißheit, daß die Welt wirklich ist, wofür sie sich gibt, die letzte Absicherung in der Wahrhaftigkeit (*veracitas)* Gottes gefunden, findet sie Schopenhauer in derselben quasimoralischen Sicherheit, *daß der Karakter der Welt durchaus Ehrlichkeit ist.* Mit einem Beweis dafür versucht er es nicht mehr, muß diesen geradezu ausschließen und in der Unbewiesenheit der Anschauung selbst die momentane Evidenz für jenen Charakter finden. Für diese aber gibt es nicht einmal eine Beschreibung, nur den in eine rhetorische Frage gefaßten Hinweis darauf, was auszuschließen wäre, könnte der Charakter der Welt Falschheit sein: *Wäre es nicht so, wie könnte denn alle Kunst um so schöner seyn je objektiver und naiver sie ist?* (Nachlaß I 116) Die Umbildung eines platonischen Arguments, denn Plato hatte gerade darauf, daß die Welt nur Erscheinung von etwas ist, das wahrer wäre als sie selbst, die Verurteilung jeder ästhetischen Nachbildung der Erscheinung als einer Mimesis zweiter Stufe gegründet, deren Qualität also vom metaphysischen Hintergrund her entwertet; Schopenhauers Argument verfährt genau umgekehrt, geht von der ästhetischen Evidenz der nachbildenden Objektivität und Naivität aus, um der ihr vorausliegenden Wirklichkeit Wahrhaftigkeit zu-

zusprechen, obwohl sie auch für ihn Erscheinung ist. Philosophie als Begriffskunstwerk steht in demselben Verhältnis zur Welt: ihr Material, die Begriffe, sind dem Philosophen, was dem bildenden Künstler der Marmor ist; das Geschäft des Vernunftkünstlers ist, die Welt aus dem Bewußtsein für die Vernunft abzubilden, treu zu wiederholen. Wie das Kunstwerk wird diese Philosophie vollkommen objektiv und vollkommen naiv sein, und für die Herkunft dieser Bestimmung greift Schopenhauer auf die Metapher der Quelle zurück: *Um sie zu schaffen wird der Philosoph, wie jeder Künstler, immer unmittelbar aus der Quelle, d. i. der Welt und dem Bewußtseyn, schöpfen, nicht aber es aus Begriffen abspinnen wollen ...* (Nachlaß I 117) Die Quelle also für Kunst wie Philosophie ist die aus der Möglichkeit der Kunst als zuverlässig erwiesene Welt der Erscheinung. Hinter den Erscheinungen gibt es erkenntnistheoretisch nichts; sie können nicht ins Unrecht gesetzt werden, und das ist es, was ihnen die Kunst bestätigt. Metaphysisch jedoch sind die Erscheinungen nur die Individuationen der Ideen, in denen sich der Wille selbst darstellt und selbst erfaßt, das durch die Projektion auf Zeit und Raum zufällig gewordene Notwendige, in dem sich dieses die Gestalt einer ungeheuerlichen Vergeudung gibt, die wir ›Geschichte‹ nennen. Was uns, zum Unterschied des Anblicks der Natur, an der Geschichte Anstoß erregt, ist der Verdacht auf ein unermeßliches Mißverhältnis zwischen dem, was möglich wäre, und dem, was wirklich wird. Um die bloße Vordergründigkeit dieses Verdachts auszudrücken, bemüht Schopenhauer eigens den Erdgeist und läßt ihn im Bilde die verhinderten und zerstörten großen Möglichkeiten der Geschichte, ihrer *Welterleuchter und Helden* zeigen, die durch blindestes Ungefähr abgebrochenen Aussichten auf höchste Kultur und Aufklärung, so daß im Anblick des Verlorenen und Verspielten die derart geschichtskundig Gemachten *schaudern und wehklagen über die verlorenen Schätze ganzer Weltalter* – doch nur, um dem Erdgeist Gelegenheit zu einem Lächeln zu geben und zur Tröstung der großen Metaphysik: *Die Quelle, aus der die Individuen und ihre Kräfte fließen, ist unerschöpflich und unendlich wie Zeit und Raum: denn jene sind, eben wie diese Formen aller Erscheinung, doch auch nur Erscheinung, Sichtbarkeit des Willens. Jene unendliche Quelle kann kein endliches Maß erschöpfen; daher steht jeder im Keime erstickten Begebenheit, oder Werk, zur Wiederkehr noch immer die unverminderte Unendlichkeit offen. In dieser Welt der Erscheinung ist sowenig wahrer Verlust als wahrer Gewinn möglich. Der Wille allein ist: er, das Ding an sich, er, die Quelle aller jener Erscheinungen. Seine Selbsterkenntnis und darauf sich entscheidende Bejahung oder Verneinung ist die einzige Begebenheit an sich.* (Die Welt als Wille und Vorstellung III § 35; WW I 263 f.)

Bewußtsein von der Unendlichkeit jenes Quells, aus der der Erdgeist den Trost für Geschichtszweifel und Geschichtsverzweiflung schöpfen wollte, haben wir aus der Unendlichkeit auch unseres individuellen Willens, also aus unserer inneren Erfahrung. Es gibt nur diesen einen und einzigen Zugang zum metaphysischen Hintergrund der Welt, zum Ding an sich. Im übrigen, diese eine ausgenommen, bietet alle innere Erfahrung nur Erscheinungen, wie schon Kant geltend gemacht hatte, und nicht einmal vom äußeren Sinn spezifisch differente, wie der Traum beweist, der freilich nur alternativ zur Affektion des äußeren Sinnes möglich ist, dann aber jeden Grad von Leibhaftigkeit und Aufdringlichkeit der Realität einschließlich des Widerspruchs gegen unsere Wünsche erreichen kann. Ihn als bloße Sonderform der Phantasie zu erklären wäre gegen jede deskriptive Redlichkeit: Selbst bei Abschirmung gegen die äußere Affektion, *auch in der tiefsten Stille der finstersten Nacht*, kann die Einbildungskraft nichts hervorbringen, was dem Traum auch nur nahekommt. Die sensorische Erregung, die den Erlebnissen des Traumes zugrunde liegt, ist so etwas wie organische Selbsterfahrung, Durchscheinen derjenigen Erregungen, die im Tagesablauf bei äußerer Affektion und nach außen gerichteter Aufmerksamkeit unter der Schwelle der Beachtung bleiben und erst durch den Schlaf zur Geltung kommen können. Sogar, um nur dies Beispiel aus Schopenhauers Vortrag zu nennen, der Blutkreislauf wird in den Gefäßen des Gehirns in die Selbsterfahrung aufgenommen wie andere jener *schwachen Eindrücke, die aus dem innern Nervenherde des organischen Lebens auf mittelbarem Wege heraufdringen.* Für diese Abwandlung der ›Selbstaffektion‹ Kants hat Schopenhauer außer der Metapher der Kerze, die erst in der Abenddämmerung zu scheinen anfängt, die andere, daß wir *bei Nacht die Quelle rieseln hören, die der Lärm des Tages unvernehmbar machte.* (Versuch über das Geistersehn und was damit zusammenhängt (1851); WW IV 285) Allerdings bedürfen die im Tiefschlaf auftretenden Träume, denen allein divinatorische Qualitäten zugeschrieben werden können, stärkerer Anregungen von innen als der der Selbstwahrnehmung des Organismus; um Wahres zu träumen, bedarf es mehr als des physischen, nämlich des metaphysischen Kontaktes. Die Metapher von der bei Tage übertönten und nur in der Nachtstille zu hörenden Quelle wäre für Schopenhauers Zusammenhang vielleicht so erwähnenswert nicht, wird auch von der anderen bei weitem übertroffen, daß die Harfe *von einem fremden Tone nicht widerklingt, während sie selbst gespielt wird, wohl aber, wenn sie still dahängt*, hätte nicht Freud gerade auf diese Sinnfälligkeit Schopenhauers zurückgegriffen, um seinen Leser in die Theorie der Traumentstehung aus dem Leibreiz einzuführen. Er eröffnet diesen Abschnitt seiner Erörterung zur wissenschaftlichen Literatur der Traumprobleme bis 1900 mit eigenen Kreationen der Quellenmetaphorik kaum ohne Hinblick auf die, die er sogleich anzuführen beabsichtigt: *Indes bedarf es jetzt nur eines Schrittes weiter, um auf eine Traumquelle zu stoßen, die reichlicher fließt als jede frühere und eigentlich für keinen Fall zu versiegen verspricht.* (Traumdeutung I C; 40 f.) Während die Redeweise von den ›Traumquellen‹ überwiegend bei Freud so abgeschliffen ist, daß sie nur noch Äquivalent für ›Faktoren‹ ist, hat er sie hier einmal beim Wort genommen, um sogleich, wenn er sie als *die mächtigste und gleichzeitig die gewöhnlichste Quelle für die Erweckung der Traumvorstellungen* bezeichnet, auf den nivellierten Gebrauch zurückzufallen, in welchem sich sogar ein Oxymoron zu Schopenhauers Leisigkeit der Quelle ergibt, wenn Freud die Ausdrücke ›Quelle‹ und ›Erweckung‹

so nebeneinandersetzt. Schopenhauers Teiltheorie der Traumentstehung aus der vegetativen Organempfindung berichtet Freud so, daß er zunächst die Entstehung des Weltbildes durch Verarbeitung der äußeren Affektion beschreibt, unter welcher die *Reize aus dem Inneren des Organismus, vom sympathischen Nervensystem her* bei Tage höchstens als unbewußter Einfluß auf unsere Stimmung wirken. *Bei Nacht aber, wenn die übertäubende Wirkung der Tageseindrücke aufgehört hat, vermögen jene aus dem Innern heraufdringenden Eindrükke sich Aufmerksamkeit zu verschaffen – ähnlich wie wir bei Nacht die Quelle rieseln hören, die der Lärm des Tages unvernehmbar machte. Wie anders aber soll der Intellekt auf diese Reize reagieren, als indem er seine ihm eigentümliche Funktion vollzieht? Er wird also die Reize zu raum- und zeiterfüllenden Gestalten, die sich am Leitfaden der Kausalität bewegen, umformen, und so entsteht der Traum.* Erkennbar ist, daß Freud auf die beiden anderen Gleichnisse Schopenhauers, Kerze und Harfe, verzichtet, weil die von ihm durchgängig und reichlich verwendete ›Traumquelle‹ für den Leser durch diese Anführung eine mehr als ästhetische Aufwertung erfährt: Was schon zum Terminus geworden war, wird erkennbar für einen Augenblick in seine Bildlichkeit zurückgeholt und wieder beim Wort genommen. Die Metapher erfrischt nicht nur sich verschleifende Sprache, sie bedarf auch selbst der Auffrischung aus ihren imaginativen Erstreckungen.

Die Metapher beim Wort zu nehmen, sie als die sich einem Autor versagende Orientierung zu enthüllen ist eines der Mittel von Kritik und Polemik. Notiert sich Schopenhauer bei seiner Lektüre des Frühwerks Schellings »Von der Weltseele«, das 1798 in Hamburg erschienen war, zu einer Stelle den lakonischen Satz: *Auf den Gipfeln können keine Quellen seyn*, so wirkt diese ›Entdeckung‹ noch ohne Kenntnis des Zusammenhangs ernüchternd, Mißtrauen erweckend, vernichtend. (Schopenhauer, Nachlaß II 324; Studienhefte 1811-1818) Gelegentlich sollte man den Dingen nicht weiter nachforschen, um einen schönen Tiefsinn nicht leichtfertig zu gefährden. Man vermutet bei Schopenhauers Notiz etwas Tiefes, weil sie selbst den Schein von

Tiefe erweckt: Auf den Gipfeln keine Quellen – welche Genauigkeit steckt in dieser Formel für die Schwierigkeiten, die wir mit der menschlichen Wirklichkeit als Geschichte haben.

Bei Schelling steht die Bezugsstelle im Zusammenhang der These von der Doppelnatur des Lichts als des ersten Prinzips und der ersten Kraft der ganzen Natur und ihres allgemeinen Dualismus. Bei der Wirkung des Lichts auf die Körper zeigt sich dessen negative Materie an der Differenz der langsamen Erwärmung durchsichtiger und der schnellen Erwärmung dunkler Körper im Licht, indem dieses seine negative Materie abgibt. Dies mag Schopenhauer, reizbar durch krauses Zeug, wie er war, geärgert haben. Erklärt werden soll die meßbare Kälte auf hohen Bergen bei gleichzeitiger Erfahrung der Wärme der Sonneneinstrahlung dort für den menschlichen Körper. Man muß daran denken, daß Berichte über solche Verhältnisse exotischer Natur waren, da Alpinismus noch in ferner Zukunft lag. Schelling sucht daher die Ursache für die tiefen Temperaturen auf hohen Bergen in der Eisbildung, die die Felsmassive gegen jede erwärmende Sonneneinstrahlung infolge der Doppelnatur des Eises isoliert hatte, als durchsichtiger Körper das Licht unverändert durchzulassen und als Spiegel es unverändert zu reflektieren. Vom ersten Tage an mußte die Masse der Gebirge ausgeschlossen sein von der Einwirkung der Sonne, damit sie die Luft nicht erwärmen konnte. Dazu ist die theoretische Absicherung sofortiger Bildung von Eis erforderlich, und sie liegt in der Anwesenheit von Quellen: *Da auf den höchsten Bergen ursprünglich reiche Quellen und überhaupt eine Menge Wasser vorhanden war, so mußte der erste Winter schon sie mit einer ansehnlichen Eismasse ringsum bepanzern, da hingegen in tiefer liegenden Regionen nur einzelne Gegenden von Eis überzogen wurden.* (Sämmtliche Werke. Erste Abtheilung, II 402) Die ganze Empörung des Einwurfs: *Auf den Gipfeln können keine Quellen seyn* wird sich kaum verlohnt haben, um einer mißbilligten Erklärung des physischen Sachverhalts entgegenzutreten.

Das Grundproblem einer Kosmogonie ist, die *natura naturans* heimlich einzuführen und sorgfältig zu verstecken. Die theoretische Glaubwürdigkeit liegt beim Ausgangszustand: Er darf, wenn keine metaphysische Mitgift eingeführt werden soll, noch nichts von dem enthalten, was daraus wird. Insofern war Epikurs fruchtloser Welthagel der Atome noch vor der Einführung jener kleinen Abirrung vom parallelen Weg, die den Weltenwirbel erzeugt, zu voraussetzungsreich, weil die Atome bereits ihre zeitlosen Gestalten besaßen, aus deren Komplexionen alle anderen Gestalten hervorgehen mußten. Erst Newtons Physik und die aus ihr gefolgerten ›bewegenden Kräfte‹ der nackten Materie rückten es in Greifbarkeit, einen Ausgangszustand von äußerster Sterilität anzunehmen, der durch die bloße gleichmäßige Verteilung eines ganz und gar unbestimmten Urstoffes von Massepunkten definiert sein sollte. Nicht die Gestalten der kleinsten Materieteilchen und die daraus folgenden Eigenschaften ihrer Vereinigungen, sondern ihre Bewegungsgesetze lassen sie *nothwendig schöne Verbindungen hervorbringen.* Selbst im Chaos könne die Natur *nicht anders als regelmäßig und ordentlich verfahren.* (I 228) Er habe, sagt Kant, nachdem er *die Welt in das einfachste Chaos versetzt, keine andere Kräfte als die Anziehungs- und Zurückstoßungskraft zur Entwickelung der großen Ordnung der Natur angewandt, zwei Kräfte, welche beide gleich gewiß, gleich einfach und zugleich gleich ursprünglich und allgemein sind.* (I 234) Dieser Ausgangszustand ist einerseits dadurch definiert, daß er der einfachste zu sein hat, der *auf das Nichts folgen kann*, eine Natur darstellend, die *unmittelbar mit der Schöpfung gränzte* und dennoch in ihrem Wesen ganz *aus der ewigen Idee des göttlichen Verstandes eine Folge ist.* Das schließt allerdings schon Verschiedenheit in den Gattungen der Elemente ein, und zwar eine ausdrücklich als unendlich bezeichnete Verschiedenheit. Andererseits ist dieser Ausgangszustand dadurch definiert, daß sich noch nichts gebildet hat. Der Ausgangszustand ist die Schwelle zwischen der Schöpfung und der Entwicklung, und genau dies bezeichnet die Metapher der Quelle. Bei einem derart mit Materie erfüllten Raum dauere die allgemeine Ruhe nur einen Augenblick, dann setzen die Elemente mit ihren wesentlichen Kräften einander in Bewegung *und sind sich selber eine Quelle des Lebens.* (I 264) Der Griff zur Metapher verleitet dazu, im Ursprung den Sprung gemacht zu sehen; die Einführung des Ausdrucks ›Leben‹ ist induziert von dem Ausdruck ›Quelle‹ und sonst durch nichts im Kontext begründet. Er kehrt sogleich wieder, sobald die durch Anziehung erklärte bloße Klumpung von Körpern gleichsam angehalten und zugunsten der Kreisbewegung als einer Resultante aus Anziehung und Abstoßung differenziert wird. Aus dem Streit von Anziehung und Abstoßung sieht der Denker die Bewegung hervorgehen, die *gleichsam ein dauerhaftes Leben der Natur ist.* (I 265)

Die Metapher der Quelle zeigt an, daß an ebendieser Stelle ein wenig mehr geleistet werden muß, als die Strenge der Theorie zu leisten imstande ist. Der Leser des Werkes mußte sich aber auch erinnern, daß er auf die Metapher der Quelle schon einmal, und zwar in der Vorrede, gestoßen war. Dort nämlich war ihm deren traditionelle Gestalt zur Beschwichtigung jedes Verdachtes auf Freigeisterei und Epikureismus angeboten worden: Die darzulegende *Auswickelung der Natur* bringe nicht *etwas Unerhörtes an ihr* zutage, sondern das herrlichste Zeugnis ihrer Abhängigkeit von dem Urwesen, welches *sogar die Quelle der Wesen selber und ihrer ersten Wirkungsgesetze in sich hat.* (I 226) Die Verbindung von ›Quelle‹ und ›Leben‹ ist hier nicht vorweggenommen und bleibt spezifisch für die kosmogonische Funktion der Metapher; Leben ist auch terminologisch auf die Eigentümlichkeit dieser Kosmogonie zu beziehen, daß sie nicht Materie *und* Bewegung voraussetzt, sondern Bewegung aus den der Materie immanenten Kräften entstehen läßt, so daß das Ganze des Universums aus einem ersten Augenblick der Ruhe heraus seinen Bildungsprozeß durch ›Selbstbewegung‹ einleitet. Genau dies aber ist seit der Antike Definition des Lebens. Die Quellenmetapher der Vorrede ist Abschirmung für die Quellenmetapher des kosmogonischen Teils und ihren Immanentismus der Selbstbewegung: Mögen in jener Quelle die Wesen ihren Ursprung haben, so in dieser das Leben als Selbstbewegung des Alls. In der Geschichte der Philosophie hatte nur Plotin die Quellenmetapher in vergleichbarer Weise eingesetzt, um einen stupenden, aus den Voraussetzungen ganz unbegreiflichen Übergang von einem Prinzip der Sättigung und Ruhe in sich selbst zu einem bewegten Prozeß der Selbstentäußerung dieses Prinzips anschaulich zu machen: Seine Quelle war eine, die überläuft, deren Tragik ihre Fülle war, die sie nicht an sich halten konnte, sondern gegen ihr innerstes Gesetz, nur sich selbst zu genügen, verschwendete an anderes und als anderes. Was der Quelle entströmt, ist zwar ihr nicht entzogen, weil ihr nichts entzogen werden kann, aber von dieser und ihrer Ursprünglichkeit verlassen und preisgegeben, im Prozeß der Entfernung an sich selbst verloren und abgewendet von seinem Ursprung. Darauf beruht, daß die Welt niemals das ist, was sein soll, sondern so etwas wie der Abfall des Einen durch Abfall vom Einen. Bei Kant geht es gleichfalls um den Übergang von der absoluten Ruhe, die der Schöpfungsakt durch gleichmäßige Verteilung des Stoffes im Raum gesetzt hat, zur Bewegung, die zwar der Widerspruch zu diesem gesetzten Zustand ist, zugleich aber das, was allein überhaupt nur daraus entstehen konnte. Nicht also so etwas wie der Verlust an Reinheit des Urzustands, der Bruch des mitgegebenen Solls an Beständigkeit, sondern die augenblickliche und sprunghafte Form der Verwirklichung auf dem langen Wege zur Gestaltbildung und ›Auswickelung‹, der so etwas wie das alleinige und symmetrische Äquivalent der anfänglichen rationalen Gleichmäßigkeit der Verteilung des Stoffs im Raum ist. Leben, in diesem Sinne der Selbstbewegung, ist Abbruch des Anfangs, aber auch Durchbruch zu der einzig verbleibenden Vollkommenheit, wenn dieser Ausgangspunkt einmal preisgegeben ist, und nichts anderes als preisgegeben werden konnte er.

Ein Dilemma jeder Kosmogonie unter den fortbestehenden Rahmenbedingungen des Schöpfungsbegriffs ist, daß Vollkommenheit nicht nur und erst am Ende der immanenten Selbsterzeugung der Natur stehen kann, sondern auch und schon ihren Ausgangspunkt als das unmittelbare Produkt der Schöpfung qualifizieren muß. Deshalb ist es nicht nur aus den Erfordernissen der Theorie heraus angemessen, daß der Ausgangszustand der punktuell möglicher Stabilität des Ganzen als einer bloßen homogenen Verteilung der Materie ist, sondern auch als Ausfluß göttlicher Rationalität ist dies eine Ordnungsleistung höchsten Grades, aus der, erst nachdem sie jenen Augenblick bestanden hat, durch Selbstbewegung das fruchtbare Chaos als Schoß der Gestaltenbildung entsteht. Die Quelle der immanenten Bewegung durchbricht also nicht nur die starre Sterilität eines ungestalten Urstoffes, sondern löst den Bann einer durchaus rationalen Ordnung: Sie durchbricht die eine Vollkommenheit zugunsten einer anderen, deren gesamte Möglichkeit in jenem Wesensquell vorgezeichnet ist, den die Vorrede zur »Naturgeschichte des Himmels« zur Beschwichtigung der Kritiker und zum Trost des Lesers eingeführt hatte. Die Quelle entspringt aus einem Grund, einem Boden, der durch Festigkeit und Zuverlässigkeit charakterisiert ist; sie ist in gewisser Weise der Widerspruch zu diesem Grund, obwohl alle Fruchtbarkeit, die er jemals haben kann, auf diesen Widerspruch der Quelle angewiesen ist, aber auch durch sie unterhöhlt, ausgewaschen, fortgespült, auf Dauer erodiert werden kann. In dem Ausbruch der Quelle steckt ein Risiko gegenüber dem Ausgangszustand und seiner gleichwohl steilen Zuverlässigkeit. Doch wird im Bildgebrauch Kants das Risiko des Lebensquells nicht eingegangen ohne Legitimation durch den Wesensquell. Jener rational-homogene Ausgangszustand beruhte auf der perfekt auskalkulierten Bilanz der bewegenden Kräfte von Anziehung und Abstoßung in der Materie. Aber auch wenn nun der Quell der Selbstbewegung aufbricht [*Satz unvollständig*]

Zum gemeinen Bildungsbesitz gehört der Satz, mit dem Kant die »Transzendentale Logik« der ersten Kritik einleitet und von dem man sagen kann, daß er nicht nur über die innere Systematik der Vernunftkritik selbst entscheidet, sondern auch über deren idealistische Schicksale: *Unsre Erkenntniß entspringt aus zwei Grundquellen des Gemüths ...* (WW IV 47; III 74) Dieser komprimierte Satz hat es in sich, und seine Kompression gestattet es nicht, sich der ohnehin in dieser Fügung von ›Grundquelle‹ abstraktiv verfremdeten Metaphorik zu überlassen. Denn sehr wohl könnte das, worauf sich die *Receptivität der Eindrücke* bezieht, die Herkunft der Affektion, als Quelle veranschaulicht werden, kaum aber dieser Vorgang selbst, *die Vorstellungen zu empfangen*; und erst recht ein Vermögen, in der *Spontaneität der Begriffe* einen Gegenstand durch jene Vorstellungen zu erkennen, geht in die übergreifende Metapher nicht mehr ein. Die Sperrigkeit liegt schon im Begriff des ›Gemüths‹, welches unablösbar mit seinen konstitutiven Elementen, den Vermögen, verbunden ist. Ein Vermögen aber, Eindrücke zu empfangen, ist schon deshalb keine Quelle von Erkenntnis, weil es eine Hinterfragbarkeit auf die Herkunft jener Eindrücke förmlich suggeriert, die im Bild der Quelle als eines Letzten von Herkunft gerade ausgeschlossen sein soll. Es spricht für die in der Sache angelegte Schwierigkeit, daß sich diese Unauflösbarkeit in der Sprache der Phänomenologie wiederholen wird. Bei der Unbestimmtheit, die Kant der Quellenmetapher in seinem Frühwerk gegeben hatte, war doch vermieden geblieben, ihren figuralen Dienst, letzte Ursprünge vorstellig zu machen, derart zu mißachten.

An einem Gegenbeispiel aus der Anthropologie-Vorlesung Kants läßt sich zeigen, wie die Quellenmetapher im Kontext ihre Bildlichkeit bewahrt, wenn ihre Dienstbarkeit von geringerem Rang ist. In dem Abschnitt über das Genie als Originalitätsform des Erkenntnisvermögens unterscheidet Kant mit metaphorischen Mitteln den Beitrag der drei Instanzen Verstand, Urteilskraft und Vernunft zur Absicherung des Erkenntnisvermögens gegen seine Irritierbarkeit, zu der auch gehört, auf ›Geniemänner‹ hereinzufallen. Bei den ersten beiden Vermögen geht es mit der traditionellen Lichtmetaphorik ab: Der Verstand vertreibt die Finsternis der Unwissenheit, die Urteilskraft verhütet die Irrtümer, die sich aus dem Erscheinen der Gegenstände im dämmernden Lichte ergeben. Für die Vernunft, die doch bevorzugt Anteil an der Lichtmetaphorik gehabt hatte, läßt sich gerade deshalb kein einschlägiges Bedachtwerden finden; sie hat eine radikal prohibitive Wirkung, den Verstand zu sichern: *Die Vernunft verstopft die Quelle der Irrthümer (die Vorurtheile) und sichert hiermit den Verstand durch die Allgemeinheit der Principien.* (WW VII 228; Anthropologie § 59) Nun ist, im Gegensatz zu dem abstrakten Paukenschlag am Anfang der »Transzendentalen Logik«, dieser Abschnitt der »Anthropologie« ohnehin von konsistenter Bildkräftigkeit. Dies vor allem dadurch, daß er mit einer in Affinität zur Bildlichkeit der Quelle stehenden Metapher beginnt und schließt: der des Bodens. Gesagt werden soll, daß das Genie nationale Besonderheiten habe, je nach Art *des Bodens, dem es angeboren ist.* Der Ausdruck ›Boden‹ läßt sogleich eine Kaskade von zugehörigen Metaphern aufgehen: Die national geprägten Genies hätten verschiedene *ursprüngliche Keime in sich* und brächten sie auch verschieden zur Entwicklung: *Es schlägt bei den Deutschen mehr in die Wurzel, bei den Italiänern in die Krone, bei den Franzosen in die Blüthe und bei den Engländern in die Frucht.* Am Ende des ganzen Abschnitts und damit überhaupt des ersten Buchs steht nochmals die Metapher des Bodens als des festen Grundes, auf dem aber auch fest gestanden werden muß. Von dem Menschen, der nach dem hier sich selbst zitierenden Kant den Ausgang aus seiner selbstverschuldeten Unmündigkeit gefunden hätte, wird gesagt, daß er, statt andere für sich denken zu lassen und bloß nachahmend an deren Gängelband zu gehen, es jetzt wagt, *mit eigenen Füßen auf dem Boden der Erfahrung, wenn gleich noch wackelnd, fortzuschreiten.* (WW VII 229)

Kant hat die »Vernunftlehre« des Reimarus gekannt und benutzt. (BDN) Dort konnte er seinen Einsatz zur »Transzendentalen Logik« entnommen haben; doch ist die Affinität nicht spezifisch genug, um dafür eine ausreichende Wahrscheinlichkeit zu gewinnen. Mir kommt es darauf an, eine kleine Verschiebung der Metapher zwischen der ersten und der dritten Auflage des Werkes kenntlich zu machen, die so etwas wie Reflexion auf das imaginative Mittel darstellt. Das *erste Capittel* zum zweiten *ausübenden Theil der Vernunftlehre* handelt von Erfahrung, Wissenschaft und Glauben und beginnt mit der kurzen Exposition »Quellen der Erkenntniß«. Es solle *von den Quellen, woraus wir alle Erkenntniß nehmen, den Anfang machen.* (Vernunftlehre § 157. Hamburg 1756, 249; Ndr. München 1979 I) In der dritten Auflage von 1766 hat der einleitende Satz zu demselben Kapitel eine geringfügige und doch einen zuvor blassen Ausdruck aufwertende Variante: Man müsse an dieser Stelle *zuerst die allgemeinen Quellen suchen, woraus wir durch unsere Begriffe, Urtheile und Schlüsse, alles Erkenntniß der Wahrheit schöpfen müssen.* (Vernunftlehre § 212. Hamburg 1766, 223; Ndr. II)

Noch war die Metapher der Quelle als des für die Spätgeborenen ursprünglich Fließenden in weiter Ferne, als Plato seinen Sokrates den Dialog über die Schönheit unter einer Platane am Ilissos bei einem sprudelnden Quell eröffnen ließ. Nicht ohne die Göttin der Quelle, eine der namenlosen Nymphen, anzurufen, deren Wirkung der der Musen ähnlich ist: mit dem zu erfüllen und von dem zu gewähren, was Menschen aus Eigenem nicht zugänglich und verfügbar ist – dem, was einmal das Ursprüngliche genannt und damit ganz an die Imagination der Quelle herangerückt werden wird. Von den Nymphen ergriffen zu werden, Nympholepsie zu erleiden, ist die Form des Enthusiasmus, die Sokrates im Dialog »Phaidros« sich steigernd erfährt. Man philosophiert bei der Quelle, nicht aus der Quelle; was an dieser Differenz Mangel sein könnte, ersetzt die Nymphe, die Göttin der Quelle, die diese wie jede andere hat. Nein, keine Sprachstatistik wird mich davon überzeugen, daß Plato diesen Sokrates an der Quelle unter der Platane am Ilissos als beliebige Probe verspäteten Könnens noch im Alter hat erscheinen lassen; dazu sind die Gründe nicht gut genug, die dies gegen alle Überlieferung uns abverlangen.

Man befindet sich in Spaziergangsweite von der Stadt entfernt, und das macht spürbar, wie nahe den Quellen man noch lebte: Die Nymphen wie die Musen gehören nicht zum mythischen Personal des Schreckens, sondern zu dem der Lieblichkeit und Begeisterung, so daß ihre Nähe auch spürbar macht, daß man von der Frühzeit und vom Rand der Welt sich weit entfernt hat. Das wird im Dialog besonders deutlich daran, daß sich Sokrates und Phaidros einer mythischen

Episode erinnern, die am Ilissos passiert sein soll, wo der Nordwind, personifiziert als Boreas, die Nymphe Oreithyia geraubt habe, nicht genau an diesem Platz, wie Sokrates weiß, sondern ein wenig unterhalb am Fluß, wo noch ein Altar des Boreas stehe. Von Phaidros gefragt, ob er so etwas denn glaube, weicht Sokrates aus, er habe keine Zeit zur Mythenerklärung, da er noch nicht einmal so recht dazu gekommen sei, sich selbst zu erkennen – und da spielt das Ungeheuerliche des Mythos, das sich im Äußeren dieser Welt verloren hat, ins Innere hinein: Selbsterkenntnis heißt für Sokrates zu erfahren, ob er selbst vielleicht solch ein Ungeheuer sei wie jener Typhon, der Gott des unterirdischen Feuers und der Ungewitter, oder ob er nicht so fürchterlich und fremdartig sei wie jener, sondern lieblicher und einfacher, sich der Teilnahme am Göttlichen erfreuend. Ich erinnere an diese nur episodische Beschreibung der Alternative, die sich der Selbsterkenntnis stellt, weil sie den ganzen Kontrast heraustreibt, der zwischen der äußeren Szenerie von Fluß, Baum und Quelle, der Ahnung der Nymphe, und dem Bild der Furchtbarkeit des innerlich Möglichen besteht. Wer sich erinnern mag, was so viel später die Alternative von Neptunismus und Vulkanismus für Goethes Weltansicht bedeuten wird, kann nicht umhin, die Szene der Eröffnungshandlung des »Phaidros« als ein Vorspiel dazu zu sehen.

Wenn Sokrates sich im Dialog an der Quelle ergriffen fühlt von den Nymphen, darf man das mit der freundlich-ironischen Unbestimmtheit nehmen, in der er sein Verhältnis zu den Göttern bis hin zum Hahnenopfer für den Asklepios vor dem Trank aus dem Schierlingsbecher hält. Er trinkt das Gift, aber er trinkt [nicht] aus der Quelle der Nymphe. Auch Narcissus trinkt nicht aus der Quelle der Nymphe Echo, sondern blickt nur hinein und stirbt daran, daß er das Geheimnis der Spiegelung nicht durchschaut; aber es ist die Strafe der Nymphe mit dem ihr eigenen und geheiligten Mittel. Getrunken wird aus den Quellen, die den Musen heilig sind, und dies von denen, die des Beistands der Musen bedürfen und ihn auf eine mehr realistische Art als durch die der bloßen Anrufung zu erlangen suchen:

auf die Art eben des menschheitsältesten Realismus der Einverleibung. Hier, bei den Dichtern, Sängern wie Schreibern, beginnt der Zusammenhang zwischen der Quelle und dem, was sie einst metaphorisch darstellen wird. Homer läßt die Musen auf dem Olymp wohnen, als Töchter des Zeus und der Mnemosyne, die Hesiod zu den Titanen rechnet, so die Verbindung zur ältesten Götterschicht herstellend. Daher wird die Quelle ursprünglich den Musen selbst gedient haben, und da gibt es die Verbindung zu dem geflügelten Roß Pegasus: Er hat mit einem Schlag seines Hufes die erhabenste der Musenquellen auf dem Helikon aus dem Boden springen lassen.

Es ist schon eine Bewegung auf die metaphorische Wandlung hin, wenn die Dichter, statt ihre Muse aus der Quelle auf dem Helikon getrunken haben zu lassen, selbst und unmittelbar aus einer Musenquelle zu trinken sich genötigt sehen, in einem jener Akte der Umwandlung des Mythos in Magie, die der Mittelbarkeit des Zugangs zum Ursprung von Enthusiasmus so überdrüssig geworden sind, wie es in jeder solchen Geschichte des Umgangs mit Göttern geht.

Die Kultstätten der Musen, an denen Dichter sich magisch den Enthusiasmus antrinken konnten, sollten, wie der Orakelpriester Plutarch berichtet (De curiositate c. 12), in möglichst großer Entfernung von menschlichen Ansiedlungen gelegen sein. Man muß, das wird in die Metaphorik eingehen, mühsame Wege zurücklegen, um zur Quelle zu kommen, auch wenn der Grund für diese Vorschrift ganz banal gewesen sein mag, den Verunreinigungen der Quelle vorzubeugen. Da beginnt es: Die Quellen hat man nicht bei sich in der Nähe, wo man den Strom vorbeifließen sieht, sondern in der Ferne, sogar in der fremden Ferne. Die Römer haben aller künftigen Philologie und Historie so etwas wie die bildhafte Vorschrift hinterlassen, die Quellen in jedem Fall im Entlegenen zu suchen. Für ihre Dichter hatten sie nichts Vergleichbares als die Peirene, die auf der Akropolis von Korinth entsprang und von der sich Enthusiasmus [an]trinken mußte, wer – und darauf kam es nun an – mit den eingeborenen Nutznießern der Musenquellen mithalten wollte. Das Verhältnis der

Römer zu den Griechen war die erste und naheliegende Bedürfnislage, aus der heraus die Quelle zur Metapher wurde. (Die Römer und die Peirene: W. F. Otto, Die Musen. Darmstadt 1954, 30) Dabei war das Poetische wohl schon so etwas wie die späte Zurücknahme eines höheren Dranges jenes Enthusiasmus, zu dem die Musen verhalfen, der Prophetie; denn zwischen den Orakeln, die den Griechen mehr als andere Leistungen der Götter bedeuteten, und Quellen der Musen gibt es regelmäßig feste Verbindungen, wie in Delphi die Kassotisquelle an der nördlichen Front des Apolloheiligtums. Formal fand diese Verbindung ihren Ausdruck in der sprachlichen Gestalt der Orakelsprüche, die schon [in] ihrem Bedarf an Vieldeutigkeit so etwas wie Prototypen ästhetischer Gegenstände sind, auch wenn sie es genetisch nicht gewesen sein müssen. Prophetie und Poesie waren ja nicht nur bei den Griechen diese Verbindung eingegangen. Es war zwar nicht das Elend der Römer – denn sie leisteten sich solche Dinge doch nur nebenher, während der Muße, die ihnen das ließ, was ihnen Hauptsache war –, aber doch ein Stachel, daß die Quellen ihrer Kultur, deren Glanz ihnen im Maße ihrer Macht lieb wurde, fernab im Land der Unterworfenen lag, obwohl dies Sicherheit des Zugangs gewährte.

Gerade für den, der die Distanz der römischen Eigenkultur zu der der Griechen am intensivsten empfand, weil er sie auf einem Gebiet zu ertragen und zugleich vermittelnd zu bewältigen hatte, auf dem die Römer nicht einmal die Dürftigkeit ihrer sprachlichen Mittel übersehen konnten, für Cicero also, wird es tröstlich zu sehen, daß schon die Griechen selbst nicht ständig an und aus der Quelle lebten, sondern das, was aus der Quelle floß, nur besser zu nutzen, ergiebiger auszubreiten und nicht ohne Verschleierung dieses Sachverhalts darzustellen wußten. In diesem Zusammenhang wird die Quelle ganz von selbst zur Metapher. Wenn er in seinem Dialog »Über die Natur der Götter« den Anhänger der platonischen Akademie in ihrer skeptischen Resignationsform, Cotta, die Götter des Epikur als wegen ihres fehlenden Umgangs mit der Welt sinnlose Konstruktionen hinstellt, die den Menschen nichts bedeuten könnten, führt er mit der Metapher ein doppeltes drastisch vor Augen: einmal das bloß Abgeleitete der ganzen Lehre des Epikur mitsamt ihrer denaturierten Theologie, dann aber und vor allem, daß auch an der Quelle, bei Demokrit, die für Quellen zu fordernde Klarheit dessen, was in den Ableitungen ohnehin getrübt sei, nicht gefunden werden könne. Denn dieser *vir magnus in primis*, aus dessen Quellen doch Epikur seinen Kleingarten bewässert habe *(cuius fontibus Epicurus hortulos suos irrigavit)*, scheine in Sachen der Götter geschwankt zu haben. (De natura deorum I 120) So sah es also bei den Quellenbesitzern selbst schon nicht gut aus mit ihrem Wissen von den Göttern und dem, was diesen zukomme, aber auch über das, was die Menschen von ihnen zu erwarten hätten. Hier leistet die Metapher alles, was ihr zugetraut werden kann, denn Epikur hatte alles darauf angelegt, dieses Bewässerungssystem samt seinen Quellen im Verborgenen zu halten, und sein römischer Schüler Lukrez folgt ihm darin schulgetreu.

(Namen der Quellen am Helikon: Aganippe, Hippokrene)

(Anmerkung: Noch besteht Beziehungslosigkeit zwischen dem Ort des Dialogs, der Quelle, und dem an dieser Stelle erzählten Mythos von der Erfindung der Schrift durch den Gott Theut und dessen Zurechtweisung durch den ägyptischen König Thamos: 274 C.)

Horaz spielt schon mit der Vorstellung der Quelle, obwohl es auch im römischen Kult den vestalischen Quell gab, aus dem die Priesterinnen der Vesta das Wasser der altrömischen Camenen schöpften, die ganz in der Stildifferenz Roms zu Hellas weniger die Poesie als die Gesetzgebung inspirierten, wie Livius im ersten Buch seiner »Römischen Geschichte« vom König Numa berichtet und natürlich auch Plutarch in der Biographie dieses Königs es tat. Und wenn Horaz sich als *Musis amicus* vorstellt und eine der Musen nach deren bekanntem Aufenthalt bei Piplea anruft als die, die sich des ungetrübten Quells erfreuen könne *(quae fontibus integris gaudes)*, so wird man gerade hierin das Ritual, die Phrase aus fremder Quelle, nicht mehr die Musenfrömmigkeit des Dichters erblicken wollen. (Oden I 26)

Hatte Cicero die Verbindung zwischen der Quelle und ihren Ableitungen metaphorisch gebraucht für die Distanz zwischen Frühzeit und Spätzeit der griechischen Philosophie, Originalität und Epigonentum, so transformiert Horaz [sie] mit der Einführung des *Graecus fons* in seine »Ars poetica« endgültig in das Verhältnis zweier Kulturen, zweier Sprachwelten und ihrer Abhängigkeit. Das ist noch nicht programmatisch ausgedrückt, wenn Horaz dem angehenden Dichter empfiehlt, nicht nur mit den Sachen, sondern auch mit den Worten vorsichtig umzugehen, wählerisch und sensibel. Ein verbrauchtes Wort wirkt durch eine geschickte Verbindung neu, und jede Kühnheit ist erlaubt, die an sich hält. Erfindungen und Neubildungen werden Zustimmung finden, wenn sie aus der griechischen Quelle kommen und mit Maßen von ihr abgeleitet sind. Die Sprache erneuert sich, wie der Wald das Laub im Laufe des Jahres wechselt. Der Dichter tut da nichts anderes als die, die die Oberfläche der Erde verändern durch Hafenbauten und Urbarmachung von Sümpfen, Eindämmung von Flüssen. (De arte poetica, 52-72) Dazu gehört auch, und damit gibt Horaz ein viel späteres Stichwort, daß nicht nur neu gebildet, sondern auch längst Dahingegangenes erneuert wird: *multa renascentur quae iam cecidere* ... Da stehen sie im Abstand von wenigen Zeilen aneinander: der griechische Quell und die Wiedergeburt des Verfallenen. Giambattista Vico wird den Vers vom *Graecus fons* als Beleg dafür zitieren, mit welcher Anmaßung die Römer sich dessen mit Auswahl und sparsam zu bedienen vorgaben, was doch den ganzen und alleinigen Reichtum ihrer Kultur ausgemacht habe, wobei sie zur Verschleierung der Armut ihrer Sprache falsche und törichte Wortgeschichten lieber vorbrachten als deren fremde Herkunft einzugestehen. Dennoch hätten sie bei alledem durch Aneigung und Anpassung schließlich mit den Griechen gleichgezogen: *Effectu itaque Romani, quod ad linguam et leges attinet, Graecis exaequabantur.* (De nostri temporis studiorum ratione XIV)

Das, wofür die Metapher der Quelle steht, ist noch nicht identisch mit Reinheit, so daß nur das aus ihr Abgeleitete der Trübung und Beimischung, des Verfalls in Niederungen und Verflachung, Ausuferung und Unmäßigkeit verdächtig wäre. Den Römern ihre Geschichte als die des Verfalls, die Vernachlässigung der Götter, die Verwilderung der Sitten, vorzuführen und auf das Kernübel noch aller moralischen Pessimisten zurückzuführen, greift Horaz zur Quellenmetapher: Dieser Quell liegt nicht fern, er entspringt in den Häusern, unter den Dächern, in den Familien Roms selbst und ergießt sich von hier über Land und Volk: *Hoc fonte derivata clades / In patriam populumque fluxit.* (Oden III 6)

Vico sieht in Horaz einen etwas verkrampften römischen Patrioten, der die zum Strom gewordene Quelle nicht recht fließen lassen will, oder für den Zeitpunkt des Rückblicks genauer: bei sich nicht durchfließen lassen will. Der erzwungene Erfolg, auf den es dennoch ankommt, die Ausbildung der lateinischen Sprache zum Instrument rechtlicher Institutionen, ist so etwas wie ein Nebeneffekt jener Gezwungenheit. Der ästhetische Aspekt, zumal die Verhinderung einreißender Preziosität im römischen Dichtungswesen, interessiert Vico als Anlaß der Mahnung zum sparsamen Genuß von der Quelle nicht: Der Jurist sieht Römisches als einen Kraftakt der Bewältigung eines Ordnungsproblems mit vorgegeben unzureichenden Mitteln.

Andere Schwierigkeiten hat ein durch seine vermittelnden Sprachprägungen allbekannt gewordener deutscher Schulmeister mit der Quellenmetaphorik bei Horaz: Seine Schüler, zuerst in den Elbmarschen flußabwärts von Hamburg und dann im Moränengebiet der holsteinischen Seen bei Eutin, wissen weder, was ein Bach, noch, was ein Quell ist, und so muß Johann Heinrich Voß, der den Homer fast zu landläufig gemacht hat, ihnen bei der Ode *O fons Bandusiae* erläutern, was dem Dichter als Besitzer eines kleinen Landgutes den Ursprung von dessen Fruchtbarkeit des Gedichtes wert gemacht hatte: *Die Quelle müßt ihr euch nicht sanftfließend, sondern hervorströmend denken aus einem Fels, etwa wie unsern Kunstwasserfall.* Der Gegenstand sei würdig, denn *in Südländern ist eine Quelle von sehr großem Werthe. Seht eine Gegend ohne Wasser, wie öde erscheint sie! Aber eine*

Au ernährt die ganze Gegend: – Eine Gottheit muß die Quelle bewohnen. Die kindlichen Gemüter der Alten schreiben alles Gute einer Gottheit zu. – Sie treibt das Gras hervor, und die Kräuter, die Nahrung der Heerde, welcher ihr kühlendes Wasser, das immer fließt, zum Trunke dient. – Zur Erkenntlichkeit für so mannigfaltige Geschenke der Quellnymfe erhielt sie einen Theil von ihren Gaben zum Opfer ... (Friedrich Karl Wolff, Voß in seiner Wirksamkeit als Schulmann. In: Johann Heinrich Voß, Briefe ed. Abraham Voß, III/2 289 f.)

In der Bilderwelt Platos scheinen Quelle und Höhle Extreme anzuzeigen: die Quelle den Ort der Nymphe, der Gottbegeisterung des Sokrates zur Abweisung der Rhetorik des Lysias, die Höhle den Ort der Schatten, die metaphorische Ontologie der Unterwelt, aus der zwar einer befreit und zu den Ideen emporgeführt wird, aber seine Erfahrung nicht durchzusetzen vermag gegen die, die an den Schatten ihre Welt und Wahrheit zu haben glauben, so daß sie bereit wären, den Rückkehrer mit seiner Wahrheit zu töten, wären sie nicht daran durch ihre Fesseln gehindert. Beide Extreme bilden das Schicksal des Sokrates ab: die Begegnung mit der Nymphe und deren Einwohnung in ihm die wiederkehrende Differenz seiner äußeren Häßlichkeit und inneren Schönheit, die Todesdrohung gegen den Rückkehrer in die Höhle das tatsächliche Ende mit Kerker und Giftbecher. Trotz dieser imaginativen Antithetik – oder gerade weil die Spätzeit auf neue Vereinbarkeiten drängt – finden sich die Elemente Quelle und Höhle in der Nachwirkung des Plantonismus spät zusammen bei dem Plotin-Schüler Porphyrios in dessen Allegorese der Nymphengrotte, die Homer in der »Odyssee« auf der Heimatinsel Ithaka erdichtet hat. [Zu] diese[r] Kultstätte der dort Najaden genannten Nymphen gibt es zwei Eingänge, einen für die Menschen zum Einstieg, den anderen für die Götter zum Aufstieg, denn um Unterirdische handelt es sich wohl. Wichtig ist hier, wo wir es mit Höhlen zu tun haben, daß zu allem auch eine Quelle in der Höhle entspringt. Was Homer beschreibt, gebe es, wenn man auf der Insel nachprüfe, dort nicht; das paßt für den späten Leser gut zur paradiesischen Funktion des Ortes,

Kommunikationszentrum für Menschen und Götter zu sein und dazu auch Erfrischung bereitzuhalten. Doch muß es leider, um seinen Zweck zu erfüllen, dort auch schummerig sein; es war nicht der Garten des Paradieses, obwohl auch Mischkrüge für Wein und Amphoren aufgestellt waren, die den Bienen zur Absetzung des Honigs dienten. Wenn es die Höhle auf Ithaka nachprüfbarerweise gar nicht gibt, wird der Autor wohl gewollt haben, allegorisch aufgefaßt zu werden – eine schöne Form, diese Methode als zwangsläufig einzuführen.

Die Höhle ist Allegorie des Kosmos. Für den Platoniker ist das auf Platos Höhlengleichnis schwerlich zurückzuführen, weil dieses keinen kosmischen, sondern einen paideutischen Vorgang vorstellig machen soll – und eben einen Vorgang, nicht nur eine Vorstellung. Die Allegorie neigt zur bloßen Ansammlung von isolierten Repräsentanten für anderes. Sie schafft keine Szenerien für etwas, das sich darin abspielen könnte. Die Höhle des Mithras, auf die Porphyrios [sich] als Vorbild seiner allegorischen Auslegung bezieht, ist Darstellung des von dem Gott Zoroasters geschaffenen Kosmos als Stätte eines von ihm gestifteten Kults zur Einführung in den Aufbau des Kosmos, der in Symbolen dargestellt wird. Dadurch wird auch wichtig, daß die Elemente vertreten sind sowie der ungeformte Urstoff, der die Höhle umgibt. Für die Übernahme in die allegorische Darstellung des Kosmos hat die platonische Höhle einen entscheidenden Mangel: In ihr gibt es kein Wasser. Ein Element fehlt, denn Erde, Feuer und Luft sind vorhanden. Deshalb eignet sich die Nymphengrotte auf Ithaka besser für die Allegorese, zumal sie nicht, wie Platos Höhle, schon vom Ursprung her ein Mittel indirekten, uneigentlichen Vortrags ist. Die Schatten in der platonischen Höhle haben ihre Bedeutung verloren; an deren Stelle ist etwas getreten, was dort nur Mittel zum Zweck der Gesamtdarstellung war: die Dunkelheit der Höhle. Porphyrios legt ausdrücklich darauf wert, daß der Kosmos, dessen Bild die Höhle sein soll, nicht nur aus wahrnehmbaren Gegenständen besteht, sondern auch aus unsichtbaren Mächten (*ahorátōn dynámeōn*). Das Unsichtbare also dargestellt durch den Mangel an

Licht. Was bei der Einweihung in die Mysterien des Mithras wie in andere Kulte nur die technische Hilfe für die Ausschaltung der Realität ist, wird zum Symbol dessen selbst, an dessen Gegenwärtigkeit der Glaube erweckt werden soll. Diese Voraussetzung allerdings fehlt der Nymphengrotte auf Ithaka wegen ihrer zwei Eingänge, sie ist ausschließlich Darstellung der wahrnehmbaren Natur, und deshalb sind die sie bewohnenden Nymphen Quellnymphen oder Najaden, anders als die auf Bergen und den Höhen lebenden Nymphen.

Die Quelle ist eine Allegorie des Lebens und seines Prinzips, der Seele. Statt wie die Atomistik der Seele die Natur des Feuers zu geben, hatte die Stoa in ihrer Vorliebe für Heraklit der Seele eine wäßrige Natur gegeben und ihr, analog zum Kreislauf des Feuers, einen solchen der Verdunstung und Kondensation zugeschrieben: die Dünste steigen auf und nähren Sonne, Mond und Gestirne, und sie steigen wieder herab, verdichten sich zu Dunst, Nebel und Wolken, zum Regen, zum Wasser, das lebensfrisch und lebensspendend aus der Quelle strömt, über die diese Sorte von Nymphen die Gewalt hat. Sicherstes Indiz für die Richtigkeit dieser Auslegung der Nymphenhöhle bei Homer sind die steinernen Mischkrüge, denn wären sie aus gebranntem Ton, wären sie dem Dionysos geheiligt, aus Stein gehauen sind sie Symbole der Quellgöttinnen.

Was wir vor uns haben, ist eine Elementenlehre, die die Umwandlung der Elemente ineinander voraussetzt. Wie Heraklit gemeint hatte, ist der Dunst, der Nebel, die Wolke verdichtete Luft. Daß Geister gelegentlich erscheinen können, liegt an ihrer wässerigen Natur; sie sind dann ein Stück zu weit gegangen in der Verdichtung, im Eintauchen in den Lebensprozeß des Werdens, der überall Wasseraufnahme zur Bedingung hat. Überall zieht sich die Antithese von Feuer und Wasser hindurch, auch in den Gefäßen der Höhle: Die dem Dionysos geheiligten sind durch Feuer entstanden und nehmen nur den Wein auf, der durch das Sonnenfeuer gereift ist und in seiner Wirkung diesem Ursprung zur Anschaulichkeit verhilft, während die steinernen Krüge der Nymphenhöhle Wasserkrüge sind und nur dem Lebensdienst, nicht der Lebensbefeuerung geweiht sind. Daß die Nymphen der homerischen Höhle es mit dem Leben und seiner Erzeugung wie Versorgung zu tun haben, zeigt sich dann nochmals daran, daß sie an steinernen Webstühlen Gewänder von der Farbe der Purpurschnecke aus dem Meer weben. Das bedeute nichts anderes, so der Allegoriker, als die Umkleidung der Seele mit Fleisch und Bein, mit dem Leib. Kehrt der Begriff der Seele hier zum zweiten Mal wieder, muß man immer im Auge behalten, daß sie Weltseele und Menschenseele sein kann: als Weltseele umkleidet von der Gesamtheit der Höhle und ihres Gesteins, als individuelle Seele vom Leib und seinen Lebensfunktionen.

Größer ist die Schwierigkeit, die allegorische Bedeutung der Amphoren zu erfassen, die in der Höhle als Behälter für Bienenwaben aufgestellt sind. Naheliegend ist, in ihnen noch eine Steigerung des Lebensprinzips der Quelle zu sehen, denn Honig ist die Nahrung der Götter, Nektar zur Ambrosia, die ihnen Unsterblichkeit verleiht. Der Ausleger hätte sich leicht helfen können, indem er die Götternahrung in der Höhle als Vorrat der Nymphen annimmt, die dadurch, daß sie sich selbst unsterblich erhalten, auch den Sterblichen wenigstens die Gewähr des Fortbestands ihres Lebens durch Zeugung geben. Das wäre durchaus dem Rückgang auf die Kreislauflehre der Elemente des Heraklit gemäß, wo auch der Vorgang der Verdichtung seinen untersten Wendepunkt im Akt der Zeugung hat. Sie ist nicht Unsterblichkeit, aber deren Äquivalent, und indem die Nymphen für Beständigkeit des Lebensflusses aus seiner Quelle sorgen, müssen sie selbst des Rückgriffs auf den Lebensstoff der Unsterblichkeit sicher sein. Da aber die Allegorie keine Geschichte erzählt, sondern nur Symbole versammelt und aneinanderreiht, entsteht bei Porphyrios keine direkte Verbindung zwischen dem Honig als Nektar und den Nymphen als unsterblichen Göttinnen, sondern der von ihnen in den Gefäßen gespeicherte Honig steht dort als Symbol für die Unverderblichkeit des Quellwassers, dessen reinigende Kraft sowie dessen Mitwirkung bei allen Prozessen des Werdens, so daß der Honig nur ein Attribut der Quelle bezeichnet, nicht aber deren Geschichte in der Zeit möglich macht. Das Attribut der Quelle ist, daß sie fortwährend unverbrauchtes Wasser zu allem Werden liefert: *synergei gar genesei to hydōr.*

In der allegorischen Szenerie kommt immer noch keine Geschichte in Gang, wenn abschließend die Frage nach den beiden Eingängen der Höhle gestellt wird und der Ansatz zu deren Beantwortung in der Himmelsrichtung gefunden ist, die den beiden Eingängen zugeordnet ist. Die beiden Tore der Höhle bezeichnen allegorisch die Punkte der Sonnenwende, Sommer und Winter, Krebs und Steinbock. Die Wintersonnenwende bezeichnet den Eintritt der Seele in den Kosmos, den Wiederbeginn des Werdens und Entstehens hin zu Frühling und Sommer, die Fülle der Verkörperungen des Lebens; die Sommersonnenwende bezeichnet den Punkt des Übergangs zum Vergehen, der Rückkehr der Seelen aus dem Kosmos zum Ort ihres Ursprungs, die Preisgabe ihrer Stofflichkeit, ihrer Verdichtung, ihrer Bedürftigkeit. Porphyrios hat also den Grundgedanken Homers aufgegeben, daß durch die eine Öffnung die Menschen in die Höhle herabsteigen, durch die andere die unsterblichen Götter kommen und ihnen begegnen, der Kult der Nymphen in der Mitte zwischen beiden Eingängen die Vereinigung beider Bewegungen ist. Bei Porphyrios ist die Höhle als Bild des Kosmos zum linearen Durchgangsort der Seelen geworden, zwischen Eintritt und Austritt, Winterpunkt und Sommerpunkt ihre Bahn mit dem Stoff vollendend. Da ist der Kreislauf der Elemente des Heraklit und der Stoa zurückgenommen in den Grundgedanken des Platonismus, der diese Symmetrie von Eingang und Ausgang zur Voraussetzung dafür hat, daß die Seele all das sein kann, was ihr zugeschrieben wird: Organ der Erinnerung, Organ der Unsterblichkeit, Organ der Erkenntnis der Welt. Daß Homer den südlichen Eingang den der Unsterblichen nennt, ist jetzt auf die Unsterblichkeit der Seele selbst bezogen, die sich erweist, sobald sie aus ihrer stofflichen Verbindung wieder heraustritt und zurückkehrt in ihre Herkunft. Trotzdem ist diese Geschichte, wie sie etwa noch der platonische Mythos am Schluß des »Staates« von der Auslosung der Schicksale erzählt hatte, nicht vorhanden; gegeben ist nur die Topologie des Seelendurchgangs: *psychais de geneseōs kai apogeneseōs oikeioi hoi topoi.* (c. 24) Schließlich wird noch das Geheimnis des Olivenbaums gelüftet, den Homer unmittelbar bei der Höhle am Endpunkt des Hafens der Insel Ithaka wachsen läßt. Er ist Symbol der Weisheit Gottes, denn die Olive steht für Athene, und Athene ist die Weisheit des Gottes, dessen Haupt sie entsprungen ist. Porphyrios kann sich nicht bewußt gewesen sein, daß er mit der Zuordnung des Olivenbaums an Athene über der Nymphenhöhle seiner ganzen Allegorie eine religionsgeschichtliche Pointe gab: der Baum der Athene, der olympischen Zeustochter, über der Höhle der aus Thrakien gekommenen Nymphen.

Alle Requisiten hat der Allegoriker durchgearbeitet und jeweils in ihre höhere Beziehung gesetzt; aber was sich in ihnen und mit ihnen abspielt, bleibt ungesagt, auch mag es dem Autor für seinen Leserkreis als selbstverständlich gelten. Damit eine Geschichte daraus wird oder wenigstens erahnt werden kann, muß er einen anderen Autor zitieren, der den homerischen Text noch mehr als Gleichnis genommen hat, indem er die Figur des Odysseus in Beziehung zur Nymphengrotte gesetzt sah – und dann freilich fängt sie an, neuplatonisch sich zu beleben, denn Odysseus ist die Figur der Seele, die nach ihrer Irrfahrt durch die Welt heimkehrt in das Reich ihrer Herkunft, Ithaka. Porphyrios hat nur noch den schmalen Ausschnitt der Höhlenbeschreibung bei Homer im Auge, wie alle späten Exegeten und Allegoriker das schon durch ihre Vorgänger kanonisierte Stück herausgeschnitten, beziehungslos, als Präparat vor sich haben und daran weiterarbeiten. Der Platoniker Numenios, den er zum Schluß zitiert, hat noch mehr von jenem dreizehnten Gesang gelesen und gesehen, was mit Odysseus geschieht, als er schlafend von den Phäaken bei der Höhle gelandet wird und nachher beim Olivenbaum der Athene begegnet: Er muß nackt und elend, als räudiger Bettler in die Heimat zurückkehren, und die Nymphengrotte, in der er all seinen Reichtum, die Gastgeschenke der Phäaken, zurücklassen muß, wird zur Stätte seiner Verwandlung, seiner Entleibung. (c. 34) Daß bei Homer Odysseus seine Heimatinsel nicht wiedererkennt, paßt nicht in das platonische Konzept der Heimkehr der Seele in das Reich ihres Ursprungs. Unkenntlich ist das Land für ihn, unkenntlich soll er werden für dessen Bewohner, damit er die Getreuen erproben, die Treulosen strafen kann. Alles andere also als die Rolle einer Seele, die selbst entblößt vor das Totengericht treten müßte, wäre die Höhle der Nymphen der Durchgang von diesem Leben in ein anderes, von der Sterblichkeit zur Unsterblichkeit gemäß Eingang und Ausgang. In seiner Verzweiflung darüber, nochmals um die Heimkehr betrogen zu sein, macht er sich an die Zählung der Gastgeschenke auf ihre Vollständigkeit, was auch nicht in die Allegorie paßt. Da naht sich ihm Athene in Gestalt eines jungen Hirten, den verkennend Odysseus fragen kann, welches Land dies sei, wer darin wohne. Odysseus gibt sich dem vermeintlichen Hirtenknaben nicht zu erkennen und tischt ihm eine erfundene Geschichte auf, in der er erneut als Verirrter erscheint, der hier mit seiner Kriegsbeute von Troja an Land gesetzt worden sei. Die Freude der Heimkehr, das im Nebel verborgene Land zu erkennen, denn jetzt enthüllt sich ihm die Göttin, stiftet die Vertraulichkeit des Gemeinsamen zwischen ihr und ihm, voller Listen zu stecken und auf immer neue zu sinnen. Die Höhle ist der Ort der List; hier ruft Odysseus, sobald er die Heimatinsel nach gelichtetem Nebel erkennt, die Nymphen an und verspricht ihnen neue Hekatomben, sobald er wieder zu seinem Eigentum gekommen wäre. In ihre Obhut gibt er in der Höhle nach dem Rat der Athene die Gastgeschenke, die ihm die Phäaken auf den Strand gesetzt hatten.

Es muß auch eine Beziehung der Athene zur Nymphengrotte auf Ithaka geben. Als sie Odysseus geraten hat, die Gastgeschenke im Inneren der Höhle zu verbergen, taucht sie selbst, wie der Dichter sagt, in die dämmerlichtige Höhle hinab, tastend durch die Höhle entlang nach Schlupfwinkeln für die Reisegewinne des von ihr begünstigten

Heimkehrers. Und dann ist die Höhle wohl auch der Ort der Verwandlung, noch nicht für die Sterblichen, die dort in die Unterwelt gegangen sein mochten, wohl aber für den noch jugendlichen Odysseus, den nun Athene unkenntlich macht für alle Sterblichen, indem sie ihm die Haut auf den Gliedern schrumpfen und die Haare auf dem Haupt ausfallen läßt, ihm die Augen trübt, um ihn der Gattin und den Freiern unerkannt Abscheu einflößen zu lassen. Die Höhle ist Ort der Verwandlung, denn man verwandelt sich nicht bei offenem Tageslicht, sondern im Verborgenen. Mit dem kahlen Fell eines Hirschen angetan, tritt Odysseus aus der Höhle hervor, ein anderer als der, der schlafend auf den Strand gelegt worden war.

Weshalb leistet der späte neuplatonische Allegoriker mit seinem Traktat über die Nymphengrotte so wenig für das Verständnis der homerischen Szene? Die einfachste, trivial anmutende Antwort ist: weil für ihn die tiefere Bedeutung des Gedichts hier zu Ende ist. Odysseus ist für den Neuplatoniker allegorisch schon festgelegt; er steht für den Irrweg der Seele vom höheren Vaterland des reinen Geistes durch die Welt der erscheinenden Wirrsale zurück zur Heimat, jenem Ithaka ihrer Herkunft. Wenn sich dort der mythische Kreis geschlossen hat, bleibt nichts mehr zu sagen. In der »Odyssee« jedoch sieht es ganz anders aus. Wir befinden uns erst im dreizehnten Gesang, wenn Odysseus auf den Strand seiner Insel gelegt wird und unter der Anleitung Athenes seine Heimat erkennt, in die Grotte der Nymphen tritt und den materiellen Ertrag seiner Reise dort verbirgt. Erst gut die Hälfte der Geschichte ist zurückgelegt. Was hinter Odysseus liegt, sind die Märchen, die er den Phäaken erzählt hat; was vor ihm liegt, ist der Ernst der Wirklichkeit, die in seiner Abwesenheit und durch seine Abwesenheit ihre Härte und Ungewißheit bekommen hat. Wenn er, zum räudigen Bettler entstellt, die Höhle der Nymphen verläßt, tut er, was in den Augen der Griechen und wohl in der archaischen Geschichte der Menschheit mit dem Heraustreten aus der Höhle seit den Anfängen verbunden war: aus dem Schutz der Erdhöhlung, aus dem Raum der Träume und der Heimkehr, der Bilder und Fiktionen, geht er in das harte Licht einer Welt, mit der sich auseinanderzusetzen Leben oder Tod entscheidet. Odysseus ist durch Athene unkenntlich gemacht worden, aber nur, um ihn instand zu setzen, den Dingen auf den Grund zu gehen, seine Heimwelt auf die Probe zu stellen, keine Illusionen zuzulassen. Dies ist, wenn es so etwas in einem Gedicht überhaupt gibt, der realistische Teil der »Odyssee«: nach der Erfüllung des Wunsches heimzukehren die Stichprobe auf die Realität dessen, was im Wunsch enthalten war und als Wunscherfüllung allein nicht Realität sein kann. Nicht die Irrfahrten dürfen sich als das eigentliche Hindernis dieser Heimkehr erweisen, sondern das, was in ihr selbst zurückgegeben wird. Dem Allegoriker war es unmöglich, in der Heimkehr, in der Vollendung des Kreislaufs, noch ein Problem zu sehen. Deshalb ist für ihn die Nymphengrotte nicht der Durchgang zu einem neuen Anfang, sondern das Bild des Kosmos selbst, der Inbegriff dessen, was es überhaupt gibt und was die heimkehrende Seele hinter sich bringt, indem sie heimkehrt. Der Reiz der Allegorie für den historischen Betrachter liegt nicht in ihrer eigentümlichen Denkweise, sondern gerade in ihrer Unangemessenheit zu dem, was das Gedicht selbst an dem enthält, worauf der unbefangene philosophische Blick hätte fallen müssen. Also die Verstellung der Aufmerksamkeit für die dichterische Mächtigkeit der Heimkehrszene.

Die Kunstfertigkeit der deutschen Sprache in Doppelbildungen erlaubt Beobachtungen eigener Art zur Metapher. Es hat das Ärgerliche aller Wortspieligkeit in Fachsprachen, bei den sprachlich nicht gerade erfindungsreichen Steuertheoretikern das Nebeneinander von ›Steuerquellen‹ und ›Quellensteuern‹ festzustellen. Das eine ist so trivial wie der abgenutzte Gebrauch der Gerichtsreportage, der Angeklagte habe wieder einmal eine seiner Quellen angezapft. Die Steuerquelle, das ist so vieles, das ist fast alles, daß Signifikanz nicht erwartet werden darf. Steuerquellen müssen nicht nur fließen, wie die Möglichkeit der Besteuerung von Vermögen ohne Rücksicht auf seine Rendite zeigt, während Quellensteuern nur an einer fließenden Quelle und von dieser abgeschöpft werden können. Schon die alte Frage, ob der Wertzuwachs eines ruhenden Vermögens dem Begriff des ›Einkommens‹ und damit einer exemplarischen Steuerquelle entspreche, schafft von der Metaphorik her aufschlußreiche Schwierigkeiten, die in die begriffliche Systematik der Finanzwissenschaft eingedrungen sind. Dort scheiden sich die Geister hinsichtlich des Einkommensbegriffs in die Reinvermögenszugangstheoretiker und die Quellentheoretiker. Hier geht es noch nicht um die Steuerquelle selbst, wohl aber um die Quellen der Quelle, und da wird die Metapher durchaus bei ihrer Bildkraft genommen: *Die* Quellentheorie *macht die Frage, ob etwas Einkommen ist, vom Vorhandensein einer ständig fließenden Einkommensquelle abhängig. Einkommen ist danach die ›Gesamtheit der Sachgüter, welche in einer bestimmten Periode (Jahr) dem einzelnen als Erträge dauernder Quellen der Gütererzeugung zur Bestreitung der persönlichen Bedürfnisse für sich und für ... den Bezug ihres Lebensunterhalts ... zur Verfügung stehen‹. Der Einkommensbegriff wird mit bestimmten Einkunftsquellen verknüpft, aus denen regelmäßig Einkünfte fließen, wie z. B. Arbeit, Unternehmung, ertragbringendes Vermögen ...* (Klaus Tipke, Steuerrecht. Ein systematischer Grundriß. [5]Köln 1978, 142 f.)

Einkommen ist, was aus Quellen fließt; und hier gehört offenkundig zu einer Quelle eine gewisse Ständigkeit des Flusses. Auf die andere Seite, dorthin, wohin die Zuflüsse etwas bilden, Seen oder gar Meere, fällt der Blick unter diesem theoretischen Aspekt nicht. Das Anwachsen dort mag Gründe haben, welche es will. Soll auch solches Wachstum per Dekret zur Steuerquelle werden, wird es im Rahmen der Theorie zur ›sogenannten Quelle‹ degradiert: *Für die Quellentheorie betreffen Wertänderungen an den sogenannten Quellen nicht das Einkommen, sondern das ›Stammvermögen‹; sie sind keine wiederkehrenden Zugänge.* Die Stammutter der Einkommensteuergesetzgebung in Deutschland vor dem Ersten Weltkrieg, das Preußische Einkommensteuergesetz vom 24. Juni 1891, ist im Prinzip der Quellentheorie gefolgt, nicht ohne sie auch wiederum exemplarisch zu durchbrechen bei der handelsrechtlichen Gewinnermittlung und bei der Berücksichtigung von Spekulationsgeschäften. Die Durchbrechungen metaphorischer Orientierung bei der Begriffsbildung sind immer als schwerwiegende Systemwidrigkeiten anzusehen. Man könnte sagen, der Leitfaden sei metaphorisch so verstärkt, daß ihn zu durchreißen Antriebe und Kräfte erkennen läßt, die zu mehr als der bloßen ersten Abweichung fähig sein müßten. Und so ist es denn auch. Der ursprüngliche historische Zusammenhang von Quellentheorie des Einkommens und Vollzug der Besteuerung macht darauf aufmerksam, daß einer Gesetzgebung, die solche Zumutungen an den Bürger impliziert, gewisse Momente der Plausibilität gegeben sein müssen. Eine vertraute Metapher liefert sie und qualifiziert damit, nachdem sie für die Begriffsbildung nur orientierend ihren Anteil geleistet hat, noch ein öffentliches Gesetz als einen Akt mit rhetorischen Einschlüssen. Gerade beim Steuerrecht ist bekannt, in welchem Maße es, soll es funktionieren, der Zustimmung der Betroffenen oder jedenfalls des Mangels ihrer Auflehnung bedürftig ist.

Die Quellensteuer ist definiert durch den Ort, wo der Zugriff des Fiskus stattfindet: an der Quelle. Sie ist, in Gestalt der Lohnsteuer und der Kapitalertragssteuer, insofern eine geniale Erfindung, als sie das Versickern der Quellsubstanz aufs wirksamste verhindert und zugleich den Verwaltungsaufwand minimiert sowie auf die Verwalter der Quellen abschiebt. Sogar die Verfassungsmäßigkeit ist gegen die Zweifel, die die Verpflichtungen der Banken zur Handhabung der Steuerabführung aus Kapitalerträgen betrafen, von höchster Stelle bestätigt worden. (BVG 22, 380) Während aber die Metapher der Quelle bei der Begriffsbildung für Einkommen gewisse Schwierigkeiten für die Ausdehnung auf nicht fließende Wertbildungsarten bereitete, treibt die Metapher bei der Quellensteuer eher zu weiteren Erschließungen. Hier waltet Gerechtigkeit und Einfachheit an der Quelle selbst, wie es sich für Quellen gehört. An der Quelle zu schöpfen ist ein Bild von solcher Solidität und Redlichkeit, daß, wer einmal für seine Sache davon Gebrauch gemacht hat, es nicht ohne Rückschlag vom Bild her wieder aufgeben kann, selbst wenn die Lage von Sache und Interesse sich gegenteilig entwickelt hat. So wurde 1964 in der Bundesrepublik als ausdrücklich so deklarierte *vorübergehende Maßnahme* die Besteuerung der Einkünfte von Ausländern aus festverzinslichen deutschen Wertpapieren eingeführt, um den damals unerwünschten Zufluß ausländischen Kapitals zu bremsen. Dies ist der typische Fall einer auch so geheißenen Quellensteuer (Couponsteuer), die durch die evidente Lauterkeit des Zugriffs besticht und sich fixiert. Denn die anderthalb Jahrzehnte später vollständig umgeschlagene Verfassung der deutschen Leistungsbilanz machte nun erforderlich, jene Kapitalzuflüsse über die Grenzen zu beleben und auf den zu hohen Zinsstandard zu drücken. Jetzt aber verfängt sich die Rhetorik in der Moral ihrer Metapher, die dauerhaft ins Bild gesetzt hat, was als ungestrafte Bereicherung Fremder an der heimischen Quelle keineswegs geduldet werden kann. Die Macht der rhetorischen Plausibilität läßt sich schon daran erkennen, daß nicht einmal bei gänzlich geänderten Sachlagen auch nur eine Diskussion aufkommen kann. Im Gegenteil, kaum ist über die Möglichkeit der Aufhebung jener *antiquierten Quellensteuer* auch nur das erste Wort gefallen (FAZ 27. Mai 1981), schlägt die Evidenz zurück, strahlt vom Feld des Problems der internationalen Kapitalbewegung auf das der Verstärkung der Staatseinkünfte durch Absicherung an der Quelle auch für innerdeutsche Anleger aus (Die Zeit 32/1981, 31. Juli); nur der Einwand, dann müßten auch die Sparer an der Quelle ihrer Zinseinkünfte besteuert werden, scheint die Ausdehnung der Quellensteuer für Ausländer auf alle festverzinslichen Wertpapiere noch zu hemmen.

Die Quellenmetapher als rhetorisches Instrument der Finanzwissenschaft und Finanzkunst bietet sich noch in einem anderen Aspekt an: in dem des Rückblicks auf monströse Verhältnisse der Entartung jener Wissenschaft und Kunst, ihres Mißbrauchs im Dienst der Tyrannei. Eine erstaunliche Figur unter denen, die sich für ihre Dienste unter Hitler gerechtfertigt haben, ist der letzte Chef eines Kabinetts jenes durch Hitler untergegangenen Deutschen Reichs, der dessen Finanzminister von der ersten bis zur letzten Stunde der Regierung Hitlers gewesen war und seine Memoiren nüchtern unter das Stichwort »Staatsbankrott« gestellt hat. Der Graf Lutz Schwerin von Krosigk schildert den Verlauf jenes 30. Januar 1933, der Hitler legal ins Amt des Reichskanzlers brachte. Schwerin von Krosigk war schon in den vorausgehenden Kabinetten Papen und Schleicher Finanzminister gewesen und sollte es bleiben. Er sah kurz vor der Vereidigung des Kabinetts durch Hindenburg Hitler zum ersten Mal, der auf diesem Gebiet der Finanzen uninteressiert und unsicher wirkte. Der vorgesehene Minister stellte dem designierten Kanzler seine Bedingungen: Haushaltsausgleich, Ausschluß von Experimenten mit der Währung, Einhaltung aller bis dahin gegebenen Zusagen. Hitlers Antwort war im Grundsatz zustimmend, in Einzelheiten an Göring verweisend. Dieser, nach der Vereidigung des Kabinetts angesprochen, erklärte dem nunmehrigen Kabinettskollegen für die Finanzen, er habe diese schon eingehend mit Schacht besprochen, der auf die Stelle des Präsidenten der Reichsbank zurückkehren sollte. Da würde es keine grundsätzlichen Differenzen geben, meinte Krosigk, da er seit langem Schacht und seine Auffassungen kannte. Dennoch beunruhigte ihn, was Göring dieser Eröffnung und der Versicherung hinzufügte, er sei für Ordnung in den Finanzen und für Haushaltsausgleich unbedingt: Sollte einmal für besondere Zwecke Geld gebraucht werden, müsse das eben die Reichsbank zur Verfügung stellen, und Schacht habe ihm schon wiederholt zugesichert, daß das möglich sein würde; damit hätte dann der Finanzminister nichts zu tun. Man sollte denken, dies sei der letzte Augenblick der Teilnahme eines preußischen Beamten dieser Qualitätsstufe an dem neuen Regime gewesen. Statt dessen sieht dieser zum ersten Mal etwas vor sich, was ihm, dem hochgebildeten Mann, aus einer ganz anderen Ecke der intellektuellen Landschaft vertraut war: eine Zweiquellentheorie. Die Metapher war, als in der Sprachtradition von Kantianismus und Neukantianismus längst angewendet, nochmals und in zweiter Stufe zur

Metapher geworden und wohl auch mit einer gewissen Sanktion dieser Herkunft und Überlieferung versehen: *Hier begegnete ich zum ersten Male der merkwürdigen Theorie von den zwei Quellen, aus denen die staatlichen Ausgaben gespeist werden sollten, der einen, die vom Finanzminister reguliert werde, und der anderen, an der der Wunderknabe Schacht säße. Man schien zu glauben, dass die zweite Quelle, ohne nachgefüllt zu werden und ohne schädliche Nebenwirkungen hervorzurufen, in unbegrenzter Stärke und Dauer sprudeln könne. Wie das vor sich gehen könne, überlegte man nicht, das war Schachts Geheimnis. Der aber hatte Wasser aus der Wunderquelle in beliebiger Menge zugesagt.* (Lutz Graf Schwerin von Krosigk, Staatsbankrott. Göttingen 1974, 169 f.) Wer das liest, traut seinen Augen nicht: Am Tage der Machtergreifung wurde nackt und klar ausgesprochen, wie die ganze Finanzierung der ›besonderen Zwecke‹ gehandhabt werden würde, nämlich über den Kopf des dafür verantwortlichen Ministers hinweg und an ihm vorbei, und dieser zögert nicht einmal, sein Amt anzutreten. Die Zweiquellentheorie kommt ihm merkwürdig vor, und im Rückblick strapaziert er die Metapher bis zur Lächerlichkeit, aber sein Mißtrauen dämpft sie eher, als daß sie es belebt. So etwas gab es eben schon, wenn auch nicht hier, so doch an erhabenster Stelle. Die Zusicherung, nur für die klassische Quelle verantwortlich zu sein, für die unorthodoxe und riskante zweite Quelle dagegen einen anderen mit dem Nimbus des Wundertäters zuständig zu sehen, dieser Kunstgriff der Kompetenzzersplitterung funktioniert von der ersten Minute des neuen Jahrtausends an und unter der Zustimmung der beiden kompetentesten Fachleute, die es auf diesem Gebiet der großen Nüchternheit gab. Die Metapher von den zwei Quellen, wie sie hier für jenen ersten Tag des Dritten Reiches als frühzeitige Ahnung oder als nachträgliche Imagination auftritt, hat weit über die Unbefangenheit des Ausspruchs für die doppelte Finanzversorgung, die fürs Normale und die fürs Besondere, hinaus Aufschlußwert für das System der Herrschaft durch absolut isolierte Kompetenzen. Am deutlichsten ist das geworden in Hitlers Geheimbefehl, kein Verantwortlicher dürfe mehr an Information besitzen, als für die Durchführung seiner Aufgaben zwingend erforderlich sei. Vieles von dem, was später keiner glauben wollte und was immer als Ausflucht der verantwortlich Gemachten angesehen wurde, erklärt sich aus diesem System der Kompetenzabschottung. Die zwei Quellen sind auch eine Metapher für die Harmlosigkeit des ersten Auftretens dieses Prinzips, die unerkannte Unheimlichkeit seiner Konsequenzen.

Was wir im Rückblick auf die geschichtliche Veränderung aller Arten von Theorie am liebsten wissen möchten, weil es der humane Aspekt der Theorie jenseits ihres Ertrages für die Selbsterhaltung des Lebens ist, wäre die Veränderung der Wahrnehmung selbst durch die Theorie, im Inbegriff: die der Weltansicht auf dem sensorischen Niveau. Dieses Wissen jedoch verweigern uns die Quellen am hartnäckigsten, und immer wieder wird der Versuch gemacht werden müssen, sie dennoch zum Sprechen zu bringen. Was geschah in der Wahrnehmung, als der von Robespierre guillotinierte Lavoisier die Erkenntnis unausweichlich machte, daß Wasser kein ursprüngliches Element, sondern die Verbindung zweier Gase, handgreiflicher ausgedrückt: die Verbrennung des einen, der brennbaren Luft, des Wasserstoffs, war? Wasser ein Verbrennungsprodukt – mußte das nicht den Blick auf Quellen und Bäche, Flüsse und Meere, Wolken und Gletscher durch und durch umstimmen? Davon ist so wenig zu merken wie vom Verzicht auf die Unmittelbarkeit der Wahrnehmung des Sonnenaufgangs nach Kopernikus; nicht einmal der Indikator der Metaphorik schlägt aus. Wie hätte eine solche Umstimmung auch aussehen sollen? Schopenhauer hat durchaus bemerkt, daß man nach Lavoisier die Metapher der Quelle nicht mehr ganz so unbefangen brauchen konnte wie zuvor; aber er nimmt die Veränderung gleichsam am anderen Ende des Quellenbildes auf, bei der Zerlegbarkeit dessen, was der Quelle entspringt, nicht bei dem, was die Theorie über den Ursprung des preiszugebenden Elements ausgemacht hat. Nur in dieser Blickrichtung auf die Zerfällung der Einheit gelingt ihm der Vergleich mit der eigenen Leistung, die bis dahin als letzte Einheit, als metaphysisches ›Element‹ angesehene Seele zu zerlegen: *Lavoisier zersetzte das bisherige Urelement Wasser in Hydrogen und Oxygen, und schuf dadurch eine neue Periode der Physik und Chemie Ich aber habe die bisherige Seele oder Geist … zersetzt in 2 Grund-Verschiedene, Wille und Vorstellung, wodurch die wahre Metaphysik begonnen hat.* (Nachlaß IV/1, 83) Die Metapher dient in diesem Gebrauch der Legitimierung, eine der ältesten und damit solidest erscheinenden Einheiten der Natur dort, der Metaphysik hier zu zerstören, analytisch zu zersetzen. Die assoziative Gesellung der einen Tat zur anderen läßt die Fälligkeit der späteren leichter hinnehmen. Aber was wird nun aus den vielen Quellen, die Schopenhauer zu Metaphern für das eine Urprinzip des Willens in Anspruch genommen hatte? Darauf fällt der Blick nicht, weil die Rhetorik des Selbstvergleichs um so etwas wie Herbeiführung des katalytischen Rechtstitels bemüht ist. Die Metapher zeigt die Theoretiker als Täter, nicht als erlebende oder wahrnehmende Subjekte, deren Welten sich verändert hätten durch ihre Taten. Beim Sonnenaufgang nach Kopernikus konnte man immer noch sagen, es sei die Sprache, die uns die Fixierung auf die alte Deutung unserer Wahrnehmung aufpräge; dem Blick auf den Quell zeigt sich eine der schlichtesten Tatsachen naturwissenschaftlicher Bildung nicht, und es bleibt ihm unmittelbar die Verbindung von Reinheit und Einheit des dort Entspringenden gegeben. Ohne mögliche Bildungskorrektur dem Blick unmittelbar gegeben. Das Buch eine Welt werden. Alles über Nichts zu enthalten, mochte dann heißen, nichts über Alles, folglich das All selbst.

[Paralipomena]

Der klassische Philologe stoße auf Quellen, wo keine sind, lautet eine sicher nicht nur frivole Berufsweltnachrede. Die bibelkritische Theologie sollte dazu die Karikatur liefen.

Sogar bei klassischen Philologen der ersten Garnitur ist der Ausdruck ›Quelle‹ so terminologisiert, so seines metaphorischen Hintergrundes entäußert, daß er in geläufigen Verbindungen wie den *bändereichen Quellen* (Jacob Bernays) unverzögert hervortreten kann.

Der Beleg, den ich vorführen möchte, ist ein Stück Übersetzung in einem monographischen Text, der offenbar durch das einmalige Vorkommen des Wortes ›Quelle‹ in der Quelle geradezu inspiriert worden ist. In einer der klassischen Abhandlungen der deutschen klassischen Philologie ihres klassischen Jahrhunderts, der »Über die Chronik des Sulpicius Severus« von Jacob Bernays, wird der Anfang dieses Werkes aus der Zeitgenossenschaft Augustins, aber aus dem aquitanischen Norden des Römischen Reiches, in der Übertragung des Philologen geboten. Die »Chronik« ist als verkürzte Darstellung der biblischen Geschichte, unter Aussparung des Neuen Testaments, den Lesern angekündigt, die aus zeitlichen oder sprachlich-stilistischen Gründen nicht zur Bibel selbst greifen können oder wollen. Ihnen wird eine *compendiosa lectio* verheißen, aber auch dringend angeraten, es dabei nicht bewenden zu lassen, *die Quellen, aus denen sie abgeleitet worden, unbeachtet zu lassen*. Im Urtext steht von Quellen nichts, wohl aber taucht als zum Bildfeld gehörige Metapher die der ›Ableitung‹ auf: *praetermissis his unde derivata sunt*. Dann sogleich wieder der Übersetzer: *Man möge vielmehr mit den Quellen sich vertraut machen, und dann das dort Gelesene hier von Neuem sich vergegenwärtigen.* Wieder steht nichts von ›Quellen‹ im Text, die Derivation wirkt induzierend nach: *nisi cum illa quis familiariter noverit, hic recognoscat quae ibi legerit*. Erst wenn die Funktionen umgekehrt sind – also: das ›Lesebuch‹ des Sulpicius nur noch dem Wiedererkennen dessen dient, was im heiligen Original (*sacra volumina*) nach Hinführung durch die »Chronik« vernommen worden ist –, erst dann wird vom Schöpfen ›aus den Quellen selbst‹ gesprochen, in denen die *Geheimnisse der göttlichen Dinge* vollständig enthalten sind: *Etenim universa divinarum rerum mysteria non nisi ex ipsis fontibus hauriri queunt.* Daß Zeitknappheit, Erschrecken vor dem Übermaß des Angebotenen und vor der *Fischersprache* (*salutem ... a piscatoribus praedicatam*) am Anfang stehen und mit der Rhetorik der »Chronik« überwunden werden müssen – das Paradox eines durch die angemessene Kunstsprache erst zu behebenden Ärgernisses der Gottessprache –, ist die Situation, die zu beschreiben dem Philologen mit der Metapher der ›Quelle‹ am ehesten gelingen will. Er teilt die Situation jener widerwilligen Glaubensanwärter im Aquitanien des heiligen Martin, der vermeintlichen Quelle nicht zu trauen – nur daß er nicht an der Zeitknappheit der Zeitgenossen des Severus teilhat und weniger an die ›Vollständigkeit‹ der göttlichen Geheimnisse als an die bloße Zuverlässigkeit jener Übersetzungen denkt, in denen sie auch im Original nur erreichbar sind, während der Jude Jacob Bernays seinen heiligen Text wirklich mitliest.

(Jacob Bernays, Ueber die Chronik des Sulpicius Severus, ein Beitrag zur Geschichte der classischen und biblischen Studien. Berlin 1861. In: Gesammelte Abhandlungen, ed. H. Usener, Berlin 1885 (Ndr. Hildesheim 1971), II 151-155)

Nun ist es klar, daß zwar der Leser des Philologen den authentischen Text erst im letzten Satz der Metapher zur Quelle gelangen läßt – und durchaus in der Tendenz der emphatischen Steigerung –, der Übersetzer aber den ganzen Kontext schon überblickt und sich zur Vorwegnahme des abschließenden Elements hatte verführen lassen. Diese Induktion beherrscht noch die folgenden Erläuterungen. Der Autor der »Chronik« mußte befürchten, daß die auf solche ›Mittel‹ wie seines angewiesene *Art von Lesern, nachdem sie in den Besitz eines Compendiums gekommen, die bändereichen Quellen gar nicht erst zur Hand nehmen* würden, also einer *die Quellen verdrängenden Benutzung des Auszugs* vorzubeugen sei, von dem er vielmehr wünscht, daß der Leser ihn nur *neben den Quellen zur Wiederholung (recognoscere) gebrauche*. Trotz der Rücksicht auf die knappe Zeit rechne Sulpicius mit dem Erfolg seiner *Verweisung auf die ausführlicheren Quellen*, obwohl an Beispielen leider darzutun sei, daß *die Beziehungen zwischen dem Auszuge und der Quelle keineswegs innige sind*. Man sieht leicht, daß in keinem dieser Belege noch etwas von der Metapher mitgehört, die vielmehr gröblich überhört wird, nicht einmal das im Urtext die Imagination weckende Stichwort *unde derivata* noch einmal aufgenommen ist, obwohl das ganz nahelag. Man geht kaum fehl in der Vermutung, daß der Theoretiker dieses Stücks Bildungsgeschichte, das ganz wesentlich aus Rhetorik besteht, selbst gerade deswegen nur in der Übersetzung die Metapher akzeptiert und sogar amplifiziert, sie aber in der Erörterung brüsk zurückweist – durch terminologisierte Unwörtlichkeit.

Die Metapher der Quelle ist auch zumeist Ausschluß von anderen Mustern, zumal analytischen und konstruktiven, sedimentativen und okklusiven. Es wird etwas zum Ausströmen freigelassen, was verdeckt und behindert, verschlossen und verstopft gewesen sein soll und nicht durch bloße Eigenkraft sich Bahn zu brechen vermochte durch Schichten von Gegenerfahrungen. Ob die Metapher schon damit ihre Affinität zu einer Sprache femininer Selbstdarstellung hat, mag dahingestellt sein; jedenfalls gibt es dafür Belege bei einer der ausgelassensten Schreiberinnen dieser Art von Gegenerfahrung, in den Tagebüchern von Anais Nin.

Sie hat die Metaphern von Quelle und Strom zum kritischen Prinzip ihrer Sensibilität gemacht: *Ich sehe das Schreiben als etwas Natürliches, Spontanes an, wie einen Strom. Wenn ich nur ein Rinnsal sehe, Zögern, Schwierigkeiten, Vorausdenken, Vorbereitungen und viel Gerede, dann weiß ich, daß die Quelle schwach ist.* (Juni 1946; IV 213) Die schmerzhafte Erfahrung der Psychoanalyse – in früheren Jahren des Tagebuchs angedeutet – hat zum Resultat, daß zwar die Öffnung der Tiefe bejaht, die analytische Bearbeitung des dabei freigesetzten Materials aber abgelehnt wird; es wird an dem Blick und den Techniken des Analytikers vorbeigeleitet und in seinem Rohzustand belassen, als Quellenzustand ästhetisiert: *Musik, Tanz, Dichtung und Malerei sind Kanäle für Emotionen. Durch sie dringt die Erfahrung in unsere Adern ein. Ideen können das nicht.* Darauf beruht die Vertrauenswürdigkeit der Erfahrungen, ihr Kontrast zu den Verfahrensweisen der modernen Literatur: keine Zerlegung, keine ›Technik‹, keine ›Form‹. Alles ist Zulassung des ›Ausbruchs‹. Nicht einmal der ›Fluß‹ des inneren Monologs findet Gnade, schon gar nicht Henry James, den der despotische Vater geliebt hatte.

Aber die Weihe der Quelle wird, aus der Kontraposition heraus, überzogen; und das ist metaphorologisch ergiebig. Die Metaphern der vulkanischen Eruption und die der neptunischen Quelle kommen sich bis zur Interferenz in die Quere. Nicht nur im Phänomen des ›Ausbruchs‹, der dort zur Erstarrung, hier zum Fließen führt –

auch was die Gewaltsamkeit und Bedrohlichkeit der Kräfte dort und hier angeht. Doch muß die ›Quelle‹ die Sanktion der Herkunft aus der äußersten Tiefe, ja aus der ›Mitte‹ bekommen – und das kann neptunisch nicht aufgehen. Selbst heiße Quellen sind noch Vorgänge der Rinde und der Oberfläche, nicht der Tiefe: *Um meine eigene Form zu entwickeln, muß ich zuerst sehr tief in diese natürliche Quelle des Erschaffens hinabsteigen. Und die Quellen des Erschaffens liegen wie die geologischen sehr tief im Mittelpunkt des Seins, wie sie im Mittelpunkt der Erde liegen.* Nein, so weit kommt man mit der Metapher der Quelle nicht.

Narcissus erkennt sich nicht, wenn er sich in der Quelle erblickt. Er weiß von sich nichts, und er weiß nicht, wie er feststellen könnte, daß er sich selbst vor sich hat. Deshalb fallen bei ihm Selbsterkenntnis und Tödlichkeit ihres Gelingens zusammen. Philosophisch ist das eine Mythe von Folgen des Mangels der Selbsterkenntnis. Theologisch heißt das: Man muß an die Quelle gehen, um sich selbst zu erkennen. Es ist die Übersetzung des humanistischen Quellenpostulats ins Theologische.

Luther erwähnt den Narcissus nicht, wenn er in These XVII der »Disputatio de homine« von 1536 auf ihn anspielt – und das heißt gut mittelalterlich auch immer: den paganen Quellenknaben zum Typus nicht der Verfehlung, sondern des Glaubens macht. Denn der Mensch kann durch die philosophisch altempfohlene Selbsterkenntnis nichts über seine Seele erfahren; er darf nicht in sich hinein sehen, er muß über sich hinweg sehen. Denn es besteht *keine Hoffnung, daß der Mensch in dieser überragenden Sache an sich selbst erkennen könnte, was er sei, wenn er nicht sich in seiner Quelle selbst, die Gott ist, in Augenschein nimmt.* (WW WA 39/I, 175)

Das liest sich, als hätte nicht im ersten Buch der Bibel gestanden, Gott habe den Menschen nach seinem Bild geschaffen – das Spiegelungsverhältnis sei also gerade umgekehrt, und folglich auch die ›Erkenntnislage‹. Aber zwischen diesem Akt der göttlichen Manifestation im Menschen und dessen Selbsterkenntniswillen liegt eben, was im Paradies geschah: Der Mensch hatte sich vor Gott versteckt – und damit das Spiegelungsverhältnis zerstört. Auf die *imago et similitudo* war kein Verlaß mehr.

Als Goethe am 8. August 1792 Weimar verläßt, um zu seinem Herzog ins Feldlager der Kampagne gegen die Revolution in Frankreich einzurücken, hinterläßt er in Weimar vorentschiedene Verhältnisse für seine Zukunft. Er hat ein Haus, ihm eben vom Herzog geschenkt, und darin die Mutter seines Sohnes; er hat im Jahr zuvor den Bau des Theaters vollendet und dessen Direktion übernommen – bis auf weiteres und fürs erste, wie er meint; und er hat seine naturwissenschaftlichen Interessen mit einer ersten Abhandlung zur Farbenlehre »Über das Blau« erweitert und zentriert zugleich: *Das Licht- und Farbenwesen verschlingt immer mehr meine Gedankenfähigkeit*, hatte er Carl August eröffnet. Ein Erstes Stück von »Beiträgen zur Optik« lag vor; es konnte schwerlich so heißen, ohne daß ihm ein Zweites Stück zumindest folgen sollte.

Das alles mußte durch den Feldzug unterbrochen werden, herausgeschoben aus dem lebendigen Interesse und der tätigen Förderung. Was Goethe so viel später als Stück seiner Lebensdarstellung in der »Kampagne in Frankreich« beschreiben sollte, ist das ›Kunstwerk‹ eigenster Art der Identitätsbrücke über den Abgrund der Kriegsgreuel hinweg. Es ist mehr als die Abschirmung des Lebenskonzepts gegen eine Gefährdung; es ist die Auffindung reinerer Bedingungen für dessen Realisierung inmitten der Bedrängnisse einer äußeren Katastrophe. Goethe hat gewußt, an welchem Leitfaden er aufs eindringlichste zeigen konnte, wie sich in dieser Folge von Depressionen eine Polarität der Erniedrigung des Sinnanspruches an die Welt einerseits, der Steigerung der einsamen Reinheit in der Selbstdarbietung ihrer Phänomene andererseits herausbildete. Der Leitfaden – wie ein Leitmotiv die »Kampagne« durchziehend – war die äußerste Unwahrscheinlichkeit dessen, was unter diesen Bedingungen geschehen konnte: die Fortbildung der Farbenlehre anhand dessen, was sich zeigte – und was sich im Wortsinne zeigen mußte, um in all diesem Überhang von Unreinheit nicht übersehen zu werden.

Es ist ein kleines Stück Geschichte der ›Aufmerksamkeit‹ aufs Phänomen, was Goethe wie nebenher schreibt. Vor dem noch nicht gefallenen Verdun im Feldlager erblickt er auf der Wiese eine Soldatengruppe, die im Kreis um einen Erdtrichter emsig tätig ist und sich bei näherem Hinzutreten beim Geschäft des Angelns zeigt. In dem *von dem reinsten Quellwasser* angefüllten Trichter gab es *unzählige kleine Fischchen*, und die Angler wie ihr Zuschauer waren ganz vom Beutesinn erfüllt: *Das Wasser war das klarste von der Welt und die Jagd lustig genug anzusehen.* (WW XII 256f.) Doch Goethe sieht, was dem Jagdtrieb entgeht: ein Reflexspiel von Farben auf den bewegten Fischen, das von einer auf dem Quellgrund liegenden Steingutscherbe und deren Lichtbrechungen hervorgerufen wurde. Die aus der Tiefe heraufgeworfenen prismatischen Farben zeigten die von Goethe vermuteten Grenzerscheinungen zwischen Hell und Dunkel: das Blauviolett am zum Beschauer abgekehrten, das Rotgelb an dem ihm zugekehrten Rand des keramischen Scherben. Und wie sich der überraschte Beobachter um den Kreisrand der Erdsenke herumbewegt, folgt ihm das Phänomen, *wie natürlich bei einem solchen subjektiven Versuche*, bei beständig mitgehender Anordnung der Farbränder.

Was nun Goethe wichtig ist, kann das erwartete Phänomen als solches nicht sein; es ist die Art, wie es seine Vorstellung von der gewaltlosen, ungezwungenen Erfahrung der Natur in ihrer Selbstdarbietung erfüllt. Keine experimentelle Vorkehrung war getroffen und keine andere Bedingung erfüllt als die, der Reinheit der angetroffenen Gegebenheiten ihren Bestand und ihr Spiel zu lassen. Es war, im Wortsinne wie in dem der Metapher, die Erscheinung an der Quelle. Die Ständigkeit des Interesses war nur die Disposition, sich nicht vom allgemeinen Interesse ablenken zu lassen, die Freude zu genießen, die ihre Bedingungen nicht alle aus der Lage am Ort nehmen konnte: *hier unter freiem Himmel so frisch und natürlich zu sehen, weshalb sich die Lehrer der Physik schon fast hundert Jahre mit ihren Schülern in eine dunkle Kammer einzusperren pflegten.* Die Situation ist antipodisch zur Üblichkeit des optischen Forschens durch hochgradige Künstlichkeit der Vorrichtungen – und ein wenig betrübt es Goethes Leser, daß dieser doch von ein wenig Nachhilfe zur Verifikation nicht lassen kann, indem er sich weitere Steinzeugscherben beschafft und in die Tiefe sinken läßt, wo sie zuletzt nichts als kleine weiße Körper auf der Dunkelheit der Wassertiefe sind, *ganz überfärbt in Gestalt eines Flämmchens am Boden* angelangend.

Um Mitternacht dieses 31. August beginnt die Beschießung von Verdun nach der verweigerten Kapitulation. Goethe ist bei einer feuernden Batterie, erträgt das Dröhnen der Haubitzen nicht und entfernt sich in den Schutz der Weinbergsmauern. Dort trifft er auf einen sensiblen Genossen, den österreichischen General und Verbindungsoffizier beim preußischen König, den Fürsten Heinrich Reuß-Greiz, der ihn in Gespräche weitläufiger Art verwickelt, nicht ohne die Frage zu stellen, womit er gegenwärtig beschäftigt sei – unterstellend, der Feldzug könne dazu nicht ausreichen. Goethe, *aufgeregt durch die heutige Refraktionserscheinung*, kommt auf die Farbenlehre und findet noch einmal eine Formel für die Eigentümlichkeit seines Phänomenbegriffs, die so genau durch das Erlebnis des Tages abgedeckt worden war: *Denn es ging mir mit diesen Entwickelungen natürlicher Phänomene wie mit Gedichten, ich machte sie nicht, sondern sie machten mich.* (a. a. O. 258 f.) Alles Theoretische steht nur im Dienst der Verfeinerung der Wahrnehmung, der Bindung von Aufmerksamkeit, die sich als das *einmal erregte Interesse* in ihrem Recht behauptet, auch und gerade in dieser Nacht unter den Feuerbahnen der Beschießung, wo ›das Phänomen‹ ganz auf die Beschreibung angewiesen war. Goethe läßt alles auf die Naturfreundschaft seines Gesprächsgenossen ankommen, die sein Wort mühelos leisten ließ, was zu leisten war.

Man vergegenwärtige sich: Ausgerechnet an der Quelle prismatischer Deutlichkeit der Hell-Dunkel-Grenze und ihrer Zufälligkeit der Reflexe auf den Schuppenleibern aufgeregt bewegter Fische im reinsten, fast sich aufhebenden Medium begeistert sich der Neophyt der Farbenlehre inmitten einer Nacht voll der tödlichsten Emissionen, unter dem artilleristisch eingedickten Himmel des Belagerungsrings um Verdun – Polarität mag sonst sein, wie sie will, dies ist sie! – zu einem zwar wohlgesinnten, aber der standesgemäßen Zerstreuung verdächtigen Weltmann vom höchsten Adel. Diesen für das erregende ›Phänomen‹ ohne den Schimmer einer Demonstration, ohne die Ahnung von Anschaulichkeit gewinnen können, ist der Situation nach von äußerster Unwahrscheinlichkeit. Sie macht den Fonds aus, vor dem gesehen werden soll, wie das bloße enthusiastische Wort etwas Mirakulöses zuwege bringt. Die Erfahrung dieser Nacht ist der des Tages kommensurabel, steht zu ihr in wesentlicher Korrelation: die faktisch-unerwartbare Verdichtung der Bedingungen für das Phänomen auf der Wiese eines Heerlagers und schon im Zugriff ausbeutender Ungeister einerseits, die Indisposition von Sprecher und Hörer, der Natur und Lage der Dinge nach, für eine Verständigung über etwas, das ferner liegend gar nicht sein konnte, der Vergegenwärtigung unzugänglicher nicht zu denken war. Aber Gegenrede und Rückfrage des anderen machen überraschend gewiß, was das bloße Wort zu tun vermag: in den Bann der sich zeigenden Natur noch bei Abwesenheit ihrer Phänomene zu ziehen und darin zu halten. Nur dann konnte, was Natur war, ein Stück Literatur werden – und dem durften ›Phänomene‹ doch nicht entzogen sein? Denn es genügte nicht zu sehen und gesehen zu haben, es mußte dem Gesehenen die ›Stabilität‹ gegeben werden, die es nur erweisen konnte, wenn es von den exzeptionellen Bedingungen seiner Ersterscheinung losgelöst war: *Unsere Altväter hätten, begabt mit großer Sinnlichkeit, vortrefflich gesehen, jedoch ihre Beobachtungen nicht fort- noch durchgesetzt, am wenigsten sei ihnen gelungen die Phänomene wohl zu ordnen und unter die rechten Rubriken zu bringen.* Etwas Verwaltungsmäßiges hat die Verwahrung der Natur bei Goethe schon angenommen. Dieser erste Hauch von Pedanterie, als Sammlung anzulegen, was Phänomen gewesen war und in der Quelle sein unverwahrbares Leben gehabt hatte, kommt in der nächtlichen Szene vor Verdun erkennbar aus der Sorge um die Flüchtigkeit dieser Sache, die *noch in einer frischen unreifen Gärung begriffen war*, da sie doch erst seit zwei Jahren ihm überhaupt zu dem geworden war, wovon sich sagen ließ: *Eingenommen von meiner Sache* ... (a. a. O. 259)

So eingenommen von seiner Sache, daß er am nächsten Tag – da man die Beschießung eingestellt hat, um der Festung die ausbedungene Bedenkzeit zur Kapitulation zu geben – nicht unterlassen konnte, *mehrmals zu der unterrichtenden Quelle zurückzukehren, wo ich meine Beobachtungen ruhiger und besonnener anstellen konnte.* (a. a. O. 262) Jetzt allerdings ohne die lebendigen Erwecker der Aufmerksamkeit, die Angler und ihre Fische – denn das Wasser war *ausgefischt*. Das Phänomen, einmal bemerkt, konnte sich noch ruhiger darstellen.

Nun allerdings schon in die alleinige Willkür des Beobachters als Experimentator genommen, da es am Lebenswirbel in der Quelle fehlte; er mußte besorgen, daß *das Spiel der niedersinkenden Flämmchen nach Lust zu wiederholen* [sei], und da es gelang, befand er sich *in der angenehmsten Gemütsstimmung*. Aber die Quelle – die vielleicht nur ein gemeines Wasserloch war – hatte ihre für alles Weitere ominöse Tücke: ein Offizier suchte sein Pferd an ihr zu tränken, was ihm wegen der Steile der Böschung mißlang, woraufhin er sich an die nahe vorbeifließende Maas begab, wo er am Uferhang abrutschte und ertrank. Ihn hatte die belehrende Quelle in ihrer spröden Reinheit abgewiesen und in den Tod geschickt. Die Natur, wo sie Phänomen geworden ist, will angeschaut, nicht genutzt werden.

Zur Monatsmitte verschlechtert sich das Wetter von Tag zu Tag, mit ihm die Kriegslage und die Stimmung. Goethe verläßt seine vierspännige Chaise, den Rückhalt für seine Studien, steigt zu Pferde, kampiert im Freien, ißt im Stehen und im Regen. Nun erweist sich das Phänomen mächtig als Erinnerung: *Glückselig aber der*, heißt es am 12. September, *dem eine höhere Leidenschaft den Busen füllte; die Farbenerscheinung der Quelle hatte mich dieser Tage her nicht einen Augenblick verlassen, ich überdachte sie hin und wieder, um sie zu bequemen Versuchen zu erheben.* (a. a. O. 272) Der Weg aus dem

Freien zur Versuchsanordnung bereitet sich vor; was der Kanzlist Vogel sogleich ins Diktat nimmt, wird die Signatur des Wetters *als Zeugnis eines treuen Forschens auf eingeschlagenem bedenklichem Pfad* bewahren. Nie ist die Situation gleichgültig, in der das Phänomen gegenwärtig ist und vergegenwärtigt wird, und darin bereitet sich ein noch fernliegendes Interesse Goethes vor: das an der Geschichte der Farbenlehre. Hier im Feldlager unfern Landres unterhalb des feindbesetzten Passes vermerkt er: *Den Vorteil aber hat der Weg zum Wahren, daß man sich unsicherer Schritte, eines Umwegs, ja eines Fehltritts noch immer gern erinnert.* Nicht die Farbenlehre aus der Quelle ist das Zwischenspiel im kriegerischen Vorgang, sondern die Unterbrechung auf einem gegen die Geschichte noch gleichgültig gedachten Weg.

Die Unterbrechung der farbentheoretischen Stetigkeit dauert einen Monat, einschließend den Tag des ›Kanonenfiebers‹ und die Unsäglichkeit des Rückzuges. Am 14. Oktober in der Festung Luxemburg in gutem Quartier kann Goethe zum erstenmal wieder sein Gepäck öffnen: *Das Konvolut zur Farbenlehre bracht' ich zuerst in Ordnung, immer meine frühste Maxime vor Augen: die Erfahrung zu erweitern und die Methode zu reinigen.* (a. a. O. 337) Es ist seine Art, mit dem unglücklichen Verlauf der Unternehmung, der *noch Schlimmeres befürchten ließ* – die baldige Unmöglichkeit, Frankfurt zu erreichen –, und mit dem *Aufregen der Sorge* fertig zu werden. Alles hing an der Mitgift der Quelle.

Im November, nachdem Goethe den *Ausweg auf dem Wasser* über die Mosel zum Rhein genommen hatte und dabei – wie immer, wenn er sich auf Schiffsfahrten einließ – dem Schiffbruch nahe gewesen war, *im Stockfinstern lange hin- und hergeworfen*, zieht er das Fazit der vergangenen Ereignisse, wieder im unmittelbar-harten Kontrast des Großen und Kleinen, Feldzug und Farbenlehre, gleichermaßen erinnert als *Begegnisse, die an das Wunderbare grenzen.* (a. a. O. 360) Über das Militärische vertut er sich einmal bei Tisch gegenüber einem *alten trefflichen General*, der ihn für den folgenden Morgen zur Zurechtweisung befiehlt – einer Prozedur, der Goethe sich durch glatte Flucht entzieht –, woraufhin er sich ›innerlich gelobt‹, das *gewohnte Stillschweigen sobald nicht wieder zu brechen.* (a. a. O. 361) Der Bericht über die Kampagne ist auf Jahrzehnte vertagt und damit der Erhebung zum Teil des Kunstwerks anheimgegeben, das »Aus meinem Leben« werden sollte. Um so prägnanter bei so viel zeitbedingter Latenz die Offenbarkeit der Farbenlehre als zeitlos ergreifbarer und ergreifender Identität, in der alten Metaphorik von Erleuchtung über die Metapher hinaus beim Wort zu nehmen: *Auf der Wasserfahrt sowie auch in Koblenz hatte ich manche Bemerkung gemacht zum Vorteil meiner chromatischen Studien; besonders war mir über die epoptischen Farben ein neues Licht aufgegangen, und ich konnte immer mehr hoffen, die physischen Erscheinungen in sich zu verknüpfen, und sie von andern abzusondern, mit denen sie in entfernter Verwandtschaft zu stehen schienen.* (a. a. O. 361) In diesem Felde bedurfte es keiner Rücksicht auf die dubiosen Feldherrenkünste des Herzogfreundes, die vor Châlons und Reims peinlich geworden waren und der Loyalität der Zurückhaltung benötigten.

In der Topographie des Goethe-Lebens ist die französische Kampagne so etwas wie eine wüste Ausschweifung ins Ungemäße, eine weite Abirrung, ein verschlungener und in sich zurücklaufender Umweg. Die Farbenlehre läuft durch diese irrationale Kurve hindurch als die zuverlässige Orientierung der Begradigung, die Rückzugslinie des Eigenen. Das wird schon an den bibliographischen Daten faßbar: 1791, im Jahr vor dem Feldzug, hatte Goethe das erste überhaupt erhaltene Stück der Farbenlehre, die Abhandlung »Über das Blau«, an den Mathematiker Voigt in Jena gegeben, der »Beiträge zur Optik, Erstes Stück« im Druck erscheinen lassen, dessen Wirkung offenbar am Nachvollzug der Beobachtungen wegen der schwierigen Beschaffbarkeit geeigneter Prismen gelitten hatte; 1792 erscheint das »Zweite Stück«, das letzte in dieser Reihe, mit einer ›Lösung‹ des Problems der Prismatik, die das Quellenerlebnis der Kampagne instrumentell umsetzt als »Beschreibung eines großen Prisma« als eines mit Wasser gefüllten Gefäßes aus mit Fensterblei eingefaßten Flachglasscheiben von der genauen Figur des benötigten geschliffenen Glases, da sich seit dem »Ersten Stück« gezeigt habe, *daß die Prismen beinahe gänzlich aus dem Handel verschwunden sind, und daß viele Liebhaber dieses sonst so gemeine Instrument, wenigstens für den Augenblick, nicht finden können.* (Gesamtausg. Cotta XXII 48)

Man mag zweifeln, ob Goethe für die Liebhaber seiner immer ernstlicher werdenden Liebhaberei den Widerstand des Nachvollzugs damit behoben hatte. Aber die Beschwörung, bei dieser ›einfachen Maschine‹ vor allem auf die Qualität der Gefäßfüllung zu achten, drängt den Bezug zur ›Quelle‹ in Frankreich sinnstiftend auf: *Man wird, soviel als möglich, reines Wasser zu den Versuchen nehmen, und auch dieses nicht zu lange in dem Gefäße stehen lassen.* (a. a. O. 49) Der Sorge um die Reinheit des Wassers entspricht in den Anweisungen zu Beobachtungen die daraus wie metaphorisch abgeleitete, im gegebenen Fall durch Sorgfalt der Vermeidung von Nebenwirkungen einen *Versuch noch reiner anstellen* zu können. (a. a. O. 56) Die Belehrung durch die ›Quelle‹ ist wie präsent, und die gescheute Künstlichkeit instrumenteller Medien durch die Einbeziehung, die ›Einschließung‹, des reinsten Elements ebenjener Quelle in das Glasgehäuse wie im Gehorsam gegen die Natur vermieden – in anderer Sprache: ›symbolisch‹ umgangen. Das Wasser zur Farbenlehre heranzuziehen, auch wenn es notgedrungen am Prismenmangel *erdacht* schon gewesen sein mochte, als Goethe ins Feld zog, war doch erst dort *erlebt* worden, von der Natur selbst angebotene Quelle reiner Darstellung ihrer Phänomene.

Goethes Rückfindung aus der Deviation zur Verdichtung seines Lebenszuges läßt sich nicht dem ›Zeitgeist‹ bloßer Rückkehr zur Natur integrieren. Das hatte Goethe als Peitsche des Sturm und Drang hinter sich. Es ist eine andere als die ›wilde‹ Natur, die sich nun mehr ihm zeigt, als daß er sie auszuleben hätte. Die Fischquelle der Kampagne stellt es vor; die Rückkehr aus der Umgehung Frankfurts über die Anlaufstationen Pemplefort und Münster, ist vor allem Anschluß an die eben gewonnene Lebenskonsistenz: Farbenlehre und Christiane. Sie ist es, die in der »Zwischenrede« der »Kampagne« gegenwärtig wird, wenn Goethe von der ›Ableitung‹ spricht, die ihn über alles andere hinaus *der Welt entfremden* sollte und in eins damit *die entschiedenste Wendung gegen die Natur, zu der ich aus eigenstem Antrieb auf die individuellste Weise hingelenkt worden*, bewirkt hatte. (a. a. O. XII 368) Die Farbenlehre ist doch ein Moment der Vereinsamung, der in sich bewährender Polarität die nachitalienische Häuslichkeit entgegenwirkt: *In der Einsamkeit der Wälder und Gärten, in den Finsternissen der dunklen Kammer (sc. der Farbentheorieversuche) wär' ich ganz einzeln geblieben, hätte mich nicht ein glückliches häusliches Verhältnis in dieser wunderlichen Epoche lieblich zu erquicken gewußt.*

Der Vereinbarkeit beider – des neuen Farbenenthusiasmus und des neuen ›Verhältnisses‹ – hat Goethe gleich in der Einleitung zum Ersten Stück der »Beiträge zur Optik« noch vor der Kampagne die schönste kryptische Reverenz erwiesen, indem er die über das *allgemeine grüne Gewand* sich steigernde Farbigkeit der Natur – als den anschaulichen Antrieb des bildenden Künstlers in Italien zur ›Theorie‹ der Farbe – kulminieren und ›sich zeigen‹ läßt in den *entschiedenern Farben, womit sie sich in den Stunden ihrer Hochzeitsfeier schmückt*, in denen über die *Dauer künftiger Geschlechter* entschieden werde. (WW Cotta XXII 14)

Quellen
Metaphorik der Ursprünglichkeit

Ströme
Metaphorik des „lebendigen Lebens"

Eisberge
Metaphorik des unverborgenen
Verdachts

MET

QUELLEN UND WAS DARAUS FLIESST

EISBERGE UND WAS MAN DAVON / SIEHT
nicht

= QUELLEN
STRÖME und was darin treibt?
EISBERGE
– Beobachtungen an Metaphern –

nur Quellen

Abb. 1/2: Aus Blumenbergs Zettelkasten. Das Kürzel »Met« steht für »Metaphorologie«, »BMT« für »Beobachtungen an Metaphern«.

Terme Wez.: Quellen

Petzet, Begegnungen und Gespräche mit Martin Heidegger 1929-1976. Frankfurt 1983, 152:

"Es ist das Geheimnis der Quelle, daß sie mehr enthält als das, was ihr entfließt; die Quelle birgt in sich das Meer."

Dieser Satz des Autors bezieht sich auf Aussagen eines Buches von Fêdier über Heideggers Verhältnis zur modernen Malerei, und innerhalb dieser wiederum auf die Abhängigkeit Picassos und Braques von Cêzanne.

Der Mißbrauch der Metapher ist nicht ein Zitat des Meisters, wohl aber veranlaßt durch dessen Auffassungen von Sein und Seiendem. Daß die Quelle in sich das Meer birgt, ist ein metaphorischer Irrtum; im Gegenteil ist richtig, daß nur viele Quellen den Fluß und nur viele Flüsse das Meer speisen, dieses sogar nicht einmal über lange Zeiträume hinweg überwiegend aus Quellen und Flüssen ge-

024644

speist wird, schon deshalb nicht, weil es die bei weitem größte Oberfläche der Erde bedeckt und folglich auch die größte Menge der Niederschläge aus der Atmosphäre direkt bekommt, von der mindestens ebenso wichtigen Abschmelzung der beiden Polkappen zu schweigen.

Der sprachliche Umgang mit der Quelle ist immer allzu verlockend, um ihr zuzuschreiben, was sie nicht enthält und nicht leisten kann. Die alte Quellenmetaphorik ist ganz abgestellt auf die Reinheit der Quelle und das Schicksal dieser Reinheit gerade dadurch, daß sie sich mit anderen Quellen und schließlich dem Fluß vereinigt zum mächtigen Strom der Tradition, der es jedoch keiner seiner Quellen gestattet, ihre ursprüngliche Reinheit zu bewahren.

Abb. 3/4: In diesem Fall übernahm Hans Blumenberg eine fehlerhafte Quellenangabe: Das Zitat stammt nicht aus einem Buch von François Fédier, sondern von dessen Lehrer Jean Beaufret.

JÜNGER DIE QUELLE WIRD NICHT DADURCH ÜBERFLÜSSIG DASS SIE ÜBER= FLIESST

QUELLE

Ernst Jünger, Der Arbeiter. 1932 (1982, 294):

"Die Quelle des natürlichen Reichtums ist der Mensch, und kein Staatsplan kann vollkommen sein, der diese Quelle nicht zu erfassen vermag."

Hier ist nicht nur die Metapher überhört, hier ist sie gewaltsam dem Diktat einer anderen Bildwelt unterworfen, mit der sie sich nicht verträgt. Der Autor will seinen Widerwillen gegen die Konnotationen bekunden, die sich ihm mit dem Wort aufdrängen, die er mit dem Gebrauch des Wortes abweist.

Die Metapher der Quelle ist an dieser Stelle die unmittelbare Erweiterung eines einzelnen Wortes, des Wortes 'überflüssig', welches nicht nur hier, sondern auch sonst Gelegenheit zum Einsatz der Quellenmetaphorik gibt. Zwar kann eine Quelle überfließen, und sie tut es immer kraft ihres Ursprungs, aber sie selbst wird dadurch nicht überflüssig, daß sie überfließt, sondern immer nur das, was überfließt. Diese metaphorisch induzierte Blickwendung ist es, auf

024067

die es ankommt, wenn gesagt werden soll, wie an dieser Stelle, der Mensch sei nicht überflüssig, sondern das höchste und wertvollste Kapital - denn zum Begriff des Kapitals gehört der des von ihm erzeugten Überschusses, der Rendite, des Gewinns. Insofern sind auch die auf derselben Seite zueinander tretenden Begriffe Kapital und Quelle einander adäquat.

Abb. 5/6: Auf dieser Karte wird die Metaphernkritik bereits in der Überschrift deutlich.

QQQQQQQQQQQQQ

Gottfried Benn über Julius Schmidhauser, Das Reich der Söhne. Ein Brief (Typoskript dat. 2.3.1940) WW IV 268 f.:

"Staffagen,die bereits ihre Literatur und ihr Publikum haben" Katalog des zeittypischen Schwulstes.

"Sätze von einer Eigentümlichkeit sind,die man beleuchten darf. Zum Beispiel: 'Denn es schwächt kein heiler Bezug: Treue zum Quellgrund ist Macht der Quellung.' (S.93)" Was soll das heißen?"

"Sprachfügung ohne existentielle Härte" "außerhalb der Struktur von Anankasmen" - ja,das ist's!

QQQQQQQQQQQQQQQQQQQQQQQQQQQQQQQQQQQQQQQQQQQQQQQQQQQQQQQQQQQQQQ
QQQQQQQQQQQQQQQQQQQQQQQQQQQQQQQQQQQQQQQQQQ;;;;;;;;;;;;;;;;;;;;;;
111111111111111111111111111111111111111111111111111111111111111
qqqqqQQQQQqqqqqQQQQQQQ;;;;;;;;;;;;;;;;;;;111111111;;;;;;;;;;;;;;

Torau Met.: „Quellen"

Eine der Überraschungen für den Metaphoriker ist, dass Heideggers Holzwege zu den Quellen führen.
Weizsäcker, Begegnungen in vier Jahrzehnten. In: Erinnerung an Martin Heidegger. Ed. Günter Neske, Pfullingen 1977, 242:

Die Gespräche bei Besuchen in Todtnauberg wurden auf längeren Spaziergängen fortgeführt. "So führte er mich einen Waldweg, der abnahm und mitten im Wald an einer Stelle aufhörte, wo aus dem dichten Moos Wasser austrat. Ich sagte: 'Der Weg hört auf.' Er sah mich pfiffig an und sagte: 'Das ist der Holzweg. Er führt zu den Quellen. Das habe ich freilich nicht in das Buch geschrieben.'"
Der Holzweg, aber ohne die Quellen, ist von Schelling in die Philosophie eingeführt worden: Philosophie der Mythologie I 496. Dazu der Vorspruch Heideggers in "Holzwege", wo nicht die leiseste Andeutung von einer Quelle gemacht

018983

Abb. 7/8: Mit mehrfachen roten Schrägstrichen kennzeichnete Blumenberg bereits verwendete Karten (vgl. auch S. 25).

Term Wel: Der Quellen//

FAZ 27. Mai 1981.

022004

Die überholte Couponsteuer

b. Am Finanzplatz Schweiz schüttelt man den Kopf über die Bonner Kapitalmarktpolitik. Fast alle Tage kommen Hiobsbotschaften über einen steigenden Geldbedarf der Bundesrepublik, der kaum noch über den deutschen Kapitalmarkt finanziert werden kann. Bonn veranlaßt die Kreditanstalt für Wiederaufbau, sich Milliarden für ein umstrittenes Konjunkturprogramm auf dem internationalen Kreditmarkt zu suchen. Der Bundeskanzler selbst drängt die Amerikaner, sie mögen bei einer internationalen Zinssenkungsaktion vorangehen. Aber Bonn weist unverändert ausländische Privatanleger vom deutschen Binnen-Kapitalmarkt ab durch eine antiquierte Quellensteuer (Couponsteuer), mit der Ausländern 25 Prozent der Zinseinkünfte aus deutschen Inlandsanleihen abgezogen werden.

Die Couponsteuer war im Jahr 1964 als „vorübergehende Maßnahme" gegen den damals unerwünschten Auslandsgeldzufluß eingeführt worden. Wie so viele Provisorien hatte auch diese Steuer ein zähes Leben. Sie hat selbst die vollständig gewandelte Lage der deutschen Leistungsbilanz mit überdauert. Die Steuer paßt im Lichte der deutschen Sorgen und der Forderungen nach Zinsabbau nicht mehr in die Landschaft. In der Schweiz gibt es zum Beispiel einen Block von über 150 Milliarden Franken Anlagemitteln, die im Augenblick wegen der labilen Lage am Kapitalmarkt kurzfristig auf Termingeldkonten als „Treuhandgeld" angelegt werden. Wenn die Zinshausse ihren Kulminationspunkt am kurzfristigen Geldmarkt überschritten haben sollte,

Abb. 9: Seit Ende der siebziger Jahre klebte Blumenberg auch Fundstücke aus Zeitungen und Zeitschriften auf die Karteikarten (vgl. S. 72f.).

Neue Zürcher Zeitung WOCHENENDE Qu VI Samstag/Sonntag, 26./27. Juni 1993 Nr. 145 73

Eine Tafel markiert die Stelle am Victoria-See, an der der Nil, grösster Strom Afrikas, seine 6700 Kilometer lange Reise durch Uganda, den Sudan und Ägypten zum Mittelmeer beginnt.

Ein langer Wettlauf (I)

Der Nil und das Geheimnis seiner Quellen

Von Georg Brunold (Text) und Peter Frey (Bilder)

Der Nil, der göttliche, entspringt im Himmel. Herodots Wort trifft. In Uganda und Äthiopien ertrinkt die Welt, wenn durch ihr Dach die Elemente hereinbrechen. Als «Finsternis selbst am Tage» besingt der altägyptische Hymnus den Strom. Die Hieroglyphen auf den Papyri strecken die gezackten Wellen der Nilfluten fast in die Lotrechte. Der «Herr des Anschwellens», der «aus dem Himmel herauskommt», um im heissesten Sommer ganz Unterägypten in einen immensen See zu verwandeln, entsprang überall zwischen Atlantik und Indus, noch fast zwei Jahrtausende nachdem Herodot seinen unmissverständlichen Hinweis gegeben hatte. Er stieg vielleicht auf seinem ganzen Wege lotrecht aus der Tiefe. Oder es gebar ihn immerfort der Okeanos, der Urstrom, der unsere Erde lange Zeit umschloss. Es gab noch keinen Nullpunkt der Meereshöhe, der allem fliessenden Wasser die Richtung weist, um es schliesslich zum Stehen zu bringen. Auf Homers Scheibe floss er, bergauf, bergab, von einem Meer zum anderen und dann zurück, woher er kam. Ovid sah ihn, den «Bestürzten», das Gesichtsfeld dessen fliehen, der nach seiner Quelle Ausschau hält. Und in den Ursprung seines Namens gewährte er, der Nil, bis heute keinem einen Blick. Dunkler als der berstende Himmel über den ostafrikanischen Seen bleibt sein Name, undurchdringlich wie das Innere der Erde, wo andere einst die Quellen auch des Stroms vermutet haben.

Alexander der Grosse soll Ammon, den ägyptischen Staatsgott, nach der Quelle des Nils befragt haben. Cäsar äusserte die Bereitschaft, seinen Beruf, den Krieg, den Geheimnissen des Nils zu opfern, liesse dieser sie sich entreissen. Der Nil hatte selbst Halbgöttern und Göttern eine Abfuhr erteilt, umsonst waren Dionysos und Herkules durch das Innere Äthiopiens geirrt. In Wissenschaft, Geschichte und Literatur der Antike war der Strom unter allen Naturerscheinungen vielleicht die, welche die Geister nicht nur am längsten, sondern auch am intensivsten beschäftigte. Leichtgläubigkeit gegenüber ägyptischen Priesterweisheiten war unter Griechen dem wissenschaftlichen Ruf nicht förderlich, und so entsprang ihnen der Nil nicht aus der Tiefe unter den Wirbeln des Kataraktes von Aswan. Vorstellungen vom Indischen Ozean als einem geschlossenen See wiesen ihm Quellen in Indien zu. Man sah ihn am Südhang des Atlas aus dem Erdreich treten oder aber aus dem Atlantik – einem «Süsswassermeer» – südostwärts ins «Land der Zwerge» fliessen. Von dort sollte er den finsteren Kontinent in Richtung Sudan queren. Wie anderen einst auf dem Euphrat, der sich in einem unerforschten Sumpf verlor, erging es noch im 14. Jahrhundert Ibn Battuta, dem maghrebinischen Marco Polo aus Tanger: Nachdem er zwischen Timbuktu und Gao den Niger befahren hatte, beschrieb er ihn als Oberlauf desselben Gewässers, das er aus Kairo kannte. Hat der Niger – der «Schwarze» – nicht seinen Namen, ein römisches Attribut des Nils, vom ägyptischen Vater der Ströme geerbt?

Das Geheimnis seiner Quellen nährte sich aus seinen gewaltigen Sommerfluten. Der Nil mit seiner mysteriösen Schwelle duldete Verfechter unterschiedlicher Annahmen. Erklärungsversuche nahmen eigentümliche Hypothesen in dem Masse in Kauf, als es Ab-

Der Nil fliesst über eine Vielzahl von Kataraken zu Tale; das Bild zeigt die Bujagali-Fälle nördlich der Ausflussstelle am Victoria-See.

Abb. 10: Diese Seite aus der Neuen Zürcher Zeitung *vom 26./27. Juni 1993 fand sich in Blumenbergs Mappe zur Metapher der Quelle.*

TREUE-URKUNDE

Für 5 Jahre Vertrauen zur Quelle

bedanken wir uns bei Ihnen

HERR

HANS DR BLUMENBERG

Mit großer Freude lassen wir Ihnen diese Auszeichnung zuteil werden. Sie haben unserem Hause in guten und auch in kritischen Tagen immer die Treue gehalten. Ihr Vertrauen ist uns Verpflichtung und Ansporn zugleich. Wir werden alles daransetzen, daß Sie auch in Zukunft mit „Ihrer Quelle" voll und ganz zufrieden sein können.

Fürth, im Februar 1983 · Quelle-Geschäftsleitung

Harald Schroff

Großversandhaus Quelle · 8510 Fürth 500

Abb. 11: Diese Drucksache legte Blumenberg 1983 seiner Materialsammlung bei.

STRÖME

Ein Spruch des Heraklit

Mit Recht wird als tiefe Weisheit bewundert, was als Fragment des Heraklit überliefert ist: man könne nicht zweimal in denselben Fluß steigen. Es ist eine absolute Metapher und darin eine der frühesten Errungenschaften der Philosophie, daß man die Wirklichkeit nicht festhalten kann, weil sie nicht das ist, als was sie uns erscheint. Die bloße Vermutung, der Fluß könne immer derselbe sein, wann man auch in ihn steige, beruht auf dem Anblick, den er dem Zuschauer als ein Stück Landschaft bietet.

Merkwürdig aber ist, daß dieser Spruch niemals weitergedacht worden ist. Tut man es, stößt man auf eine andere Unselbstverständlichkeit, die in der Metapher verborgen ist. Man kann nicht zweimal in denselben Fluß steigen, aber man kehrt an dasselbe Ufer zurück, und dies sogar dann, wenn man sich im Fluß, um mit ihm als demselben wenigstens für eine Zeit eins zu bleiben, hat treiben lassen. Ist man an das Ufer zurückgekehrt, ist es dasselbe, an welcher seiner Stellen auch immer. Da schert es einen nicht mehr, daß es nicht mehr derselbe Fluß ist, in den man ein weiteres Mal steigen würde.

Daß Flüssiges fließt, erscheint uns als tautologisch. Dabei trifft es nur in einem schmalen Ausschnitt von Weltbedingungen zu, an dessen einem Rand der Fluß erstarrt, an dessen anderem er in Dampf aufgeht.

Was im Zwischenreich zwischen Starre und Wolke geschieht, die Gestaltlosigkeit und Gestaltfeindlichkeit des Strömens, Quellens und Spülens, Höhlens und Stürzens, entzieht uns dennoch die Urgestalt des Flüssigen. Sie erahnen wir nur im fallenden Tropfen. Auf überraschende Weise genügt sie den platonischen Vermutungen, sobald das Flüssige dem Einwirken verzerrender Faktoren entzogen ist: Es hätte die reine Gestalt der Kugel, wenn keine äußeren Kräfte darauf einwirkten. Man muß die Schwerkraft, die die Gestalt des Tropfens zerdrückt, hinwegdenken oder hinwegexperimentieren. Der Genter Physiker Plateau hat das in einem einfachen Versuch nachgewiesen. Er brachte einen Öltropfen in eine andere Flüssigkeit von gleichem spezifischen Gewicht, eine Mischung aus Wasser und Weingeist. In diesem Medium verliert der Öltropfen seine Schwere. Da kommen die immanenten Kräfte der Gestaltbildung zu ihrem freien Spiel und geben dem Tropfen die Gestalt der vollkommenen Kugel. (Ernst Mach, Die Gestalten der Flüssigkeit. Vortrag gehalten im deutschen Casino zu Prag im Winter 1868. In: Populärwissenschaftliche Vorlesungen. Leipzig ^{4}1910, 3 f.) Dies ist also wirklich die Grundgestalt der Welt, sofern sie überall durch flüssige Zwischenzustände hindurchzugehen hatte, obwohl sie es keinem ihrer zahllosen Körper je gestattet, dem inneren Urbedürfnis nach idealer Gestalt zu genügen, indem sie es durch Gravitation oder Rotation verhindert.

Leonardo hatte das Ende der Welt im Sieg der Erosion durch Wasser gesehen. Alle Ungleichheiten der Erdoberfläche würden nur durch Zeit, Strömung und Wind abgeschliffen und ausgeglichen, so daß schließlich das Meer sich gleichmäßig wieder über das Ganze dieser Kugel ausbreiten würde wie vor dem ersten Schöpfungstag, der Meer und Land getrennt hatte.

Leonardos Vision hat etwas tief Häretisches gegenüber den Prämissen der geltenden Weltansicht seiner Zeit. Vor allem durch die Annahme der allmählichen Herbeiführung eines Endzustandes der Welt, der die Vollkommenheit dieser Welt selbst wäre und nicht die einer anderen. Dann aber auch, weil sie die biblische Selbstbindung Gottes, manifestiert im Regenbogen, mißachtet, es auf keine neue Überflutung der ganzen Welt ankommen zu lassen, was eben hier geschieht. Diese Weltbindung hatte die biblisch-christliche Apokalyptik in die Arme der stoischen *Ekpyrosis* getrieben, die Welt durch Feuer zugrunde gehen zu lassen. Leonardo mag die zweifelhafte Überlieferung einer Lehre des Empedokles [*hs. Anm.:* ζφαιρος → νεῖκος → φιλίία (→ ζφαιρος)] von der Wiederkehr des *Sphairos* bekannt gewesen sein. (Bröcker 1965, 87 ff.; K 3771; 6106) Schon hier genügte der Neptunismus den beruhigten und beruhigenden Endvorstellungen von der Welt am besten und im Bündnis mit dem Platonismus: die vollkommene Kugel als Endziel aller Naturkräfte, durch bloße Destruktion aller Abweichungen von ihr mittels der Gestaltwidrigkeit des strömenden Wassers – Ruheform und Endgestalt, hervorgehend aus äußerster Gestaltlosigkeit. Bewegung das bloße Vorstadium der Ruhe, das Provisorische in Richtung auf den Zustand der Stille und der Befriedigung an der Form. Eine Welt der stehenden Gewässer wäre vor dem Erreichen ihrer reinen Gestalt zu einer falschen Ruhe gekommen, verdammt zur unvorläufigen Vorläufigkeit. Aber zu strömen, wie es dem Leben als seine reinste Lebendigkeit nachgesagt werden sollte, in die es sich immer zurücknimmt, wo ihm Erstarrung zur Gestalt und in ihr droht, solche unstetige Zuständlichkeit als immanente Selbstrealisierung ist nur gegen das Ideal der ruhenden Götter denkbar, wie das Bewußtsein als Strom gegen seinen Mißverstand als Behälter oder Tafel stehen wird.

Vom Ende der Welt auf deren Anfang zurückblickend: Wenn es das Paradies je gab, war es ein üppiger Garten. Dem durfte es an Wasser niemals fehlen, so daß die Zuverlässigkeit einer Quelle vonnöten war. Soweit, was ihr entströmte, dem Wachstum des Gartens nicht diente, ergoß es sich in mächtigen Strömen durch das Land dem Meere zu.

In dieser Gestalt der großen Ströme, unter Abhängigkeit aller Fruchtbarkeit des Bodens von ihrem Anschwellen oder Versiegen, wurde es dem alsbald paradiesesvertriebenen Menschen zum Schicksal. Was Ströme gewährten und entzogen, was sie überschwemmten und wieder bloßlegten, bildete den Grund des Ursprungs der Geschichte, sogar der Geschichte von Wissenschaften wie der Landvermessung, den Grund des Ursprungs der Schrift durch den Bedarf an Urkunden für die Erneuerung der Grenzziehungen im Schwemmland.

Es lag nahe, die Unbeständigkeit des Strömens auch und gerade in ihrer lebensstiftenden Notwendigkeit als Metapher für den Zustand der Welt zu sehen, wie schon Heraklit es getan haben könnte. [*hs. Anmerkung:* Diels B 12: Denen, die in dieselbe Flüsse steigen, floesse anderes + anderes Wasser zu. Lt. G. S. Kirk, Heraclitus. Cambridge 1954 die genuine Flußformel Heraklits. Cf. Bröcker, a. a. O. 33)] Dies steckt als Voraussetzung in dem von ihm geschaffenen Bild, daß man nicht zweimal in den gleichen Fluß steigen kann – eine Imagination, die nur möglich wird, wenn die Stelle des festen Grundes, die Festigkeit der Ufer also, für jenes Strömen und dessen Bemerkbarkeit vorausgesetzt werden kann: Vom Festen steigt man nicht zweimal ins Strömende. Als in Strömungen Treibende könnten wir über ihre Unbeständigkeit, über Selbigkeit und Andersheit des Stromes, nichts wissen. Solche vieldeutigen Sprüche wie der des dunklen Heraklit eignen sich gerade dazu, durch Widerspruch gegen sie einer eigenen Position ihren Standard zu geben. So hat Nietzsche im Blick auf seine kreisende Beständigkeit der ewigen Wiederkunft gesagt, es sei immer wieder derselbe Strom, in den wir steigen.

Um die Funktion der Metaphorik des Strömens als einer der Verflüssigung des Erstarrten, die dann auch für die Lebensphilosophie wichtig sein wird, wenigstens mit einem ihrer frühen und sehr prägnanten Beispiele zu belegen, komme ich nochmals auf Ernst Mach zurück. In einem Vortrag, den er am 25. Mai 1882 in der Akademie der Wissenschaften zu Wien unter dem Thema »Die ökonomische Natur der physikalischen Forschung« gehalten hat, zeigt er die Auflösung einer mit der Konnotation absoluter Starrheit verbundenen Grundvorstellung, der des Atoms: *Das Atom mag immerhin ein Mittel bleiben, die Erscheinungen darzustellen, wie die Funktionen der Mathematik. Allmählich aber mit dem Wachsen der intellektuellen Erziehung an ihrem Stoff, verläßt die Naturwissenschaft das Mosaikspiel mit Steinchen und sucht die Grenzen und Formen des Bettes zu erfassen, in welchem der lebendige Strom der Erscheinungen fließt.* (Populärwissenschaftliche Vorträge, 238) Die Antithese von Steinchenspiel und lebendigem Erscheinungsstrom ist Ausdruck für die destruktive Rücksichtslosigkeit der theoretischen Ökonomie gegen das Bedürfnis nach substantiellen Interpretationen der Natur; auf den einfachsten und sparsamsten begrifflichen Ausdruck der Tatsachen komme es an, gleichgültig was dabei an Grundbegriffen von Kräften und letzten Einheiten geopfert werden müsse. Zugleich wird aber auch klar, daß eine solche Verflüchtigung des Substantiellen noch nicht genug hat am lebendigen Strom der Erscheinungen und an der Erfassung der Grenzen und Formen des Flußbettes als der festesten Konturen ihres Bildes der Wirklichkeit, sondern daß sie Affinität schafft zum anderen Aggregatzustand der Gasförmigkeit, der Verdampfung, der Wolke aus bloßen Impressionen, die indifferent sind gegen ihre subjektive oder objektive Interpretation. *Die Welt besteht aus Farben, Tönen, Wärmen, Drücken, Räumen, Zeiten usw., die wir jetzt nicht Empfindungen und nicht Erscheinungen nennen wollen, weil in beiden Namen schon eine einseitige, willkürliche Theorie liegt. Wir nennen sie einfach Elemente. Die Erfassung des Flusses dieser Elemente, ob mittelbar oder unmittelbar, ist das eigentliche Ziel der Naturwissenschaft.* (K 18208. 24, 239) Daß jene Elemente sowohl Erscheinung als auch Empfindung genannt werden können, liegt daran, daß wir im Subjekt und in den Objekten vorläufig zwei getrennte Stücke einer Einheit der Welt, aus dem *geschlossenen Ring der physikalischen und psychologischen Tatsachen*, vor uns haben. Es läßt die geschichtliche Position dieser Theorie nur als den Anfang eines Weges erscheinen, an dessen Ende sich die finden sollten, die *den Mut haben werden, statt die verschlungenen Pfade des logischen historischen Zufalls nachzuwandeln, die geraden Wege zu den Höhen einzuschlagen, von welchen aus der ganze Strom der Tatsachen sich überschauen läßt.* (a. a. O. 243 f.) Der Strom der Tatsachen, der Erscheinungen, ist die zukunftsträchtige Rückverwandlung des erstarrten Substrats der Objekte. Aber in überraschender Ähnlichkeit mit Nietzsche muß dieser Strom, der sich einst wird sehen lassen, einen kreisförmigen Lauf haben, da er doch gleichzeitig jener geschlossene Ring sein wird, *von dem wir gegenwärtig nur zwei getrennte Stücke sehen*: Subjekt und Objekt, Ich und Welt. Die Sehnsucht, zwischen diesen möchten die Grenzen verfließen, bestimmt einen guten Teil auch der Metaphorik Nietzsches und der Lebensphilosophie sowie dann die Terminologie des In-der-Welt-Seins.

Hier bekommt der Strom der Strommetaphern seine größte Strombreite, um, wie es bei Strömen so geht, den letzten Punkt seiner Deutlichkeit zu erreichen, den der Einmündung ins Meer, in dem sich seine Kraft verliert. Dieser Punkt aber ist nicht der Strom der Erscheinungen oder Tatsachen, in dem doch nur und erst die Dinge in Fluß gekommen sind, sondern der Strom des Bewußtseins. Da wird die Metapher des Stromes absolut für etwas, was wir uns, wegen seiner Nähe zu uns, seiner Identität mit uns selbst, am wenigsten begreifbar machen können, des Bewußtseins als des subjektiven Lebens selbst.

Der Bewußtseinsstrom ist die beherrschende Metapher der Phänomenologie Husserls. Beherrschend wird sie zumal für den rückblikkenden Betrachter, der es schon schwer hat, sich noch zu vergegenwärtigen, daß andere Metaphern die Geschichte der Vorstellung vom Bewußtsein dominiert haben: die des räumlichen Behälters, die des plastischen Stoffes und die der Schreibfläche aus dem kulturell jeweils gängigen Material. Im Gegensatz zur Metapher der Quelle oder gar der Urquelle ist die des Stromes bei Husserl noch ganz unabhängig ausgebildet von jeder Infektion durch die Sprache der ›Lebensphilosophie‹. Diese macht den Bewußtseinsstrom zum ›Vitalstrom‹ bei Georg Simmel, zum sogar ›rauschenden‹ *Strom des Seins* bei Max Scheler. (Versuche einer Philosophie des Lebens. 1913. In: Vom Umsturz der Werte. [2]Leipzig 1919 ([1]1915), II 146: über Nietzsche; II 154: über Dilthey) Über den französischen Vater der Lebensphilosophie Bergson kann Scheler 1913 schreiben: *Vielmehr umspült ihn bis in seine geistige Wurzel hinein der Strom des Seins wie ein selbstverständliches und schon als Seins-Strom selbst – von allem Inhalt abgesehen – wohltätiges Element.* (a. a. O. II 164) Der von Bergson vorgestellte und von Scheler schwärmerisch gegen Descartes und Kant abgesetzte lebensgestimmte Intellekt hätte statt einer starren, eine *fließende Gesamt-Realität – ähnlich jener, die wir im freien Strömenlassen unseres inneren Lebens erleben.* (a. a. O. II 167) Da sind alle Pathosformeln beieinander, die ein Jahrzehnt später auch Husserls Bewußtseinsstrom mit Lebendigkeit aus dem quellenden und strömenden Leben selbst zumindest sprachlich affizieren werden.

In den »Logischen Untersuchungen« hatte Husserl drei Begriffe von Bewußtsein erörtert, die sowohl für das innere Gewahrwerden von eigenen psychischen Erlebnissen als auch zur zusammenfassenden Bezeichnung für jederlei psychische Akte oder intentionale Erlebnisse fungieren, davor und an erster Stelle jedoch Bewußtsein als den gesamten reellen phänomenologischen Bestand des empirischen Ich meinen, *als Verwebung der psychischen Erlebnisse in der Einheit des Erlebnisstroms.* (Logische Untersuchungen II 1, 346) Dieser ›Erlebnisstrom‹ ist nicht signifikant unterscheidbar vom ›Bewußtseinsstrom‹, denn Erleben im phänomenologischen Sinne *besagt nicht mehr, als daß gewisse Inhalte Bestandsstücke in einer Bewußtseinseinheit, im phänomenologisch einheitlichen Bewußtseinsstrom eines empirischen Ich sind.* (a. a. O. 352) Die Metapher des Stroms läßt ebenjene Inhalte als ein reelles Ganzes erscheinen, in dem, was das Bewußtsein erlebt, derart *sein* Erlebnis ist, daß zwischen dem bewußten Inhalt und dem Erlebnis kein Unterschied besteht. Zur Einheit des Bewußtseins als dem Inbegriff seiner Erlebnisse gehört alles, was *als reeller Teil den jeweiligen phänomenologischen Bewußtseinsstrom konstituiert.* (a. a. O. 353)

In der Neubearbeitung dieses Bandes von 1913 hat Husserl in einer Anmerkung korrigiert, daß in der ersten Auflage *überhaupt der Bewußtseinsstrom als ›phänomenologisches Ich‹ bezeichnet* worden sei.

Die Rede vom Bewußtseinsstrom ist eben ein *deskriptives* Hilfsmittel, das helfen kann und zu helfen hat, aber nicht die eine und alles entscheidende Evidenz zu verschaffen mag, auf die es inzwischen ankommt: die des *Cogito sum.* Wenn in der ersten Auflage gesagt war, daß *im Urteil ›ich bin‹ unter dem Ich das adäquat Wahrgenommene eben den die Evidenz zu allererst ermöglichenden und begründenden Kern ausmacht*, so ist die Metapher vom Kern dem Verfahren der ›freien Variationen‹ zur Ermittlung eidetischer Invarianten zugehörig, das die Selbstübersteigung des *Ich bin* zur transzendentalen Evidenz nicht mehr trifft, die *gerade das in dem Vollzug der Evidenz ›cogito‹ erfaßte Ich* erschließt. (a. a. O. 357) Dagegen fällt nun ab und rückt auf die Seite der mundanen Sekundaritäten, daß *das empirische Ich eine Transzendenz derselben Dignität ist wie das physische Ding.* Man wird bei dieser betrüblichen Verschlechterung der Evidenzlage für die Resultate der ›Wesensschau‹ durch Variation, bemessen am cartesischen Tor zu absoluten Gewißheiten, wenigstens genießen dürfen, wie hier Transzendenz und Transzendentalität endgültig in Opposition getreten sind, indem die Transzendenz gegen ihr Erstgeburtsrecht nun ganz ›in der Welt‹ zu bleiben hat. Die Transzendentalität bedarf der Variation nicht mehr; sie erreicht in einem einzigen momentanen Zugriff den archimedischen Punkt aller philosophiewürdigen Gewißheiten.

Die Berufung der Neubearbeitung auf die inzwischen vorliegenden »Ideen zu einer reinen Phänomenologie und phänomenologischen Philosophie«, ebenfalls von 1913, ist naheliegend. Hatte das Bewußtsein die Einheit eines Stromes, bedurfte es keines Ichprinzips zur Einigung seiner Inhalte, brachte vielmehr jenes durch diese hervor. Andererseits mußte die Strommetapher ihr Recht einbüßen, sobald das Ich seine ›polhafte‹ Funktion unmittelbar zu jedem seiner Inhalte zugeschrieben bekommen hatte. (a. a. O. 354 f.) Zwar strömt es auch fortan, aber der Bewußtseinsfluß trägt nicht primär die Einheit des Ich, sondern besorgt – weiterhin unverkennbar aus seiner deskriptiven Herkunft bestimmt – die Produktion der Zeit. Hier faßt man den Einfluß von Natorps »Einleitung in die Psychologie« von 1888, die Husserl 1905 gelesen hatte, vor allem aber den der »Allgemeinen Psychologie« von 1912 mit ihrer Gegenwehr gegen den Erlebnis- und Bewußtseinsstrom, zugunsten der Einsetzung des Ich zum Beziehungszentrum aller ihm bewußten, aber mit ihm unvergleichlichen Inhalte. Zu diesen hat es keinerlei Beziehung von der Art, wie diese zu ihm und untereinander – der ›Strom‹ aber kann nichts anderes als ein solches Untereinander vergegenwärtigen, das seine Einheit stiftet, nicht voraussetzt. Natorp hatte diesen Standard gesetzt, aber Husserl stand ihm mit dem Besitz der Analysen des inneren Zeitbewußtseins gegenüber, ohne dessen transzendentale Absicherung eine Ausweitung des cartesischen Evidenzhofes um das nackte Jetzt des *Cogito* nicht zu erreichen war. Daraus ergibt sich unausweichlich eine *Reduktion auf das Phänomenologische* neuer Art, auf die *real in sich geschlossene, sich zeitlich fortentwickelnde Einheit des ›Erlebnisstroms‹*. (a. a. O. 358) Unabhängig von seinen Inhalten, aber notwendig durch diese angetrieben, hat der Bewußtseinsfluß eine Form, die jeder seiner aktuellen Phasen unaufhebbare Bestimmtheit gibt, *sofern sich in ihr ein ganzer Zeithorizont des Flusses darstellt, eine all seinen Inhalt übergreifende Form, die kontinuierlich identisch bleibt, während ihr Inhalt beständig wechselt.* (a. a. O. 358) Die unverkennbare Schwierigkeit, den älteren deskriptiven Bestand der Phänomenologie mit dem neueren transzendentalen Ichgewißheitsbedarf zu vereinigen, gipfelt in dem Paradox, es sei diese nicht der dinglichen Welt zugehörige ›Zeit‹, *die mit dem Bewußtseinsfluß selbst erscheint, in der er fließt.* (a. a. O. 358) Wie an der sachlich-systematischen Schwierigkeit wiederum die Metaphorik – und zwar die repräsentative Grundmetaphorik der Phänomenologie – beteiligt ist, tritt an der Interferenz der Elemente ›Horizont‹ und ›Fluß‹ übers Wünschbare hinaus zutage. Unschärfe im Deskriptiven zu beanstanden genügt da nicht mehr;

das metaphorologische Instrument läßt eine Krise am Präparat heraustreten.

Husserl ist hinsichtlich des immanenten Zeitbewußtseins noch unentschieden zwischen der Bestimmtheit, die dem Zufluß der aktuellen Empfindungen als einem die Assoziationsmechanik endgültig überwindenden zu geben war, und derjenigen Aggregation des Bewußtseins, die das Affektionsmaterial erst mit seinem Durchfluß durch den Jetztpunkt als Bestimmtheit seiner ›Stelle‹ in der Sequenz der Retention und ihrer Modifikationen als ›VORbereitung‹ der ›Vergangenheit‹ und ihrer Erinnerungsfähigkeit bekommt und schlechthin nicht wieder verlieren kann. Aus dem Gewühl der Empfindungen produziert das Bewußtsein, als ›Zeit‹ und durch die Zeit, eine Formalstruktur, die nun nicht mehr fließend ist, obwohl sie sich in einsinniger Richtung fortbewegt vom ›Stand‹ des aktuellen Bewußtseins und seines urimpressionalen Erlebens. Sie kann, jenseits der Retention, für die Erinnerung löcherig, lückenhaft, versetzt, verstellt sein, ohne ihre prinzipielle Konstanz und Rekonstruierbarkeit als diese eine ›Ordnung‹ mit allen im Dunkel bleibenden Beständen an Stellenbesetzungen jemals verlieren zu können.

Wie kommt solches Reden über den Bewußtseinsstrom mit allen Verlegenheiten seiner interferenten Metaphern von Verwebung und Strom und Pol zustande? Die Metapher des Stromes macht es schwer nachvollziehbar, die Phänomenologie als Methode der Reflexion zu begreifen. Aber noch in den »Ideen« faßt Husserl ausdrücklich Reflexion als einen *Titel für Akte, in denen der Erlebnisstrom mit all seinen mannigfachen Vorkommnissen ... evident fassbar und analysierbar wird.* (I § 78; WW III 181) Ein Erlebnis aus dem Bewußtseinsstrom, das nicht im Blick des Bewußtseins selbst ist, sei nicht reflektiert. (a. a. O. § 77; WW III 178) Solche Formulierungen zeigen, daß das Ich längst aus dem Bewußtseinsstrom herausgenommen sein muß, um sein Zuschauer werden zu können. Etwa so: *Es wende sich während des erfreulichen Ablaufs ein reflektierender Blick auf die Freude.* (a. a. O. 179) Die Differenz ist die zwischen dem Erlebtwerden und dem Blick auf das Erlebtwerden. Allerdings gilt für das Studium des Erlebnisstroms, daß die reflexiven Akte, die es voraussetzt, *selbst wieder in den Erlebnisstrom gehören und in entsprechenden Reflexionen höherer Stufe zu Objekten von phänomenologischen Analysen gemacht werden können und auch gemacht werden müssen.* (a. a. O. 180) Man sieht, daß hier die Metapher nichts mehr zur Darstellung der Verhältnisse in der Reflexion leisten kann, wenn deren Instanz auf derselben Ebene der fließenden Einheit des Bewußtseins liegen soll wie das, was in ihr erfaßt wird.

Da dieser Strom gleichzeitig für die Konstitution des Zeitbewußtseins in Anspruch genommen wird, kann dies nur heißen, daß die in demselben Strom liegenden Akte der Reflexion sowie ihrer Iterationen und des in ihnen Reflektierten nur gegeneinander verschoben in ihm auftreten können. *Ich denke mein Ich-denke* hieße dann, ich erinnere mich daran, gedacht zu haben, und zwar dieses oder jenes Gedachte. Das aber wäre gerade nicht mehr die in der Phänomenologie erforderliche Reflexion, weil die Bedingung der evidenten Faßbarkeit in der Erinnerung unerfüllbar wird. Erkennbar ist an diesen Schwierigkeiten in den »Ideen«, daß die Anschaulichkeit der Periode Husserls vor seiner transzendentalen Wendung immer noch diese beherrscht und die Umschaltung auf Polrelationen zwischen dem Ich und seinen Noesen wie Noemen nicht vollends durchgeführt werden konnte. Es gibt einen Überhang der Strommetapher als der ursprünglichen Erschließung der Bewußtseinsstruktur schon deshalb, weil sie für die Zeitthematik unentbehrlich geblieben ist. Um diese Komplikationen und Friktionen zwischen dem anschaulichen Material deutlich zu machen, habe ich auf das Werk der Begründung transzendentaler Reduktion vorgegriffen und damit die Vorphase metaphorischer Fruchtbarkeit voreilig verlassen. Dahin ist nochmals zurückzukehren.

Als Husserl zu Anfang des Sommersemesters 1907 in Göttingen fünf Vorlesungen »Die Idee der Phänomenologie« – als Einleitung zu der Semestervorlesung mit dem Titel »Hauptstücke aus der Phänomenologie und Kritik der Vernunft« – hielt, konnte er seinen Hörern an einer herausgehobenen Stelle in der dritten Vorlesung, wo es um Phänomenologie als *Wesenslehre der reinen Erkenntnisphänomene* geht, die metaphorische Option vorführen, die im Begriff des ›Phänomens‹ steckt: *Wir bewegen uns in dem Feld der reinen Phänomene. Doch warum sage ich Feld ; es ist vielmehr ein ewiger Heraklitischer Fluß von Phänomenen.* (WW II 47) An dieser Selbstberichtigung kann man studieren, wie der Begriff des Phänomens auf die Grundform des Bewußtseins projiziert wird.

Im Sommer 1909 hielt Husserl in Göttingen die Vorlesung »Einführung in die Phänomenologie der Erkenntnis«; in ihr kehrt der Fluß des Heraklit wieder: *Aber alle Erlebnisse fließen dahin. Bewußtsein ist ein ewiger heraklitischer Fluß, was eben gegeben ist, sinkt in den Abgrund der phänomenologischen Vergangenheit, und ist nun für immer dahin. Nichts kann wiederkehren und zum zweitenmal in Identität gegeben sein.* (WW X 349) Und auch hier gilt die Korrektur dem Feld, sogar dem *unendlichen Feld.*

Phänomene als ›Feld‹, das ist die Ordnungsform von Gegenständen einer positiven Wissenschaft, die ohne Rücksicht auf den Prozeß ihrer Theorie in einem Areal angeordnet gedacht werden können, insofern die Theorie subjektiv verschiedene Möglichkeiten hat, jener objektiven Anordnung nachzugehen, sich in ihr zu bewegen: Die Theorie fließt, ihre Gegenstände stehen. Das wird zweifelhaft, sobald Erkenntnis als im Bewußtsein sich abspielendes Ereignis selbst thematisch wird und nicht nur ihre Akte, sondern auch ihre Inhalte das sind, was durch die ständige Gegenwart des *Cogito* hindurch zu passieren scheint, und zwar als lückenlose Füllung jener Gegenwärtigkeit. Die Option zugunsten Heraklits entscheidet im Grunde schon, was erst 1913 in den »Ideen« zutage treten wird: die transzendentale Bestimmung der Phänomenologie.

Nun brauchte Heraklit über den Fluß, in dem er alles aufgehen ließ und in den man nicht ein zweites Mal steigen kann, nichts weiter zu sagen – jedenfalls wissen wir es nicht. Die phänomenologische Theorie als ›Wesensschau‹ auf das Bewußtsein beginnt allererst mit der Option für den Fluß. Man kann, ehe man dem tatsächlichen Gang der Dinge nachgeht, die Alternative der *Möglichkeiten* so beschreiben: Der Fluß hat nur bei allererster und oberflächlicher Annäherung die amorphe Struktur des Fließenden, zeigt aber bei näherer Analyse wesensmäßige Zuordnungen von Teilen und Teilmassen; *oder* die Thematisierung des Flusses führt seinen Betrachter zu den Ursprüngen, zu den Quellen, wo das Ganze in seiner Reinheit und vor seinem Anschwellen zur Formlosigkeit betrachtet werden kann. Dann wäre, was sich unter dem Äquivalent der Flußmetapher darbietet, selbst nicht das Ursprüngliche, sondern ein Produkt, ein Resultat; und was die Einheit seines Aggregatzustandes ausmacht, ist zunächst aufs unbestimmteste und dennoch vertrauenerweckend betitelt als ›Sinn‹.

Das liegt zunächst schon in dem Begriff des Bewußtseins, von dem Husserl im Gefolge seines Lehrers Brentano Gebrauch macht: Bewußtsein ist Intentionalität. Das aber heißt, daß Bewußtseinsinhalte nicht von einerlei Art sein können, insofern sie durch Intentionalität eindeutig und gerichtet aufeinander bezogen sind: als noch leere Intentionen, bloße Vermeinungen, symbolische Repräsentanten einerseits, als erfüllte Intentionen oder Annäherungen an diese, Anschauungen, Repräsentiertes statt des Repräsentierenden andererseits. Die Übergänge zwischen der ansetzenden und der erfüllten Intention mögen freilich *fließend* sein – und insofern schon *fließt* das Bewußtsein kraft seiner elementaren Bestimmtheit. Dies ist allerdings nicht seine einzige formale Determinante. Auch die alte Assoziation ist geblieben, wenn auch nicht mehr als der eingefahrene Mechanismus des bloßen Nacheinander von Empfindungen, sondern als sinngeregelte Folge. In dieser lassen sich zwei Funktionen unterscheiden: die der Bewegungsenergie des Stromes und die Konstitution der in ihm auftretenden Inhalte.

Dieser antinomische Ansatz der Thematisierung des Bewußtseins zeigt schon, daß überall in der Phänomenologie Unstimmigkeiten und Interferenzen der Metaphorik zu erwarten sind. Ich will das an einer

Stelle aus den beiden Vorträgen erläutern, die Husserl am 23. und 25. Februar 1929 im Amphitheatre Descartes der Sorbonne wiederum unter dem Titel einer Einleitung, diesmal der »Einleitung in die transzendentale Phänomenologie«, in seiner Eigenschaft als korrespondierendes Mitglied der Académie Française gehalten hat. Der Anlaß und der Ort müssen betont werden, weil sie den Anfang einer großen Wirkungsgeschichte der Phänomenologie bezeichnen; zugleich die endgültige Etablierung ihres Ansehens außerhalb des Sprachbereichs, in welchem sie alsbald jede Wirkungsmöglichkeit verlieren sollte. Zu diesem Zeitpunkt ist das Nebeneinander der Sprachwelten von Phänomenologie und Lebensphilosophie fast selbstverständlich geworden – und immer noch heraklitisch.

Im *Ego* sei kein einzelnes *Cogito* isoliert, trägt Husserl vor, und dies so wenig, daß *das ganze universale Leben in seinem Fluktuieren, seinem Heraklitischen Fluß eine universale synthetische Einheit ist.* (WW I 18) Aber eben doch nicht ganz und nur Heraklit. Denn dieser Fluß besteht nicht aus einem Gewühl von Empfindungen, sondern aus *Gegenständen als Sinneinheiten*. Da stoßen zwei Bildkonzeptionen hart aufeinander: die des Strömens und die der Prägung. Das kann in einem einzigen Satz zur Kollision kommen: *Gewiss, das Bewußtseinsleben ist im Fluß, und jedes cogito ist fließend, ohne fixierbare letzte Elemente und letzte Relationen. Aber im Fluß herrscht eine sehr wohl ausgeprägte Typik.* (WW I 20) Herrschte sie nicht, gäbe es keine Wesensschau, keine Beschreibung des Bewußtseins, keine Wissenschaft von ihm.

Nun sieht es ganz so aus, als sei die Metaphorik des Strömens ganz auf den subjektiven Aspekt des Bewußtseins, die der Prägung auf seinen objektiven Aspekt bezogen. Aber der Strom ist nicht nur das Strömen dessen, was ich selbst als dieses sich erfahrende und erlebende Ich bin. Darauf verweist schon eine andere eigentümliche Metapher, die Husserl in Paris verwendet: die der Insel. Außer der Festigkeit des Ufers ist ja auch die Insel eine Möglichkeit, das Strömen des Bewußtseinsstroms als beobachtbar vorzustellen. An dieser Stelle aber will Husserl auf die Insel gerade als Imagination der subjektiven Isolierung, sogar der solipsistischen Gefährdung hinaus: *Wie komme ich aus meiner Bewußtseinsinsel heraus, wie kann, was in meinem Bewußtsein als Evidenzerlebnis auftritt, objektive Bedeutung gewinnen?* (I 32) Husserl hat die Fragestellung wörtlich in die vierte seiner »Cartesianischen Meditationen«, die aus den Pariser Vorträgen hervorgegangen waren, übernommen. (I 116)

Nun wird diese Frage schlüssig erst in der fünften der »Cartesianischen Meditationen« beantwortet: mit der Theorie der Intersubjektivität. An dieser Stelle genügt vorerst, daß dem Bewußtsein auf seiner Insel zur Selbstauffassung der Begriff eines Raumes schon zur Verfügung steht und stehen muß, in welchem es sich in seiner isolierten Lage erfaßt und lokalisiert. Der Raumbegriff ist die allererste Form, in der ein Bewußtsein die bloße und unerfüllte Möglichkeit erfaßt, seinerseits erfaßt und lokalisiert zu werden.

Als Heraklit untersagte, zweimal in denselben Fluß zu steigen, ließ er offen, zu welchem Zweck überhaupt man dies beabsichtigen könnte. Doch wohl, um zu baden. Der Fluß hat instrumentelle Bedeutung. Es hängt nicht viel davon ab, daß bei seiner gelegentlichen Benutzung auf Identität des Mediums kein Verlaß ist; im Gegenteil, die Qualität seiner Benutzbarkeit könnte zum Teil dadurch bedingt sein, daß das Wasser ständig gewechselt wird. Dies alles scheint noch weit entfernt zu sein von der Ernsthaftigkeit, die das imaginative Konzept annimmt, wenn es um das Bewußtsein geht sowie um die eigentümliche Komplexion, die dabei der fliegende Wechsel seiner Inhalte und die notwendige Identität des Ich seiner Akte und Inhalte annimmt.

Am deutlichsten wird dies bei den Varianten der Strommetaphorik, die ins Auge fassen, das Ich könnte der Schwimmer im Strom seiner Inhalte sein. In den »Ideen I« von 1913 trägt das erste Buch, also das allein veröffentlichte und wirksame, den Titel »Allgemeine Einführung in die reine Phänomenologie«. Alle Dingwahrnehmung sei unvollkommen, letztlich unerfüllt, gerade in dieser unerfüllten Intention das transzendente Phänomen, das nicht die absolute Qualität des Immanenten haben kann, selbst für einen Gott nicht haben könnte. (§ 44; WW III 101) Immanent ist das Erlebnis, in welchem mir jenes transzendente Ding auf so unvollkommene, abgeschattete Weise gegeben ist. Folglich ist dieses Erlebnis ein Gegenstand der Phänomenologie, an dem nichts der deskriptiven Erfassung entzogen zu bleiben braucht. Dennoch ist auch ein Erlebnis nur synthetisch Gegebenes, niemals als dieses vollständig gegenwärtig und daher *in seiner vollen Einheit ... adäquat nicht faßbar.*

Dieser Sachverhalt gibt dem Subjekt einen Zug der Verlorenheit noch in der Evidenz von sich selbst, den man zwei Jahrzehnte später als ›existentiell‹ bezeichnet hätte. Das nun geht in eine bedeutsame Variante der Strommetapher ein: Das Erlebnis ist *seinem Wesen nach ein Fluß, dem wir, den reflektiven Blick darauf richtend, von dem Jetztpunkte aus gleichsam nachschwimmen können, während die zurückliegenden Strecken für die Wahrnehmung verloren sind ... schließlich ist mein ganzer Erlebnisstrom eine Einheit des Erlebnisses, von der prinzipiell eine vollständig ›mitschwimmende‹ Wahrnehmungserfassung unmöglich ist.* (III 103) Es ist nicht ohne Reiz zu beobachten, daß hier als ›Mitschwimmen‹ vorgestellt wird, was Max Scheler in demselben Jahr 1913 als ›Begleiten‹ des Aktes bezeichnet hat, um gerade auszudrücken, daß ein Akt überhaupt nicht Gegenstand sein kann. Vielmehr gehöre es zu seinem Wesen, *nur im Vollzug selbst erlebt und in Reflexion gegeben zu sein*, nicht aber *durch einen zweiten, etwa rückblickenden Akt wieder Gegenstand werden* zu können. Reflexion ist ›Begleitung‹ des Erlebens, nicht dessen Vergegenständlichung. (Max Scheler, Der Formalismus in der Ethik und die materiale Wertethik; Gesammelte Werke II 385)

Scheler geht sogar noch ein Stück weiter, wenn er von der Person, und nicht nur von ihrem Erlebnis, sagt, sie könne nicht Gegenstand werden: *Die einzige und ausschließliche Art ihrer Gegebenheit ist vielmehr allein ihr Aktvollzug selbst (auch noch der Aktvollzug ihrer Reflexion auf ihre Akte) – ihr Aktvollzug, in dem lebend sie gleichzeitig sich erlebt*. (Scheler, a. a. O. 397) Man sieht, daß der Versuch gemacht ist, ohne die Mittel der Metaphorik, dafür aber mit reichlichem Ineinander von Leben und Erleben, die Situation zu veranschaulichen, von der Husserl immerhin noch sagt, das Erlebnis sei ein Fluß, in welchem schwimmend wir, *den reflektiven Blick darauf richtend*, doch wohl so etwas wie auch eine Wahrnehmung haben können.

Das Bild des Schwimmers, der seinen Blick auf den Fluß richtet, in welchem er schwimmt, ist freilich, obwohl nicht widerspruchsvoll, doch von einer gewissen Künstlichkeit und Fraglichkeit, die schließlich davon abhängt, welche Mächtigkeit der Strömung und damit welche Lage dem Schwimmer in ihr zugeschrieben werden muß. Dabei ist freilich von den Ansprüchen auszugehen, die an die Position des Subjekts gestellt werden. Da gilt für Husserl, daß er das Phänomenologie treibende Subjekt als den Zuschauer nicht nur der Welt, sondern seines eigenen Bewußtseins, seines mundanen Ich, definiert hat: Das transzendentale Subjekt als den Betrachter seiner selbst als des mundanen Subjekts, der uninteressierte Zuschauer des unausweichlich interessierten.

Wie es mit einem solchen Ideal geht, kann selbstverständlich nicht daran entschieden werden, wie der Autor selbst, subjektiv, biographisch oder gar psychologisch, ihm genügt hat; das mag dafür oder dagegen sprechen, gewichtiger oder ungewichtiger sein, es entscheidet nichts. Wichtiger aber ist, wie der Autor argumentativ mit seinem Ideal durchkommt, wie er es mit den Mitteln der Darstellung durchzuhalten und durchzuführen vermag. Gerät ihm die gewählte Metaphorik in Bedrängnis, zerfällt sie ihm unter der Hand ohne kontrollierte Korrektur, geht es nicht ohne Interferenz oder gar Explosion ab, ist das ein ernstes Indiz für Schwierigkeiten in und an der Sache selbst. Zumal dann, wenn der Autor mit dem erkennbaren Entschluß ansetzt, skeptisch oder noch skeptischer als sonst zu sein und zu verfahren, wie Husserl in einer Aufzeichnung aus den Jahren 1922/23 zum Thema der Zuverlässigkeit der Erinnerung und der sich aus der Lösung dieser Frage ergebenden Konsequenzen, die dramatisch beginnt: *In der Tat, ein skeptisches Gespenst taucht auf und wächst immer drohender, das der Zweifelhaftigkeit der Erinnerung.* (WW XI 365)

Dieser Text verdient Beachtung bei jeder Auseinandersetzung mit der Phänomenologie, weil er deutlicher als andere Texte erkennen läßt, daß der Umfang der Behandlung der Zeitthematik ganz im Dienst der Sicherung von Evidenz steht und damit immer noch das *memoria*-Problem des Descartes vor sich hat. Die Niederschrift liegt vor der Entdeckung der Lebensweltthematik.

Im Bewußtseinsstrom ist Erinnerung als Akt ein immer gegenwärtiges Erlebnis; die *Erlebnisvergangenheit* des sich erinnernden Subjekts ist in ihrer transzendentalen Qualität problematisch. Dann gilt: *Ist aber Erinnerung nicht mehr eine Quelle apodiktischer Gewissheit für meine vergangenen cogitationes, dann darf ich nicht mehr von meinem unendlichen Strom des Lebens, nicht mehr von meinem vergangenen Ich und meinen vergangenen intentionalen Erlebnissen sprechen; ich muß auch in dieser Hinsicht phänomenologische Reduktion walten lassen.* (WW XI 366) Die Unsicherheit besteht eben darin, ob die erinnerte Erinnerung wirklich in demselben Sinne ›mein‹ ist wie die erinnernde Erinnerung. Diese selbst nämlich ist nicht augenblicklich, unausgedehnt; auch der Akt der Erinnerung hat seine Zeit. Wenn diese die Evidenz nicht zerstören, die transzendentale Dimension nicht aufheben soll, ergibt sich die Frage nach dem möglichen Übergang zur erinnerten Erinnerung.

Hier gerät die Überlegung buchstäblich ins Schwimmen, indem der transzendental reduzierte Erlebnisstrom außer seiner beweglichen Gegenwartsphase noch *den endlosen Vergangenheitsstrom und Zukunftsstrom* hat. (WW XI 368) Was in der Zeit dauert, der gehörte Ton, die erinnerte Erinnerung, darauf sind wir in diesem Strom eben mitschwimmend gerichtet. An diesem Punkt explodiert die Metaphorik: *Dieses Mitschwimmen ist zugleich Entgegenschwimmen, das Erfassen geht auf das jetzt Aufleuchtende und stetig dem neu Aufleuchtenden, dem neuen Jetzt entgegen und fängt es mit offenen Armen auf ...*

(WW XI 368) Man erkennt unschwer die Nötigung des Autors, im Schwimmen nicht nur Richtungen einzuhalten und sich in Richtungen zu verhalten, sondern auch eine besondere optische Deutlichkeit des Aufleuchtens, schließlich eine handfeste Form des Ergreifens im Auffangen vorstellig zu machen.

Die metaphorische Anstrengung hat etwas Rührendes, weil sie auch die Vergeblichkeit einer lebenslangen Umwerbung des Problems, der Abwehr seiner skeptischen Bedrohung veranschaulicht. An diesem Punkt konnte oder mußte sogar der transzendentale Anspruch der Phänomenologie scheitern, sofern nicht gesichert werden konnte, daß die Reduktion das erinnerte Ich dem erinnernden Ich identisch zu erhalten vermag. Nun gehört dies zu den besten Gewißheiten des Bewußtseins, daß, was auch immer Täuschung sein mag an meinen Erinnerungen, das erlebende Ich des Erinnerten in jedem Fall nur das meinige sein kann. Ob das aber genügt, diese formal erschlossene Ichidentität der Erinnerung, ist das im metaphorischen Zerfall herausspringende Problem.

Die Wendung von den offenen Armen – einer Haltung, die beim Schwimmen schwerlich vollziehbar ist – findet sich ein Jahrzehnt später wieder: im September 1931, in der Phase der Planung des *großen systematischen Werks*, das an die Stelle der »Cartesianischen Meditationen« treten sollte. Die beiden Sonderprobleme der Phänomenologie, Erinnerung und Fremderfahrung, sind nahe aneinandergerückt: Einfühlung in das eigene erinnerte Ich ist der Urtypus der Vertrautheit, der in die ›Einfühlung‹ der Fremderfahrung eingebracht wird und aus dieser den Verdacht des bloßen Analogieschlusses entfernt.

In der Sprache der Phänomenologie wimmelt es inzwischen von Quellen und Strömen, zumal die *strömende Urgegenwart* ist der Platzhalter aller atomistischen, punktuellen, nur modalisierenden Betrachtungsweisen der Zeiterzeugung geworden. Prinzipiell besteht die Einheit des erinnernden und des erinnerten Ich darin, daß es nur faktisch eine Diskontinuität zwischen jener strömenden Urgegenwart und jeder ihrer Vergangenheiten gibt, als psychologisches Faktum, während die transzendentale Reflexion für jede erinnerte Vergangenheit eine Lage und Deckung im Kontinuum aller erinnerbaren Gegenwarten ergibt. Der metaphorische Vorteil des Stromes ist, daß er Unterbrechungen, Lücken, im Begriff auszuschließen gestattet. Die Welt möglicher Wiedererinnerung ist ein Kontinuum. (WW XV 346) Das Ich hat seine Identität darin, daß es sich von der lebendigen Gegenwart, in der es ursprünglich lebendiges Leben ist, kontinuierlich abwandelt, *einerseits fortströmend immer Neues in Kontinuität erlebt, andererseits verströmt und immer weiter und weiter verströmt in die ›Unendlichkeiten‹ ›der‹ Vergangenheit.* (XV 347)

Dieses Verströmens und Fortströmens Zentrum und Urquell ist die Urimpression. Alles scheint darauf angelegt, das mit sich identische Ich mit diesem einheitlichen Strom zu identifizieren; doch dagegen steht plötzlich ein Satz wie dieser: *Vom Strömen der Gegenwart können wir uns forttragen lassen ... Im strömenden urmodalen Dahinleben bin ich Subjekt der Affektionen und Aktionen ... Diese Gegenwart ist einzige Lebendigkeit, eine Urgegenwart, ein Strom, aber doch ein Strom, in dem mit gutem Sinn zu sagen ist, daß eine Urgegenwart in eine neue Urgegenwart und immer wieder neue überströmt.* (XV 348 f.) In diesem Strom gibt es das Noch-Lebendige als das doch schon Hinuntergesunkene, das wieder vergegenwärtigt werden kann: *völlig ins Dunkel des ›Unbewußten‹ versunken, doch als dem Strom zugehörig.* (XV 349) Der Strom trägt das Subjekt weg, welches seine gewesene und erlebte Aktualität gleichsam hinter sich im Strom zurückbleiben und versinken sieht, doch ohne sie jemals ganz verlieren und aus der Einheit der Gewißheit dieses Stroms entlassen zu müssen. Wiedererinnerung macht klar nur *eine Strecke des versunkenen Strömens. Die Gegenwart geht der Zukunft entgegen, mit offenen Armen. In ihrem Fortströmen, in dessen Intentionalität, erwirbt urströmende Gegenwart die Zukunft.* (XV 349)

Der Gestus der *offenen Arme*, mit dem die Gegenwart als der Zukunft entgegengehend gedacht wird, ist nicht ohne Sentiment für den, der vom Nachlaßbetreuer van Breda die Mitteilung Malvine Husserls über den Tod ihres Mannes, notiert am 13. September 1938, kennt. Eine Woche vor Husserls Hinscheiden sagte er des Morgens beim Erwachen *met opengespreide armen* und mit dem Ausdruck des Glücks auf seinem Gesicht: *Ich habe etwas ganz Wunderbares gesehen. Nein, ich kann es Dir nicht sagen. Nein!* (Karl Schuhmann, Husserl-Chronik. Den Haag 1977, 489)

Das Überschießen dieser Art von Metaphorik beim Husserl der beginnenden dreißiger Jahre ist nur begreiflich, wenn man das Scheitern seines im Rohbau schon von Brentano übernommenen Modells der immanenten Zeitproduktion ins Auge faßt. Dieses Modell beruht auf der Verschiebung eines in seiner Sequenz konstanten Stroms von Empfindungseinheiten durch den Jetztausschnitt des Bewußtseins; jede dieser Einheiten behält also ihren Stellenwert und wird, im Maße ihres Stellenabstandes von der jeweils aktuellen Empfindung, modalisiert, also mit einem geänderten Stellenindex versehen. Auf diese Weise ist ein Gesamtbewußtsein denkbar, in welchem jeder seiner Inhalte aus der typisch geregelten Protention durch den Gegenwartspunkt hindurch übergeht in die determinierte Retention, dabei seine Stelle unabsehbar bewahrt. Nur die zufällig endliche Fassungskraft des Bewußtseins bewirkt, daß der Schweif der Retention in Dunkelheit absinkt, jedoch nicht so, daß die Erinnerung nicht prinzipiell müßte das Ganze des Abgesunkenen in seiner ursprünglichen Sequenz wiederherstellen oder jedem daraus hergestellten Abschnitt seine Stelle im Ganzen zuweisen können. Man sieht, daß hier ein zwar widerspruchfreies und deutliches Modell der immanenten Zeitproduktion entsteht, welches dem nach-gegenwärtigen Bewußtsein, dem durch Erinnerung reaktivierbaren, einen festen Aggregatzustand verleiht, dessen urimpressionale Verendgültigung zunächst unabhängig von den Inhalten der Empfindungen zu sein scheint, zugleich aber wiederum eine Art Mechanismus, der sich all das vorwerfen lassen muß, was im Namen seines Erfinders dem Psychologismus und seinen Mechanismen der Assoziation vorgeworfen worden war. Starrheit von Modellen macht philosophische Theorien auf die Dauer konkurrenzunfähig. Immer treten Rivalen auf, die sich des vermeintlich Lebendigeren versichert haben.

Husserl schwankte, ob er eher in der Lebensphilosophie oder in den existentiell gestimmten Sonderformen seiner Phänomenologie die Rivalen sehen sollte. Offenbar hat ihn die Lektüre des Buches von Georg Misch »Lebensphilosophie und Phänomenologie« 1930 noch einmal dazu bestimmt, es vor allem mit der Lebensphilosophie und ihrer von Dilthey herkommenden Geschichtsmetaphysik aufzunehmen, der Phänomenologie deutlicher den ›Grundcharakter‹ einer *wissenschaftlichen* Lebensphilosophie zu geben. Sie hatte er schon in der Vorlesung »Natur und Geist« des Sommersemesters 1927 programmiert (WW XV p. XLVII) und im Berliner Vortrag vom Juni 1931 nochmals als *Hermeneutik des Bewußtseinslebens* bestimmt. Man darf dies aber nicht nur als äußeren Einfluß oder gar Konformismus sehen. Die Schwäche seines Modells der Selbstproduktion des Bewußtseins war Husserl deutlich geworden an seinem Mangel, die Urimpression als den lebendigen Quellpunkt nicht nur durch Rezeptivität bestimmen zu können.

Der Ausdruck ›Leben‹ in seinen zahllosen Verbindungen mit ›Quellen‹ und ›Strömen‹ und mit der Vorsilbe ›Ur-‹ erlaubte, das Dilemma von Spontaneität und Rezeptivität, Aktivität und Passivität, aktiver und passiver Konstitution zu vermeiden und damit etwas zu erreichen, was Heidegger durch den Gewaltakt der Verordnung des ungespaltenen Subjekt-Objekt-Verbunds in der Einheit eines In-der-Welt-seins vorgeblich erreicht oder zumindest maßstäblich gemacht zu haben schien. Husserl konnte leichter sprachliche Elemente der Lebensphilosophie aneignen als solche des jüngeren und von ihm als Schüler gesehenen Heidegger. In der ältesten Metapher der Bewußtseinstheorie, der des Stromes, lag eine Fülle von erweiterungsfähigen Bildmomenten bereit; zumal und vor allem das des Rückganges auf die Quellen und Urquellen, während Heideggers Sprachbildungen in »Sein und Zeit« viel abstrakter blieben und in bewußter Abhebung von der Terminologie der phänomenologischen Reduktion das Potential des Strömens und Fließens vermeiden mußten, da sie das des ›Horizonts‹ nicht vermeiden konnten. Am deutlichsten in der Differenz der Zeitkonstitution durch den ekstatischen Horizont, der ganz von der Fähigkeit des vorgreifenden Außersichseins des Bewußtseins im Verhältnis zum Tod und in der Sorge ausgeht. Diese Struktur wird derart formalisiert, daß sie ihre *anthropologischen* Orientierungen hinter sich läßt und dadurch das Aussehen *ontologischer* Verhältnisse gewinnt. Dies ist hier nicht das Thema; gezeigt werden soll, daß die klassische Bewußtseinsmetapher der Phänomenologie, wenn ihre Schematisierung zu einem zeitproduktiven Mechanismus einmal als steril erkannt und zu überwinden war, einer lebensphilosophischen Spracherweiterung den genauesten Ansatz bot. Heidegger erscheint, von dieser Koalition her gesehen, trotz seiner phänomenologischen Ursprünge als fremdartige Absonderung, als eine Sackgasse, die sich weder weiterführen noch zu neuen Konjunktionen nutzen ließ. Dies wird sich im übrigen auf lange Sicht als zutreffend bestätigen.

Die Beschreibung solcher Verhältnisse oder Mißverhältnisse, wie sie zwischen philosophischen Schulen oder Grundpositionen dieses Jahrhunderts entstanden sind, ist doxographisch schon deshalb nicht möglich, weil die bewußte Vermeidung vergleichbarer Terminologien und aufeinander beziehbarer Aussagen darauf angelegt ist, Ausschließlichkeiten zu erzeugen oder zu simulieren. Die Metaphorologie versucht oder kann versuchen, solche künstlichen Unvergleichbarkeiten aufzulösen oder zu unterlaufen, Beziehbarkeiten auch gegen den Willen der Beteiligten herzustellen. Je näher Heidegger seinem Ziel, der Beantwortung der Frage nach dem Sinn von Sein, zu kommen scheint, um so mehr muß er die deskriptiven Teilleistungen hinter sich und metaphorische Orientierungen durchscheinen lassen.

Stellt man sich daher die Frage, von welchem Bewußtseinsbegriff Heidegger ausgeht, sobald er sich dem Seinsbegriff nähert, so ist es nicht damit getan zu leugnen, er habe überhaupt vom ›Bewußtsein‹ gesprochen. Da er sich den ›Sinn von Sein‹ über die Fundamentalstruktur des Daseins als Sorge zugänglich machen will, läßt sich nicht von der Hand weisen, daß er Husserls These von der Zeitkonstitution als der fundierenden und letzterreichbaren Leistung des Bewußtseins übernimmt und nur ergänzt: Über diese hinaus und durch sie sei noch ›Seinsverständnis‹ als eben nicht mehr geleistetes oder zu leistendes Apriori neuer Art nachweisbar. Wenn dies zutreffen sollte, wird um so deutlicher, daß Heidegger sich hier zugleich am entschiedensten abhebt, indem er die Metaphorik des Stromes für das Bewußtsein nicht mitmacht.

Denkt man daran, daß Husserl bei der Neubearbeitung der »Logischen Untersuchungen« im Jahre der »Ideen I« in das metaphorische Dilemma von ›Strom‹ und ›Horizont‹ geraten war, so kann man dies als die für Heidegger immer noch oder wieder bestehende Alternative auffassen, angesichts derer er sich tendenziell gegenläufig zu Husserl bewegt. Heideggers ›Bewußtsein‹ *fließt* nicht, es *steht*. Es steht auch nicht *bei sich* selbst und nicht *über sich* selbst gebeugt, es ist *außer sich*, wie es das im Immerschonsein bei dem, was es nicht selbst ist, der Welt, sich vorgegeben findet. Die Unausweichlichkeit, den Zeitbegriff in einer räumlichen Metaphorik aufzufassen – die ja auch in der des Stromes keineswegs vermieden wird –, bekommt einen statischen Grundzug. Zeitlichkeit ist dann nichts anderes als derjenige ›Raum‹ des Bewußtseins selbst, in welchem es ›außer sich‹ sein kann, zumal sich vorweg. So wird die Richtung seiner Bewegung im Horizont der Sorge als seine Entwerfung von Zeit abschließend nur global benannt. (›Horizont‹ zuerst bei Husserl 1909? WW XIII 48. Dazu eine Definition von Merleau-Ponty, Vorlesungen I 348: *Horizont bedeutet Offenheit auf etwas Abwesendes, das jedoch nicht ganz abwesend ist*. Nicht ganz sinnlos diese kuriose Bestimmung, denn so ist Horizont genau das, was vom Begriff und von der Anschauung gleichermaßen entfernt zwischen beiden liegt.)

Dieses Konzept des Bewußtseins als ekstatischer Struktur ist unverkennbar gegen den phänomenologischen Schulbegriff des Bewußtseinsstroms gefunden und konfrontiert sich diesem gerade dadurch, daß es funktional dieselbe Stelle besetzt: die des die immanente Zeitkonstitution leistenden Bewußtseinsstroms. Die Vorstellung der *Ekstasis* ist die genetische oder zumindest genetisch gemeinte Übersetzung des Horizontbegriffs. Dieser ist ja keineswegs aufgegeben, sondern nur zum ›Produkt‹ des Daseins als Sorge geworden. An der fundamentalontologischen Schlüsselfunktion des Horizontbegriffs ändert sich nichts; immerhin schließt der einzig vorliegende Teil von »Sein und Zeit« mit der Frage: *Offenbart sich die Zeit selbst als Horizont des Seins?* (438) Als einer der vielen sich gedenkend Erinnernden auf diese Schlußfrage ein Vierteljahrhundert nach dem Erscheinen des Buches zurückkommt, erwidert ihm Heidegger: *Das Wort Horizont habe ich mir inzwischen verboten*. Als der Gesprächspartner wissen will, warum, erlebt er *zum ersten Mal*, daß Heidegger *nicht fähig war, auszusprechen, was er dachte*. Ob dies eine besonders raffinierte Form der Weigerung war, auszusprechen, was er dachte, darf als eines der schöneren Rätsel des Philosophen dahingestellt bleiben. (Georg Picht, Die Macht des Denkens. In: Erinnerung an Martin Heidegger. Pfullingen 1977, 204) Man kann sich vorstellen, daß in dieser Verlegenheit die nachträgliche Sicht auf die Entscheidung im Dilemma der Metaphern als erkannte Schwäche verborgen ist. Vielleicht ist noch eine andere, den Kalauer streifende Anekdote nützlich, Heideggers Neigung zu räumlicher Hintergrundmetaphorik am Beim-Wort-Nehmen sprachlicher Bildungen bestätigt zu finden. C. F. v. Weizsäcker berichtet von einer seiner Begegnungen mit Heidegger, er habe diesem zum Gebrauch von ›Vorstellung‹ aus Münchner Mund den Kurzdialog erzählt: *Was stellen die beiden Löwen vor der Feldherrnhalle vor? – Der eine den rechten, der andere den linken Fuß*. Überraschendes Einklinken: *Das meine ich, sagte Heidegger*. (Begegnungen in vier Jahrzehnten. In: Erinnerung an Martin Heidegger. Pfullingen 1977, 244) *Vorstellung*, das liegt phänomenologisch nahe, ist eine Metapher für den Nahraum des Bewußtseins.

Läßt man es einmal bei der These, Heideggers ekstatischer Zeitbegriff sei aus der Gegenoption zu Husserls Zeitkonstitution der strömenden Urimpression konzipiert, dann ist es wiederum naheliegend, daß Husserl sich seinerseits mit dem Überschuß an Selbstbehauptung dem statisch-ekstatischen Bewußtseinsbegriff Heideggers widersetzt, indem er die Metaphorik des Strömens intensiviert und radikalisiert. Es ist dann auch kein Zufall, daß sich Husserls rhetorische Befestigungsmittel prägnanter herauspräparieren lassen als die Heideggers, der ohnehin über die sprachlich stärkere Bestückung verfügt und sich nicht leicht ins Handwerk seiner sprachlichen Fertigkeiten blicken läßt, mit denen er die zunächst innere Opposition des Phänomenologen gegen den Phänomenologen, des Epigonen gegen den Gründer, betreibt und aufbaut. Dagegen ist Husserls Selbstentblößung metaphorologisch unverkennbar. Das Trauma des getroffenen Schulvaters bleibt unverwunden; die Zeitereignisse und Heideggers Auftreten in ihnen reißen es immer wieder auf.

Im Grunde hat Husserl erst in der »Krisis«-Abhandlung, ein Jahrzehnt nach der Konfrontation mit der von ihm niemals begriffenen Fundamentalontologie, zu erfassen und zu akzeptieren begonnen, daß die Funktion seiner Phänomenologie großräumiger gefaßt werden mußte, um den Zufälligkeiten einer Schulgeschichte ein für allemal enthoben zu werden: Ihre Konfrontationen mußten auf die ganze Epoche und nicht nur auf die in ihr vorkommenden Philosophien bezogen werden, um sein Lebenswerk von der Zeitlage der eigenen Person zu lösen. Aufs Ganze betrachtet ist Husserl denselben Weg wie sein Landsmann Freud gegangen, um sich den Querelen und Quisquilien der engeren und engsten Kreise von Anhängern und Schülern zu entziehen: durch den Aufschwung in die welthistorische Dimension.

Dazu freilich mußten zuerst und vor allem Züge scholastischer Beschränktheit, sogar akademischer Disziplin abgestreift und so etwas wie ein Pakt mit dem ›lebendigen Leben‹ geschlossen werden, von dem nicht lange zuvor die Kollegen vom Lager der ›Lebensphilosophie‹ ausgegangen waren und geschwärmt hatten.

Je mehr sich die Phänomenologie dem Ideal der Erfassung des Lebens in seiner Lebendigkeit annähert oder anzunähern scheint, um so zweifelhafter werden ihre Grundvorstellungen vom Verhältnis des Ich zu diesem Leben, zu diesem Strom von Lebendigkeit, und im engen Zusammenhang damit die Möglichkeit der Reflexion. Deren Voraussetzung muß doch immer sein, auf den unmittelbaren Bewußtseinsverlauf bezogen einen Standort einzunehmen, der identisch wäre mit dem statischen Element aller Intentionalität, dem Ichpol als dem Bezugspunkt einheitlicher Auffassungsstrahlen auf alle zu einem Gegenstand gehörigen Bestimmungen. War das Vorbild der Lebensphilosophie gewesen, Flüssigkeit und Festigkeit des Lebens, seine Tendenz zur Gestaltbildung, deren Umschlag in Erstarrung sowie die Zerschlagung und Rückverflüssigung des Erstarrten in einer linearen Schematik aufzufassen – die zwar nicht identisch mit der Geschichte, wohl aber auch deren Schema ist –, so ließ sich mit diesem Alternieren von Liquidität und Solidität für den Bewußtseinsbegriff nicht operieren. Das Erbe des Sensualismus, der Erlebnisstrom von Empfindungen und Daten, enthielt eben nicht ein Leistungszentrum gegenständlicher Sinnbildung; die Einführung des ›Ichpols‹ in diese Konfiguration wirkt eigentümlich abstrakt und aufgesetzt.

Das alte Subjekt, das seit Kants Paralogismen nicht mehr Substanz sein oder sie haben konnte, mußte doch deren Leistungsfähigkeit wieder erreichen: Identität auszubilden und auf den Strom des Unidentischen zu beziehen. Es scheint, daß Husserls späteste Lösung dieses Problems oder jedenfalls seine Annäherung an eine solche darin liegt, den Jetztpunkt der aktuellen Lebendigkeit des Bewußtseins, den Quellpunkt der Urimpressionen, in seiner Unverrückbarkeit als jenes alte scholastisch-aristotelische *Nunc stans* aus der Theorie der Zeitkonstitution in die des Ich zu übernehmen. Dann war das einzig statische Element der Metapher des Strömens – das Strombett am Standpunkt des Betrachters – auszuweisen als eben das unabdingbar statische Element in jeder Theorie der Subjektivität. Vielleicht hätte sich diese Theorie besser vertragen mit der Vorstellung einer schematischen Figur, in der als geometrischer Ort aller Punkte zu bestimmen wäre, was von einem gegebenen Punkt gleiche Distanz hätte: einem Kreis also. So weit aber reichte die an den ›Bewußtseinsstrom‹ gefesselte metaphorische Toleranz nicht. Daher auch blieb der Horizontbegriff in diesem Zusammenhang kraftlos gegenüber der Imagination des Stromes – eben die Schwäche, in die Heidegger für seine Dasein-Welt-Monade hineingestoßen war.

Gerade dieser Sachverhalt ist es also, der uns das Problem von Icheinheit und Nicht-Ich-Mannigfaltigkeit bei Husserl gerade am Leitfaden der Strommetaphorik verfolgen läßt.

Unbeirrt durch die Einbrüche in seine Lebens- und Arbeitsverhältnisse notiert er im Herbst des Jahres 1933, was in das Bewußtsein einen Dualismus einführt, dessen Vorichlichkeit die Eigenschaften des Strömens absorbiert: Als *»Lehre von der Vorgegebenheit«* erschließt er als deren Determinanten eine neue Urassoziation, Urwahrnehmung. In der *Totalität des strömenden Wahrnehmens*, im *Urwahrnehmen*, ist auch das absolute Ich als Vorgegebenheit des singulären und mundanen Ich. Das sind Dinge, die Husserl in Schluchsee im Herbst 1933 in zehn fruchtbaren Wochen beschäftigt haben. Was auf der noematischen Seite die Lebenswelt ist, wird auf der noetischen Seite der Lebensstrom des Urwahrnehmens, der Vorgegebenheit, insgesamt des Gegenstandes einer transzendentalen Ästhetik. In der Notiz heißt es: *Die Strukturanalyse der urtümlichen Gegenwart (das stehend lebendige Strömen) führt uns auf die Ichstruktur und die sie fundierende ständige Unterschichte des ichlosen Strömens, das durch eine konsequente Rückfrage auf das, was auch die sedimentierte Aktivität möglich macht und voraussetzt, auf das radikal Vor-Ichliche zurückleitet.* (WW XV 598) Man bedenke, daß zu diesem Zeitpunkt der Titel des systematischen Hauptwerkes sein sollte »Zeit und Zeitigung«. (Chronik, 439)

Auch wenn die Metaphorik des Strömens für die Theorie der Konstitution des immanenten Zeitbewußtseins nur insofern geeignet ist, als sie die auf die urimpressionale Gegenwart des Subjekts zukommende protentionale Mannigfaltigkeit vorstellbar macht, nicht aber die eigentümliche Verfestigung zu erfassen erlaubt, die das strömende Element jenseits des Jetztpunktes in Retention und Erinnerung erfährt, in denen der Strom endgültig erstarrt ist und nicht wieder belebt werden kann, so bleibt doch ein anderer Aspekt, der die Strommetaphorik aktuell erhält: der des Verhältnisses von mundaner und transzendentaler Subjektivität.

Das Bild des Stromes erlaubt, vorstellig zu machen, wie das faktisch-mundane Ich, bei aller Zufälligkeit der ihm zuströmenden und nur protentional typisierbaren Empfindungen, einer Einheitlichkeit des *Empfindbaren* zugeordnet bleibt, die mehr ist als die Sicherung seiner eigenen Identität: die der Identität einer Welt für eine Mannigfaltigkeit von Subjekten. Deren Erlebnisströme sind eben nichts anderes als die Einheit *des* Bewußtseinsstromes, der aus einer transzendentalen Quelle ihnen allen zufließt und ihrer passiven Konstitution zugrunde liegt. Wenn das *radikal Vor-Ichliche* der Inbegriff dessen sein soll, was dem mundanen Subjekt faktisch zuströmt, aber auch die mundane Intersubjektivität der Einheit einer objektiven Welt zu versichern vermag, so darf dieser Strom in seiner Einheit eben nicht faktisch-zufällig sein. Das Zufällige ist immer nur der individualisierte Aspekt dieser Einheit.

Im Verhältnis von mundaner und transzendentaler Subjektivität muß das von Faktum und Eidos wiederkehren, von Kontingenz und Zweckmäßigkeit, von mundaner Ontologie und absoluter Ontologie. Husserl hat in einem Text aus dem November 1931 davon gesprochen, daß die die Konstitution einer Welt für jedes ihrer Subjekte ermöglichenden Funktionen *selbst ihr Wesens-ABC, ihre Wesensgrammatik im voraus haben* müssen. (WW XV 385) Faktum kann immer nur das sein, was von einer nochmals begründenden Instanz abhängt: *Also im Faktum liegt es, dass im voraus eine Teleologie statthat ... Für mich ist im Faktum die Weltlichkeit, die Teleologie enthüllbar, transzendental.* Allerdings, bei einer Teleologie wird man nicht stehenbleiben können, ohne die Frage nach einer sie begründenden Instanz zu stellen. Sie wäre ihrerseits dann nochmals Faktum; freilich unausweichlich ein solches, welches überhaupt Teleologie zu begründen imstande wäre.

Für ein solches Faktum gibt es einen traditionellen Namen, den Husserl selten verwendet, aber an dieser Stelle zumindest in der Frageform eingeführt hat: *Kann man bei dieser Sachlage sagen, diese Teleologie, mit ihrer Urfaktizität, habe ihren Grund in Gott?* Der Name benennt aber nur eine letzte Stelle, ohne einen Zugang zu dieser zu eröffnen. Was gibt dem Namen die Grundlage, die die Phänomenologie für alle Begriffe geben zu können verspricht? Sie hat nur *eine* Antwort von fragwürdiger Anschaulichkeit: die Reflexion in ihrer radikalisierten Form, der transzendentalen. Insofern täuscht die Antwortlosigkeit der Frage nach Gott. Husserl scheint ihr auszuweichen, indem er, bezogen auf die Annahme von ›Urtatsachen‹, fortfährt: *Aber ich denke sie, ich frage zurück und komme auf sie schließlich von der Welt her, die ich schon ›habe‹. Ich denke, ich übe Reduktion, ich, der ich bin und für mich in dieser Horizonthaftigkeit bin. Ich bin das Urfaktum in diesem Gang, ich erkenne, dass zu meinem faktischen Vermögen der Wesensvariation etc. in meinem faktischen Rückfragen sich die und die mir eigenen Urbestände ergeben, als Urstrukturen meiner Faktizität.* (WW XV 386)

Wen der Bewußtseinsstrom durchströmt, wer ihn in der ständigen Umarbeitung von künftiger Unbestimmtheit in vergangene Bestimmtheit bewältigt, der reflektiert sich zu jenem festen Standort hin, von dem aus die Topographie des Stromes als dessen Zweckrichtung zwischen Quelle und Mündung wenn nicht angeschaut, so doch wenigstens begriffen werden kann – dieses eine Mal den Umschlag von Begriff in Anschauung aussetzend, weil es zugleich das letzte Mal ist, wo dies überhaupt gefordert werden könnte. Es erfüllt sich, was Husserl sehr viel früher, nämlich in den »Prolegomena zur reinen Logik«, dem ersten Band seiner »Logischen Untersuchungen«, in bezug auf das Verhältnis von faktischen und möglichen Spezies der organischen Welt als Analogie zu dem Verhältnis von reinem und faktischem Denkvermögen gesagt hatte: *Böcklin malt uns die prächtig-*

sten Zentauren und Nixen mit leibhaftiger Natürlichkeit. Wir glauben sie ihm – mindestens ästhetisch. Freilich, ob sie auch naturgesetzlich möglich sind, wer wollte dies entscheiden. Aber hätten wir die letzte Einsicht in die Komplexionsformen organischer Elemente, welche die lebendige Einheit des Organismus gesetzlich ausmachen, hätten wir die Gesetze, welche den Strom solchen Werdens in dem typisch geformten Bette erhalten, so könnten wir den wirklichen Spezies mannigfaltige objektiv mögliche in wissenschaftlich exakten Begriffen anreihen, wir könnten diese Möglichkeiten so ernsthaft diskutieren, wie der theoretische Physiker seine fingierten Spezies von Gravitationen. Jedenfalls ist die logische Möglichkeit solcher Fiktionen auf naturwissenschaftlichem wie auf psychologischem Gebiet unanfechtbar … Mag sein, daß wir uns von solchen Denkweisen ›keine rechte Vorstellung‹ zu machen vermögen, mag sein, daß sie auch in absolutem Sinn für uns unvollziehbar sind; aber diese Unvollziehbarkeit wäre in keinem Falle die Unmöglichkeit im Sinne der Absurdität, des Widersinns. (WW XVIII 150) Hier geht es eben um jene Allgemeinheit, die sogar die Beschränkung auf die menschliche oder andersartige Gattungen urteilender Wesen ausschließt; es geht um die Erreichung eines Blickpunktes der phänomenologischen Anschauung, *den ich entweder als den archimedischen gelten lasse, um von hier aus die Welt der Unvernunft und des Zweifels aus den Angeln zu heben, oder den ich preisgebe, um damit alle Vernunft und Erkenntnis preiszugeben.* (WW XVIII 148) Schon für Kant hatte gegolten, daß die Möglichkeit von Erfahrung letztlich ein Zufall ist, den wir hinzunehmen haben wie eine Notwendigkeit. Oder wie eine regulative Idee?

Was für die Frage nach dem Urfaktum als letzter Vorzug der Metaphorik des Stromes heraustritt: Faktizität der Betroffenheit für jeden seiner Punkte zu verbinden mit Gerichtetheit im ganzen, könnte sein Modell am ambivalenten Ausdruck ›Leben‹ in der Lebensphilosophie gehabt haben. Auch sie sucht immer zwei Aspekte: Individualität und Allgemeinheit an diesem Begriff zu verklammern. Erkennbar wird das etwa durch die Spannweite der Thematik zwischen Georg Simmels Geschichtsphilosophie einerseits und seinem Buch über Rembrandt andererseits.

Würde man dieses Bezugsmodell so stehenlassen, bliebe immer noch die Frage offen, woher die Disposition Husserls für einen solchen vom Neukantianismus Abschied nehmenden Hinblick kam. Ich habe schon darauf hingewiesen, daß die spezifische Vorbereitung der Phänomenologie auf den ›Nachlaß‹ der Lebensphilosophie in der Thematik des inneren Zeitbewußtseins lag. Die transzendentale Reflexion ist Umgang mit dem Weltlosen und darin zwangsläufig Namenlosen; was daran interessiert, ist die Zugänglichkeit dessen, daß Namenlosigkeit und absolute Metapher zwei Aspekte desselben Sachverhalts sind. Noch weit entfernt von der Metaphorik der geöffneten Arme gegenüber dem auf die Gegenwart *zuströmenden* Fluß, war in der Zeit-Vorlesung von 1905 erkennbar nur der aus dem Quellpunkt der Gegenwart durch die Modifikation der Retention in die Vergangenheit *abfließende* Empfindungsstrom das, was fließt. Der Sachverhalt ist dieser: *Jede wahrgenommene Zeit ist wahrgenommen als Vergangenheit, die in Gegenwart terminiert. Und Gegenwart ist ein Grenzpunkt.* (WW X 69) Daß neben dem Abfließen auch die Vorstellung des Zurückrückens steht, die die Ausbildung des Schemas der Zeitstellendetermination viel besser trifft, spielt sprachlich keine Rolle, obwohl sie schon hier klar ausgesprochen ist: *Der erscheinende Vorgang hat immerfort die identischen absoluten Zeitwerte. Indem er sich nach dem abgelaufenen Stück immer weiter in die Vergangenheit zurückschiebt, schiebt er sich mit seinen absoluten Zeitstellen und damit mit seiner ganzen Zeitstrecke in die Vergangenheit* ... Da ist schon ganz die Starrheit des am Gegenwartspunkt hängenden Schweifes der Retention, eine neue mechanistische Metapher. Zugleich aber ist das, was schiebt und rückt, seinerseits von ganz anderer elementarer Beschaffenheit: Da *quillt* in dem lebendigen Quellpunkt des Seins, dem Jetzt, immer neues Ursein auf, wobei der Abstand der zum Vorgang gehörigen Zeitpunkte vom jeweiligen Jetzt sich stetig vergrößert ... Die Rede von dem *Zurückgeschobenen* und von der

Überschiebung der Zeitfelder, statt ihrer bloßen Aneinanderreihung, ist ganz orientiert an der aus dem Gegenwartspunkt heraus eintretenden Verfestigung. (WW X 70)

Zum Wesen des Flusses gehört die Stetigkeit seiner Veränderung. Die Grundaussage über ihr doch nicht objektivierbares, weil jedes Metrums entbehrendes Tempo ergibt *das Absurde, daß sie genau so läuft, wie sie läuft, und weder ›schneller‹ noch ›langsamer‹ laufen kann.* (WW X 74) Die rätselhafte Uneigentlichkeit jeder Aussage über den absoluten Rang des Zeitstroms gehört zur Namenlosigkeit dessen, wovon da die Rede ist und wofür die Metapher steht: *Dieser Fluß ist etwas, das wir nach dem Konstituierten so nennen, aber es ist nichts zeitlich ›Objektives‹. Es ist die absolute Subjektivität und hat die absoluten Eigenschaften eines im Bilde als ›Fluß‹ zu Bezeichnenden, in einem Aktualitätspunkt, Urquellpunkt, ›Jetzt‹ Entspringenden usw.... Für all das fehlen uns die Namen.* (X 75; fast gleicher Wortlaut: 371) Aber doch nicht nur die Namen? Verharmlost es nicht den grundlegenden Mangel an Grundlegung, zu verschweigen, daß es eben an Anschauung, an der phänomenologisch versprochenen Evidenz fehlt, für die Bilder einspringen.

Noch hat die Positionsbestimmung des Phänomenologen nicht die nahezu existentielle Bildform des Schwimmens oder Treibens im Fluß angenommen; statt dessen die distanzierte des Gehens am Fluß entlang. Ein Ton-Jetzt wandelt sich in ein Ton-Gewesen und geht, *der Folge des Flusses entsprechend fließend*, in Erinnerungsbewußtsein über; dabei habe man, *den Fluß entlang gehend oder mit ihm gehend, eine stetige Serie der Erinnerung, Retention, die zum Einsatzpunkt des Tones gehört.* (WW X 327) Reflexion der Phänomenologen ist also nicht nur die Gleichzeitigkeit des Bewußtseins von sich selbst mit seinem Jetztpunkt, sondern auch der Rückgang am abfließenden Strom des Bewußtseins entlang, bis es sich in der Erinnerung verliert.

Heidegger hat 1928 als Beilage zu seiner Ausgabe von Husserls Vorlesungen über das innere Zeitbewußtsein von 1905 eine Notiz über

»Adäquate und inadäquate Wahrnehmung« veröffentlicht, die ihm gerade wegen der Preisgabe des *Ganges am Fluß entlang* wichtig geworden sein mochte (Jahrbuch für Philosophie und phänomenologische Forschung IX 478-481; jetzt: WW X 124-126). Man darf nicht vergessen, daß Anlaß für Husserls Vorschlag an Heidegger, diese Vorlesungen mit Beilagen herauszugeben, ein Besuch Heideggers bei Husserl war, bei dem er diesem das nahezu fertige Manuskript von »Sein und Zeit« zeigte und den Wunsch aussprach, es ihm widmen zu dürfen. Dies war im April 1926 in Todtnauberg im Schwarzwald, wo beide den Urlaub verbrachten. Man darf sich fragen, was eine geringe Unfertigkeit von »Sein und Zeit« noch an Einfluß aus diesen Manuskripten zuließ. Wichtig ist die Ausgabe dennoch, weil die Manuskripte der Beilagen mit einer Ausnahme nicht wieder aufgefunden werden konnten. Nach Heideggers Angabe sind sie in dem Zeitraum zwischen 1905 und 1910 entstanden.

Wieder ist der Ton und seine retentionale Abwandlung das Beispiel, an dem demonstriert wird: *So kann ich im Strome dieses Flusses schwimmen, ihm mit meinem schauenden Blick nachgehen; ich kann auch auf den jeweiligen Inhalt nicht allein, sondern auf die ganze Extension, die hier Fluß heißt, achten, mitsamt ihrer konkreten Fülle oder in Abstraktion von dieser. Dieser Fluß ist nicht der Fluß der objektiven Zeit ... Vielmehr nennen wir diesen Fluß die präempirische oder phänomenologische Zeit.* (WW X 124) Was aber verwirrt, ist die beim reflexiven Blick auf den Fluß auftretende Vermehrung der Flußläufe. Wieder in der ursprünglichen Vorlesung von 1905: *In der Reflexion finden wir nun einen einzigen Fluß, der in viele Flüsse zerfällt; diese Vielheit hat aber doch eine Einheitlichkeit, die die Rede von einem Fluß zuläßt und fordert. Wir finden viele Flüsse, sofern viele Reihen von Urempfindungen anfangen und enden. Aber wir finden eine verbindende Form, sofern für alle nicht nur gesondert das Gesetz der Umwandlung von Jetzt in Nicht-mehr und andererseits von Noch-nicht in Jetzt statthat, vielmehr so etwas wie eine gemeinsame Form des Jetzt, eine Gleichheit überhaupt im Flußmodus besteht.* (WW X 76 f.) So wird, durch das Urempfindungsbewußtsein konzentriert oder durch den Engpaß des Jetzt zur Verkettung genötigt, die Einheit des Bewußtseins hergestellt. Das spricht für die Vermutung, es müsse einen Zusammenhang geben zwischen der punktuellen Auffassung des Subjekts als des Ichpols und der dieser absoluten Einheit des Jetztpunktes, der die Garantie gibt für die Verfügbarkeit aller Empfindungen als der meinigen – eine Garantie, die sich nicht auf die Meinigkeit des Jetzt und seiner Retention beschränkt, sondern Erinnerung und Erwartung umfaßt.

Aber natürlich bleibt das Problem der Synästhesie, also der vermeintlichen oder wirklichen Gleichzeitigkeit von Empfindungen verschiedener Sinne für einen Jetztpunkt. Sofern man, obwohl unbewiesen und unbeweisbar, zugestehen mag, daß mehrere oder gar viele Urempfindungen ›auf einmal‹ sein können, bieten sie im Abfließen eine Vielheit von Flüssen der Reflexion dar, *in völlig gleichem Modus, mit völlig gleichen Abstufungen, in völlig gleichem Tempo: nur daß die eine aufhört, während die andere noch ihr Noch-nicht, ihre neuen Urempfindungen hat, die die Dauer des in ihr Bewußten noch fortsetzen.* (WW X 373) Diese Stelle ist deshalb besonders wichtig, weil sie zeigt, daß die Retention, sogar bei synchronem Verlauf verschiedener Empfindungen, nicht eine konstante Länge hat, sondern offenbar ausschließlich oder überwiegend abhängt von der Integration des Gegenstandes, der durch die Urempfindungen aufgebaut wird.

Gibt es das wirklich? wird man bei all diesem immer wieder fragen. Husserls Antwort darauf ist die eine und einzige: *Man kann da nichts weiter sagen als: Siehe!* (WW X 374) Wenn es gleichzeitige Urempfindungen und daraufhin gleichlaufende, nicht gleich lange Retentionsketten gibt, muß es für diese jene ›verbindende Form‹ geben, die sich im Jetztpunkt vorbereitet als Gleichzeitigkeit in der Reflexion – denn woher sonst sollte man von dieser Gleichzeitigkeit wissen, da sie evidente Empfindung wohl kaum sein kann. Dazu reicht die Feinheit des Zeitunterscheidungsvermögens nicht aus. Dann wäre jene ›verbindende Form‹ schon in einem Zeitbegriff fundiert, der vom

Primat der Gleichzeitigkeit und nicht von dem des bestimmten Vorher und Nachher getragen würde.

Dies sieht aus, als hätte Kant mit dem Begriff der Zeit als einer ›festen‹ Form des inneren Sinnes und damit einer prinzipiell der Gleichzeitigkeit fähig machenden Gegebenheitsweise – also mit einer nicht genetisch strukturierten Theorie der Zeit – recht behalten. Pluralitäten des Bewußtseins, die nicht in einem Nacheinander verbunden werden können, sondern die Evidenz von Gleichzeitigkeit zur Voraussetzung haben, verweisen auf Form als nicht nur verbindende, sondern vorgegebene, und nicht erst entstehende.

Soll die Einheit des Bewußtseins als Fluß erhalten werden, muß solcher synchronen Vielheit eine vorgeprägte und nachprägende Form auferlegt sein, oder es muß jenseits des immanent vielfachen Bewußtseinsstromes noch so etwas wie ein weiteres, letztes Bewußtsein geben, sofern man sie nicht auf verschiedene Arten der Betrachtungsweise des Flusses, die Intentionalität durch den Fluß hindurch und die am Fluß entlang, die eine als analytisch, die andere als synthetisch, reduzieren will (WW X 378 f.). Die Intentionalitäten ließen sich dann als synchron und diachron unterscheiden: *Es sind danach zwei untrennbar einheitliche, wie zwei Seiten einer und derselben Sache einander fordernde Intentionalitäten miteinander verflochten in dem einen, einzigen Bewußtseinsfluß* ... (WW X 381) Der Fluß eines die immanente Zeitlichkeit konstituierenden Bewußtseins wäre danach einsichtig so beschaffen, daß *in ihm notwendig eine Selbsterscheinung des Flusses bestehen und daher der Fluß selbst notwendig im Fließen erfaßbar sein muß. Die Selbsterscheinung des Flusses fordert nicht einen zweiten Fluß, sondern als Phänomen konstituiert er sich in sich selbst.* (WW X 381)

Damit würde der Reflexion eine Last gleichzeitig auszuübender Leistungen auferlegt, die kaum nachzukonstruieren, vielleicht in sich widerspruchsvoll ist. Kann es wirklich dasselbe Bewußtsein sein, das die Vielheit des Strömens durch die Einheit des Jetztpunktes leistet *und* als reflektierendes beide mitgehenden Observationen vollzieht, die im Querschnitt und die im Längsschnitt des Flusses ablaufenden?

Diesen Zweifel hat sich auch Husserl vorgeführt. Er schließt an die These von der ›Selbsterscheinung des Flusses‹ die Frage an, ob man nicht sagen müsse, *es walte über allem Bewußtsein im Fluß noch das letzte Bewußtsein.* (WW X 382) Dieses wäre nicht nur durch die Vereinheitlichung aller Empfindungen im Jetztpunkt und ihre Zusammenzwingung zur Identität des retentionalen Bewußtseins bestimmt, sondern auch die Voraussetzung dafür, daß die aktuelle Phase des Bewußtseins *und* dessen retentionale Inaktualität insofern noch Gleichzeitigkeit beanspruchen, als sie ein Feld für Verlagerung von Aufmerksamkeit darstellen. Aktualität und Modifikation wären derart *selbst wieder etwas im letzten Bewußtsein Bewußtes.* Was Husserl ›Stil der Aufmerksamkeit‹ nennt, ist ja eine Prägung der Intentionalität, die durch Aktualität und Retention hindurchgeht. Ein solches letztes Bewußtsein wäre wiederum Voraussetzung von Aufmerksamkeit und damit nochmals *von* aktuellem Bewußtsein, könnte dann ihrerseits nicht gleichermaßen als Bewußtsein bezeichnet werden, sie wäre *ein notwendig ›unbewußtes‹ Bewußtsein.*

Ist das nicht die Funktion, die das transzendentale Bewußtsein übernimmt und mit der sich der Phänomenologe in der transzendentalen Reflexion meditativ identifiziert, um ›von dort aus‹ das Bewußtsein als Eidos zu betrachten?

Lange bevor es zum Strom des Bewußtseins kam, hatte es den Strom der Zeit gegeben. Dabei ist der scholastisch gängige Ausdruck *fluxus temporis* fast terminologisiert und metaphorisch unergiebig: die Bestimmung der Zeit relativ zum stehenden Jetztpunkt des Subjekts, der Seele, vergleichbar dem stetigen Umlauf des Fixsternhimmels um den ruhenden Standpunkt des Beobachters auf der Erde, der an ihm seinen Zeitbegriff und sein Zeitmaß gewinnt. Wenn der Strom der Zeit beim Bild genommen wird, geht es um etwas anderes: um die Geschichtszeit. Und das geschieht, sobald das Bedürfnis entsteht, sich bestimmte Vorgänge des Transports und der Überlieferung, der Beständigkeit und der Verluste plausibel vor Augen zu führen. Da wird der Strom der Zeit zum Verkehrsweg, der die Zeitalter verbindet, und zwar immer nur in der einen Richtung befahrbar, in der die Früheren den Späteren etwas zu hinterlassen und zu übermitteln haben. Und da eben ist dieser Strom von einer eigenen Tücke und Fatalität; er verhindert die Anwendung des solide erscheinenden Prinzips, es müsse, was sich in der Geschichte am längsten behaupten könne und so das größte Alter erreicht habe, auch den Index der Bewährung und Verabschiedung durch immer neue Erprobungen tragen. Ebendies aber soll durch das in der Metapher steckende Aussagepotential widerlegt werden. Nur was leicht genug ist, um oben zu schwimmen und keiner Änderung der Bedingungen des Stromverlaufs zu unterliegen, erreicht diejenigen am Unterlauf des Stromes, während die gewichtigen und soliden Güter im Strom versinken und den Transport nicht überstehen.

Vermieden wird mit dieser Strommetapher eine Auseinandersetzung mit der Frage, ob nicht die frühen und ältesten Zeiten der Menschheitsgeschichte der Wahrheit näher waren als alle späteren, indem sie entweder einen besonderen Zugang zu dieser Wahrheit in Gestalt göttlicher Offenbarungen und geheimer Mitteilungen hatten oder indem sie die Jugendkraft des Menschengeschlechts in Fülle besaßen, folglich auch das noch nicht degenerierte und überlastete Erkenntnisvermögen der Späteren. Über diesen umstrittenen und nicht ganz ungefährlichen Punkt braucht man sich gar nicht auszulassen, wenn man die Tradition nicht als partielle Darbietung jener ältesten Weisheiten und Besitztümer der Menschheit zu nehmen braucht, sondern alle Minderungen des Bestandes dem Transport durch die Zeiten zuschreibt. Da eben wäre nur die leichte und leichteste Ware vorangekommen, immer in Anmessung an die zunehmende Trägheit und Unwilligkeit der Menschen gegenüber der Wahrheit.

Ich will die rhetorische Disposition der Metapher an einem Beispiel demonstrieren, das sie zum Widersinn wendet. Unter den Epigrammen Klopstocks gibt es den Vierzeiler »Meister und Gesell«: *Im*

Strom der Zeiten bleiben oben / Die Werke, die den Meister loben. / Wer's umkehrt ist Gesell, sein Werkchen trinkt / Der Strom's und sinkt. (Klopstock, Epigramme 84; Schopenhauer, Nachlaß IV/1, 290) Hier wird der Schicksalsgegensatz von Obenbleiben und Versinken als Folge der meisterlichen oder unmeisterliche Qualität nur behauptet, nicht aber der Metapher abgelesen oder durch sie plausibel gemacht. Daß das Gute schwimmt, das Schlechte sinkt, dafür geben die Zeiten im Bild des Stroms nichts her, und schon gar nichts von der Wahrscheinlichkeit einer Garantie.

Dieses mißglückte Gesellenstück schärft den Blick für die Art, wie der Meister von der Metapher Gebrauch gemacht hat: Francis Bacon. Ihm dient und genügt die Imagination des Stroms für eine Geschichte, die nicht gerechte Wert- oder Geschmacksurteile abgibt, sondern leichtfertig das Leichte begünstigt, das zum Verkehr auszuwählen stets die Bequemlichkeit geneigt ist.

Bacon hat alle enttäuscht, die in ihm den Begründer der empirischen Methode suchten. Er war es nicht, aber er hat statt dessen etwas, fast möchte man sagen: noch Wichtigeres erfunden: das wissenschaftliche Pathos. Der junge Leibniz etwa war von Bacons Rhetorik gepackt, glaubte ihm die Vermehrung der menschlichen Glückseligkeit in kurzer Zeit durch Erneuerung der Wissenschaft, bis er in Paris erkennen lernte, daß diesem Programm Entscheidendes fehlte: der mathematische Standard. (Emil Wolff, 1910, I 172 f.) Die Versicherung kurzfristiger Erfüllbarkeit der neuen Verheißung ist für Bacon schon deshalb unerläßlich, weil sonst die Metaphorik des Zeitstroms auf die neue und letzte Unternehmung der Menschheit zurückschlagen müßte; was lange dauert, kann dem Schicksal des Zeitenschwundes, der negativen Selektion, der Vergeßlichkeit und der Trägheit nicht entgehen. Rhetorik hat daher auch die Funktion des Antreibens, nicht zuletzt durch Übertreibung des Zielerfolgs. So trafen die Vorstellung von der Verschleißwirkung der Geschichtszeit und die von der Mächtigkeit der Rede gegen die Diffusionsmacht der Zeit aufeinander: Die Einbildungskraft mußte dahin geführt werden, bestimmten Vorstellungen eine solche Intensität zu geben, daß sie den Willen zur Ausschöpfung der Leistungen des Verstandes mit sich reißen und die Gleichgültigkeit der Zeit gegen das Interesse des Menschen überwinden konnten. (Emil Wolff, a. a. O. I 219 f.: »Diese Auffassung scheint völlig Bacons Eigentum zu sein.«) Er verließ sich nicht auf die Versicherung des Aristoteles am Anfang der »Metaphysik«, daß der Mensch von Natur nach Wissen strebt, sondern hielt nur die lebendigste Vorstellung eines Genusses für ausreichend, den Menschen zum Erwerb der Mittel zu ›verführen‹, die ihn jenen Genuß tatsächlich erlangen ließen. Um es anders auszudrücken: Den theoretischen Fortschritt hätte es schon geben müssen, wenn es nur auf die Vernunft angekommen wäre, aber die faktische Langsamkeit des nur rationalen Antriebs hatte nicht genügt, den einmal erzielten Erwerb gegen die Pression der Zeit auch nur zu bewahren, geschweige denn zu vermehren. Dazu bedurfte es nicht so sehr anderer Mittel als vielmehr anderer Energien. Ihnen dient das Beschwörende in der Imagination vom zehrenden Zeitenstrom.

Zwei Beobachtungen scheinen mir für das bei Bacon vorliegende Material wichtig: einmal die, daß er die Metapher vom Zeitstrom nicht für die theoretische Geschichte, sondern auf dem Feld der Moralia unter dem Stichwort der Fama erfindet; und dann, daß er sie nicht ausschließlich auf das Verhältnis von Antike und Mittelalter anwendet, sondern auf die antike Geschichte selbst für das Verhältnis zwischen den frühen, heute ›vorsokratisch‹ genannten Philosophen und den großen Begründern von Schulen und Traditionen.

In der Ausgabe letzter Hand der »Essays« von 1625 ist die Fama behandelt im Kapitel »Of Praise«, und zwar als historisches Phänomen des ›Rufes‹, der sprachlich in auffällig vielfältiger und wertungsneutraler Weise behandelt wird, indem man sagt, er gehe von jemand aus oder diesem nach, aber auch, jener stehe in demselben. In der frühesten Ausgabe der »Essays« hatte dieser Text noch nicht gestanden; in der von 1612 taucht er auf (WW VI 581 f.), aber für die Datierung wird man beachten müssen, daß Rawley 1657 aus dem Nachlaß

Bacons das Fragment eines »Essay on Fame« veröffentlicht hat, der diesem Phänomen die ausschließlich politische und damit zeitgleiche Funktion des ›Gerüchts‹ gibt und es als dirigierbaren Faktor beschreibt. Es mag sein, daß erst der politische Prozeß von 1621 Bacon die Verlagerung des Akzents von der persönlichen Fama auf die bestimmter ›Ereignisse‹ nahegelegt hat, aber zu vermuten steht, daß der von Montaignes »Essais« deutlich noch beeinflußte Text von »Of Praise« zeitlich der ersten Ausgabe näher steht als der letzten. Dies könnte wichtig sein für das chronologische Verhältnis zu dem »Valerius Terminus«, der 1604 abgeschlossen gewesen sein muß, aber erst posthum 1734 publiziert wurde.

Ich stelle drei Sätze nebeneinander. Zuerst den aus dem nachgelassenen Fragment: *Fame is of that force, as there is scarceley any great action wherein it hath not a great part; especially in the war.* (WW VI 520) Der zentrale Satz über die zwischen Lob und Tadel, gutem Ruf und Verruf stehende Fama ist in den Fassungen von 1612 und 1625 nur in der Schreibung unterschieden: *Certainly, Fame is like a Riuer that beareth vp things light, and swolne; an drownes things waighty and solid.* (WW VI 581) Schließlich in der Ausgabe letzter Hand: *Certainly fame is like a river, that beareth up things light and swoln, and drowns things weighty and solid.* (WW VI 502) Der Bezeichnung des Essays entsprechend, ist die Ursache der eigentümlichen Doppelfunktion von Fama in der Zeit nur für das der moralischen Tugend im weitesten Sinne zukommende Lob beschrieben: Das Publikum reflektiert nicht Tugend, wie es sollte, sondern wirkt zur Umkehrung ihres Ranges durch das im Zeitstrom vorgestellte Vehikel, indem die breite Masse (*common people*) nicht viele herausragende moralische Eigenschaften versteht, vielmehr deren niederste Ausprägung am besten, während schon die Mittellage (*middle virtues*) bei ihr Erstaunen und Bewunderung hervorruft, die höchste Preislage auf gänzliche Taubheit des Sinnes trifft. Die Wirksamkeit dieser Umkehrung durch Fama über die historische Zeit hinweg, also die Summierung der Verständnisfähigkeiten und Verständnislosigkeiten aller am geschichtlichen Transport beteiligten Faktoren, stellt dann die Zeitflußmetapher vor. Man sieht leicht, welche Möglichkeit der Verallgemeinerung vom Moralischen aufs Theoretische hier gegeben ist.

In einem anderen Essay über die Wechselhaftigkeit der Dinge hat Bacon der Zeitflußmetapher einen kosmischen Hintergrund gegeben. (»Of vicissitude of Things«; WW VI 512-517) Es ist in der Ausgabe von 1625 das letzte Stück und daher so etwas wie die Überhöhung der Moralistik durch eine kosmologische Metaphysik. Bacon stellt einander gegenüber die Weisheit Salomos, nach der es auf der Erde nichts Neues gibt, indem alles scheinbar Neue auf der Vergessenheit des schon Dagewesenen beruht, und die Weisheit Platos, nach der alle Erkenntnis Erinnerung ist. Sachlich bedeuten beide Aussprüche nahezu dasselbe, denn auch Platos Erinnerung setzt das Vergessenhaben voraus, da sonst zur Präsenz der Ideen nicht der äußere Anlaß ihrer Wahrnehmung an der Erscheinung nötig wäre. Wichtig ist nun aber, daß Vergessenheit zur Materie gehört, und ihre mächtigsten Mittel zur Hinfälligkeit des Gewesenen auf der Oberfläche der Erde die physischen Gewalten von Überflutung und Erdbeben sind. Die ständige Beziehung zum Zeitenstrom wird greifbar, wenn Bacon auch für die Weltmaterie die Flußmetapher einführt: *Certain it is, that the matter is in a perpetual flux, and never at a stay.* (512) Nun ist diese Art des unregelmäßigen Fließens der Materie der gerade Gegensatz zu den Bewegungen des Himmels, so daß diese geradezu das für die Bewegung des Fließens nötige Bezugssystem ergeben. Die Metapher soll also nicht den Gegensatz von Ruhe und Bewegung einführen, sondern den von reißender Wildheit des Flusses und zuverlässiger Regelmäßigkeit der Himmelsumläufe bis hin zum Großen Jahr Platos, dessen Wiederkehr als die letzte Gesetzmäßigkeit des Weltlaufs erwartet werden könnte, *if the world should last so long.* (513) Aufschlußreich ist, daß Bacon zweimal in diesem Essay auf Platon verweist, wobei die Bemerkung über das Große Jahr eine Einschränkung jeder Anthropozentrik enthält, denn es könnte sein, daß die gesamte Erfahrung der Menschheit bis zum Jüngsten Tag nicht ausreicht, den

Schein einer letzten Ungenauigkeit und Unregelmäßigkeit der kosmischen Bewegung zu deren äußerster Gesetzmäßigkeit zu durchdringen. Es wäre dann dem christlichen Gott bei der Schöpfung nicht darauf angekommen, den Menschen durch Erfahrung zum Teilhaber aller möglichen Einsicht in die Welt zu machen. Daß es in einem Weltall mit verbürgt regelmäßigen Ursachen auch in der niedersten Materie nichts schlechthin Neues geben kann, steht für Bacon so fest wie für den Platoniker, daß alles, was erscheint, seine Vorgabe in den erinnerungsfähigen Ideen habe; andererseits ist die irdische Geschichte im ganzen wie in ihren Epochen zu kurzfristig, um nicht die durch den Fluß von Materie und Zeit hervorgetriebenen, der Vergessenheit entrissenen scheinbaren Neuheiten und Erfindungen zu reellen Errungenschaften der Geschichte werden zu lassen – das im kosmischen Maßstab nur scheinbar Neue wird nach den Maßen der geschichtlichen Zeit zur Entdeckung und Erfindung, zum positiven Fortschritt. Das ist im Essay XXIV ausgesprochen, wo die Zeit als eine Art Quirl erscheint, der die Bestände der Welt planlos durcheinanderrührt und auf diese Weise Neuerungen hervorbringt: *for time is the greatest innovator.* (WW VI 433) Neuerungen (*innovations*) sind nur der Kurzzeitaspekt von Erneuerungen. Die Flußmetapher der Zeit gibt hier die wichtigste Differenz zu der Metaphorik des Fortschritts preis: Im fortschreitenden Zeitverlauf besteht eine inhaltliche Ordnung, um nicht zu sagen: Logik, die das jeweils Nächste aus dem jeweils Letzten nicht nur hervortreibt, herausspringen läßt, sondern verständlich und unüberraschend macht. Bacon sieht alles Bestehende als das, was sich verfestigt, alles Neue als bloßen Bruch mit jenem, so daß es für jedes dieser Vorkommnisse darum geht, die Verwirrung zu überwinden und nach Merkmalen anzunehmen oder zu verwerfen: *but thought they (sc. new things) help by their utility, yet they trouble by their inconformity.* An diesen Voraussetzungen muß sich das neue Werkzeug der empirischen Methode messen lassen, und es besteht folgerichtig vorwiegend aus Verfahren der Inventarisierung, Klassifizierung, Herstellung von Instanzenkatalogen,

Ja-Nein-Entscheidungen. Dem Experiment, wo es überhaupt schüchtern eingeführt wird, läßt sich am ehesten nachsagen, es imitiere und befördere die Wirkung der Zeit, die Dinge in Fluß zu bringen, Stehendes umzurühren, Festsetzungen nicht zuzulassen. Es gibt keine Methode, Erfahrungen herbeizuführen, sondern nur eine, sie zu ordnen und auszuwerten. Zwar tadelt Bacon die bloßen Ameisen der Empirie, aber das bezieht sich auf ihre Unfähigkeit, die angefallenen Materialien anders als in Haufen abzulagern.

Im »Valerius Terminus«, der erst drei Jahrzehnte nach seiner Niederschrift posthum veröffentlicht wurde, verbindet Bacon die Zeitstrommetapher in ihrer Anwendung auf Theorie mit der genaueren Darstellung der Faktoren, die jene Depravation durch negative Auslese bewirken. Nicht erst der Empfänger (*receiver*), sondern schon der Sender (*deliverer*) ist daran beteiligt: Wer Erkenntnis zu geben hat, möchte sie in der auf Zustimmung, nicht so sehr in der auf Nachprüfung angelegten Form dem Zeitfluß anvertrauen. (WW III 226) Der Empfänger möchte augenblickliche Befriedigung durch sie, nicht Nötigung zu weiterer Forschung, also sich vom Zweifel befreien lieber als sich vom Irrtum freihalten. Sorge um den Nachruhm läßt den Urheber die Schwäche seiner Sache verhehlen, Trägheit hindert seinen Nachfolger daran, ihre Stärke zu erkennen. Nach dem Urheber kommen all die, die sich um die zweiten Preise bemühen, die Ausleger und Kommentatoren, die Hersteller von Lehrbüchern und Kurzfassungen. Diese ganze Geschichte geht in die Formel von der *unfortunate succession of wits* ein und veranschaulicht sich im Resultat durch die den Zeitstrom unmittelbar vorbereitende Wasserstandsmetapher: *For knowledge is like a water that will never arise again higher than the level from which it fell ...* (227) In die andere Metapher des Lichts übersetzt, heißt das, im Licht des Aristoteles über Aristoteles hinauszukommen sei dasselbe wie die Erwartung, das an einer fremden Quelle entzündete Licht könne die Qualität seines Ursprungs erreichen – beide Metaphern ganz schulmäßige Anwendungen der aristotelisch-scholastischen Lehre von der *causa formalis*. Der Angestrengtheit früher Beschreibungsversuche dieser Art entzogen, bedeutet das: Geschichte ist ungeeignet als Verfahren der Optimierung. Man muß sich vor Augen halten, welche Mühe es Bacon bereitet, dies nicht nur zu beschreiben und zu erklären, sondern gerade so darzustellen, daß es dem Ansatz zur Änderung der Voraussetzungen noch eine ermutigende Chance läßt. Da liegt seine Rhetorik der Ausschaltung rhetorischen Witzes aus künftigen Operationen. Die Schicksalhaftigkeit, die in der Zeitstrommetapher impliziert ist, scheint mehr dem Verlust der letzten Hinterlassenschaften des Paradieses als der Hoffnung auf dessen Wiederherstellung zu dienen: *But truth is contrary, and that time is like a river which carrieth down things which are light and blown up, and sinketh and drowneth that which is sad and weighty.* (227) Als weitere Verdeutlichung folgt ihm auf dem Fuße ein Vergleich des historischen Zustands von Erkenntnis mit den Staatsformen; Erkenntnis befinde sich immer in der Staatsform der Demokratie, und diesem Sachverhalt will Bacon die Folge in der Zeit zuschreiben, daß obsiege, was als angenehm empfunden werde. Er sollte das nie auf seinen eigenen Antikopernikanismus anwenden. Bleibt noch zu verdeutlichen, daß als die mit der demokratischen Zustimmung verbundenen und in ihrem Geschichtserfolg damit erklärten Figuren Plato und Aristoteles genannt werden, *because they be both agreeable to popular sense*. (228)

Am Leitfaden der Strommetaphorik ergibt sich, daß die Geschichte von Bacon nur durch die Zeit, als Inbegriff ihrer Wirkungen, verstanden werden soll. Der Zeitstrom läßt versinken oder weitertreiben, er rührt aber auch auf und um, was schon versunken zu sein scheint, und bietet damit die Chance, zu ergreifen und zu nutzen, was als Neues doch nur erscheint. Trotz gelegentlicher rhetorischer Aushilfen bei der Metaphorik des Wachstums, die nicht weniger den Zeitfaktor ins Spiel zu bringen erlaubt, aber strengere Nachweise der Folgeordnung von Prozessen verlangt, gibt Bacon dem Gedanken von der Zufälligkeit des durch die Zeitbewegung jeweils sichtbar Werdenden den Vorzug. Er hat das auch und gerade für das eigene Werk getan, das *potius temporis partus quam ingenii* genommen werden sollte, was man in der Widmungsvorrede des »Novum Organum« von 1620 an den König als Bescheidenheitsfloskel verstehen würde, wäre es nicht aus dem Text des Werkes vorgezogen und dort in der Sache begründet: *Est enim certe casus aliquis non minus in cogitationibus humanis, quam in operibus et factis.* (NO I 122; WW I 217) Die an die Zeitstrommetapher gekoppelte Geschichtsauffassung erspart Bacon eine umständlichere Geschichtsphilosophie, die etwas zur Fälligkeit oder Überfälligkeit der neuen Gedanken sagen müßte, die er anzubieten hat. Das Eine, das er seinem Monarchen als verwunderlich an seinem Werk vorstellt, ist doch dies, daß nach einer so langen Geschichte des Versinkens von Wahrheit der Verdacht gegen alles bis dahin für wahr Gehaltene überhaupt noch jemand hat in den Sinn kommen können. (*Illud enim in eo solummodo mirabile est, initia rei et tantas de iis quae invaluerunt suspiciones alicui in mentem venire potuisse.* (WW I 123))

Es läßt sich leicht zeigen, daß die modeste Attitüde der Widmungsvorrede fast ganz aus Kapitel CXXII des ersten Teils stammt; das ist deshalb beachtenswert, weil die Zeitstrommetapher mit ihrem Forttreiben und Untergehen dort eine eigentümlich verschobene Entsprechung hat. Wenn man an die Reform der Wissenschaft herangehe, als sei dies ganz aus eigener Kraft (*quasi veribus propriis*) zu leisten, so bedeute dies nicht die Feststellung, es sei vor der Zeit der Griechen und bei den Griechen selbst nichts Einschlägiges zu finden; die Griechen allerdings hätten das, was sie ihrerseits vorgefunden hatten und was mit größerer Leisigkeit (*majore cum silentio*) gediehen war, durch ihre laute Eigenwerbung übertönt und vergessen lassen – auch dies ein Stück Physik des Zeitenstroms. Während Descartes seinen Entschluß, ein für allemal von vorn anzufangen, fast gleichzeitig auf das in der menschlichen Natur gelegene Moment der Voreiligkeit im Urteilsentschluß gründet, ist es für Bacon die nackte Mechanik der Zeit, die Mißtrauen und Verdacht auch dann nahelegt, wenn eine archaische Vertrautheit mit der Natur angenommen werden darf; denn ebendiese Haltung des Sich-Verlassens auf die Anschaulichkeit der Natur (*rerum evidentia freti*) läßt sich wiederherstellen, durch Gegenwärtigkeit der Störfaktor Zeit ausschalten. Ob etwas schon einmal erkannt war oder nicht, wird durch die Wechselhaftigkeit der Dinge im Aufgang und Niedergang der Zeitalter gleichgültig. Diese *saecula occidentia et orientia* vertritt hier die vertikalen Bewegungen im Zeitstrom. (WW I 216) In der Vorrede schließt die Zeitstrommetapher unmittelbar an die vom *Sturm der öffentlichen Meinungen* an, die jeder herausgehobenen Einsicht zugesetzt und den Garaus gemacht hätten: *Adeo ut Tempus, tanquam fluvius, levia et inflata ad nos devexerit, gravia et solida demerserit.* (WW I 127)

Aus der Wirkungsgeschichte Bacons ist das Kapitel aus dem historischen Teil der »Farbenlehre« Goethes am bekanntesten. Da sieht Goethe klarer als andere, wie Bacon mehr rhetorischen Effekt als sachliche Resonanz hervorgebracht hat, und zwar aus denselben Gründen, die er für den Zeitverschleiß an der Tradition verantwortlich gemacht hatte: Der öffentliche Geschmack ließ sich gern von den Mängeln der Vergangenheit erzählen, um das Selbstvertrauen auf die Möglichkeiten der Gegenwart zu bestärken. Wodurch Bacon *von sich reden machen konnte, ohne zu wirken*, sei seine Unempfindlichkeit gegen die Würde des Altertums, gegen die Verdienste seiner Vorgänger. Da empört sich Goethe: *Denn wie kann man mit Gelassenheit anhören, wenn er die Werke des Aristoteles und Plato leichten Tafeln vergleicht, die eben, weil sie aus keiner tüchtigen gehaltvollen Masse bestünden, auf der Zeitflut gar wohl zu uns herüber geschwemmt werden können.* (WW XVI 405) Trotz der Mittel, mit denen sie ihre Effekte erzielt, wird die Rhetorik Bacons in einem Punkt, der seiner Zeitstrommetaphorik gut entspricht, anerkannt: *Höchst erfreulich hingegen ist sein Aufregen, Aufmuntern und Verheißen.*

Eine merkwürdige Komplexion ist die Zeitstrommetaphorik mit der Metaphorik der Quelle bei Schopenhauer eingegangen. Fast unvermeidlich geht es um die ihn angesichts der Erfolglosigkeit seines Früh- und Hauptwerks quälende Frage nach der Erreichbarkeit der

Nachwelt, sowohl für den Ruhm als für das Werk. Schopenhauer hat einen an Bacon durchaus erinnernden Widerspruch in den vielen Texten, die er dieser Frage gewidmet hat, zumal in den Entwürfen zum Vorwort der endlich fällig werdenden zweiten Auflage seines Werkes, die Öffentlichkeit seiner Nachwelt ganz anders einzuschätzen als die seiner Mitwelt, als ob die Bedingungen für die Aufnahme solcher Zumutungen sich im Lauf der Zeit und mit dieser ändern könnten. In der Verwendung der Zeitstrommetapher allerdings vermeidet Schopenhauer diesen Widerspruch, indem er die Wirkungsweise der Strömung umgekehrt wie Bacon ansetzt. Der schnell und womöglich falsch errungene Ruhm gleiche *den Ochsenblasen, durch die man einen schweren Körper zum Schwimmen bringt*; diese tragen ihn einige Zeit, bis die Luft allmählich entweicht und er versinkt. Dies passiere unvermeidlich mit solchen Werken, *die die Quelle ihres Ruhmes nicht in sich haben*. Anders bei den echten Werken, die zu jeder Zeit die Bewunderung aufs neue zu erregen vermögen, also jene *Quelle ihres Ruhmes* mit sich führen; sie *gleichen den spezifisch leichteren Körpern, die aus eigenen Mitteln sich stets oben erhalten, und so gehen sie den Strom der Zeit hinab*. (Paralipomena § 242; WW V 550) Man sieht leicht, wie Schopenhauer die Konfiguration verändern mußte, um die der Baconschen entgegengesetzte Wirkung zu erzielen, und daß er sich dabei in einen Konflikt seiner metaphorischen Zutaten verstrickte, denn auf dem Strom kann die Quelle eben nicht mitgeführt und in ihrer Frische erhalten werden, und schon gar nicht bei dem, was nicht der Strom selbst, sondern auf ihm Treibendes ist. Der Zweifel bleibt, daß Schopenhauer mit der Umkehrung der Zeitstrommetapher nur sich selbst trösten wollte, denn wenn der Kenner in der Nachwelt bei jenen aufgeblähten Werken den falschen Ruhm nicht bestätigt findet und diesen durch eine um so größere Geringschätzung ersetzt, warum gibt es diese unterscheidungsfähigen Kenner nicht in der Mitwelt, und was berechtigt dazu, sie für eine beliebige Zukunft als endgültige Erkenner des ›echten Werks‹ zu erwarten?

Wäre hier die Frage nach der historischen Ursprünglichkeit der Metapher bei Bacon gestellt worden, so hätte auf dies und jenes an Vorläuferschaft verwiesen werden müssen, allerdings mit der Einschränkung, dies gelte vorzüglich für den moralischen Aspekt des Nachruhms und Nachrufs von Figuren, nicht aber für die Nachgeschichten von Werken und Wahrheiten. So darf man annehmen, daß Bacon den einundzwanzigsten der Lucilius-Briefe des Seneca gelesen hatte. Der Briefschreiber tröstet den Adressaten in seiner Sorge um memoria und gloria, kürzer: ums Nicht-vergessen-Werden. Der Trost ist derselbe, den Epikur dem Empfänger eines seiner Briefe verspricht, nämlich als dieser Empfänger nicht vergessen werden zu können. Der Trost für den Adressaten besteht in der Selbstgewißheit des Autors, er werde bei der Nachwelt das Ansehen haben, das die von ihm genannten Namen einschließen könne. Der Strom der Zeit werde über alles hinwegfluten, und nur wenige Geister würden daraus ihr Haupt erheben und dem Vergessenwerden noch lange widerstehen können, um schließlich doch auch demselben Schweigen anheimzufallen. (Seneca, Epistulae morales XXI 5; ed. A. Beltrami, I 79) Die metaphorische Vorstellung ist hier nicht die des reißenden Stroms der Zeit, sondern die der steigenden Flut: in ihr nicht unterzugehen ist nicht Sache des spezifischen Gewichts, sondern der metaphorischen Größe. Seneca hat in diesem Zusammenhang auch den Begriff eines Gegenstandes, der den Ursprung seiner Wirkung in sich selbst hat: er wird entwickelt am Unterschied von Glanz (splendor) und Licht (lux). Es könnte sein, daß Schopenhauer bei seiner eigentümlichen Überlagerung der Flutmetapher durch die Quellenmetapher von dieser Unterscheidung Senecas beeinflußt war.

Der Bewußtseinsstrom hat noch einen anderen Vorläufer als den Zeitstrom. Das wird schon bei Bacon sichtbar, der die Unregelmäßigkeit der Veränderungen auf der Erde trotz der Regelmäßigkeit des kosmischen Antriebs und Einflusses auf diese dem Strom der Materie zuschreibt. Der Strom der Materie stammt aus der Atomistik der Antike, wo der Ausgangszustand aller Welten die Unerreichbarkeit einer Welt überhaupt ist, weil im unbegrenzten Raum die Atome parallel zueinander fallen oder laufen oder fließen, also ihrer genuinen Rationalität nach niemals in Komplexion miteinander treten würden. Was geschehen muß, damit aus dem Strom der Materie Welten werden können, die das Resultat zufälliger Verhakung und Verflechtung der Atome sind, ist eine winzige Abweichung, die den ganzen natürlichen Fluß durch den Weltraum hindurch aus seiner ewigen Unveränderlichkeit – auch hier das Ideal der reinsten linearen Gesetzmäßigkeit in der Bewegung als kosmische Idee – zu äußerster Entstellung seiner selbst, zur gemeinsten Unregelmäßigkeit bringt, aus dem Strom einen Wirbel macht, wie es in jedem Flußlauf durch die geringste Behinderung der Strömung geschieht. Der Wirbel als Ursprungsform sich ordnender Welten, also sekundärer Rationalitäten, ist eine immer aus der Strommetapher abgeleitete Imagination. Er ist das, was jede Kosmogonie bis zu Kant und Laplace hin erst einmal aus dem Urzustand heraus bewirkt haben muß, um ihre Erklärungsleistung zu erbringen.

Aber dieser kosmogonische Strom der Materie und der Atome ist noch nicht die fruchtbarste Form der materiellen Strömung. Diese wird erreicht durch die Entdeckung des Stoffwechsels, die jeden Organismus zu einem Durchgangsstadium materieller Ströme macht, die als Nahrung in mannigfaltiger Form in ihn eintreten und als Ausscheidung mannigfaltiger Form ihn verlassen, wobei die Verweildauer im Organismus nach Qualität und Funktion der Materie verschieden ist, in jedem Fall aber die eidetische Konstanz des lebendigen Körpers zu einer bloßen Erscheinung von mehr oder weniger großen Verzögerungen im Materiefluß machen. Der Organismus, noch dazu unter dem Eindruck der Entdeckung des Blutkreislaufs, ist selbst ein materieller Wirbel, der wie in jedem Strom aussieht wie ein konstantes Gebilde, obwohl doch ständig wechselnde Massen durch ihn hindurchgehen. Der Wirbel im Strom, erfunden von der Atomistik, ist das heimliche Muster auch für das Verständnis des Organismus, wie es das für das Verständnis des Kosmos mit seinen Umläufen gewesen war. Darin, nicht in einer unmittelbaren Beziehung des Kreislaufs der

Gestirne auf den Blutkreislauf im Organismus, besteht die heimliche Verbindung zwischen Kosmologie und Biologie. Die letzte Form, die dieser Gedanke im Verfolg des Musters des Stoffwechsels gefunden hat, ist das von dem Biologen Ludwig von Bertalanffy erfundene ›Fließgleichgewicht‹.

Bertalanffy hat diesen Begriff im zweiten Band seiner »Theoretischen Biologie« 1942 eingeführt. Er bezeichnet damit den *zeitunabhängigen Zustand in offenen Systemen.* Ein solches System kann in einen Zustand konstanter Zusammensetzung übergehen, obwohl in ihm chemische Reaktionen und unumkehrbare Austauschprozesse sich abspielen. Der Begriff des Fließgleichgewichts ist die Antwort auf eine Antinomie zwischen biologischer Systemtheorie und physikalischer Thermodynamik. Das Entropieprinzip der Physik bestimmt die Tendenz eines Systems zum Zustand größerer Wahrscheinlichkeit, also gesteigerter Unordnung; das Prinzip der biologischen Evolution verlangt dem gegenüber Zunahme von Ordnung und Steigerung der Organisation sowohl unter dem ontogenetischen wie dem phylogenetischen Aspekt. Diese Vermittlung kann allerdings nur geleistet werden, weil das offene System im Zustand des Fließgleichgewichts immer nur ein Teilsystem ist, welches seine gleichgewichtige Zuständlichkeit, also die Erhaltung des Grades an Entropie, statt deren Zunahme, auf Kosten eines weiteren Systems und dessen positiver Entropie bewirkt.

Denkt man wieder an eine Intelligenz von der Art des Laplaceschen Dämons, so stellt sich ihm in Ermangelung energetischer Einsicht in die Bewegungen der Materie dieser Sachverhalt als bloße Veränderung des Trägheitszustandes des Materiestroms dar, also als positive oder negative Beschleunigung von irgend elementaren Teilchen. Das Fließgleichgewicht ist die Betrachtung der potentiell kosmischen Natur eines Wirbels der alten Atomistik, nämlich der Bedingungen, unter denen dieser Wirbel sich selbst überhaupt erhalten kann, ohne daß man sich die Frage seiner Evolution zu einem Kosmos gestellt haben muß, denn diese ist zeitabhängig, während die Betrachtungsweise unter dem Begriff des Fließgleichgewichts zeitunabhängig sein soll, also für jeden Augenblick des Prozesses nur die Frage seiner Stabilität, nicht die seiner Veränderung zu höherer oder geringerer Wahrscheinlichkeit stellt. Konzentriert man sich auf den Organismus als geschlossenes System, so wird zur Grundeigenschaft *das gleichzeitige Abschmelzen und Nachwachsen, die Verbindung von fortwährendem Abbau und Aufbau*, wobei die Bilanz der Stoffe und noch mehr die der Energie zwischen diesem System und dem es umgebenden anorganischen System unbeachtet bleiben kann. Denkt man sich aber alle Stoffe markiert, die von dem so definierten Organismus aufgenommen und wieder ausgeschieden werden, so bedarf es nur einer zeitraffenden Aufnahme oder Darstellung, um zu sehen, daß der Organismus in einem Strom von Materie nur so etwas wie eine Verzögerung, eine Ablenkung der linearen zur wirbelförmigen Bewegung bedeutet, aus der alles wieder in das umgebende System ausgeschleudert wird. Dieser letztere Aspekt war auch der antiken Atomistik nicht fremd, die durchaus die aus ihren Wirbeln entstandenen Welten durch die auf diese auftreffenden weiteren Atome wieder zerstört werden ließ. Die Zerstörung, die alles wieder in den Urstrom der Atome hineinreißt, ist so etwas wie die Korrektur der episodischen Abweichung, jenes erst bei Epikur auftauchenden *parenklinein*, des *paulum inclinare* bei Lukrez. Das reine Sein des Nichts, wenn dieses Paradox hier einmal als Metapher der Abstraktion gestattet sein soll, wäre wiederhergestellt, aber auch die Sterilität der Natur, ihre Unnatur: *ita nil umquam natura creasset*. (Lukrez II 224) Dies ist ein wichtiger Modellfall für alle Metaphorik des Flusses: Es muß etwas gegen die Normalität seines Laufs, die Regelmäßigkeit seines Strömens getan werden, damit überhaupt etwas geschieht und nicht nichts.

Nimmt man etwa die Entropie der Natur als das Äquivalent jenes freien Falls der Atome im unendlichen Raum, die mit jedem Quantum an Fallbewegung, das sie zurücklegen, auch von ihrer Wahrscheinlichkeit einbüßen, jemals Welten durch Wirbel zu erzeugen, so ist der

Organismus und ist auch das Bewußtsein als Organ des Organismus so etwas wie ein Aufenthalt im Fallstrom der Entropie, ihre scheinbare Durchbrechung mittels eines offenen Teilsystems, das auf Kosten des ihn umgebenden Systems die Tendenz des Ganzen umkehrt.

Das Vorbildliche an der Theorie der Atomistik ist, daß der Strom der Atome durch nichts hindurchläuft, durch kein Bett geleitet wird, also nichts anderes voraussetzt als sich selbst, um dennoch das andere als sich selbst hervorzubringen. In dieser Hinsicht steht die Metapher des ›psychischen Apparats‹ weit zurück, weil sie durch den Apparat bestimmt sein läßt, welche Bahnen libidinöse Energie durchfließen kann, obwohl sie als solche nicht determiniert, welche Bahn tatsächlich durchflossen wird. Es ist ein Röhrensystem, in welchem Möglichkeiten der Umleitung und Ableitung bestehen, bevor Abfuhr erfolgt; ein in den Reflexbogen eingelegtes Umwegesystem für die Energie, die auf der Reizseite zugeführt, auf der Motionsseite abgeführt wird. Das Normale ist in diesem System jedenfalls nicht, daß Bewußtsein entsteht; das Normale ist, daß auf einen sensorischen Reiz ohne Verzug eine Reaktion erfolgt. Das ist freilich nur möglich, wenn der Reiz eine eindeutige Information für die Reaktion enthält, und sobald dies nicht der Fall ist, aus welchen Gründen auch immer, müssen Vorformen des Bewußtseins, also der Verarbeitung von mehr als einem Reiz, entstehen.

Man sieht leicht, daß die einfachste und älteste Metapher [für] das Bewußtsein, die des Behälters, für eine solche genetisch-funktionale Theorie nicht brauchbar ist. Das gilt auch für Freuds späten Versuch, die Metapher der Schreibtafel für das Bewußtsein durch eine neue Erfindung, die des Wunderblocks, zu retten. Alle drei Metaphern des Bewußtseins, Behälter, Tafel und Röhre, sind in der Psychoanalyse mit Abwandlungen vertreten. Vom Muster des Stoffwechsels ist dennoch nicht äquivalenter Gebrauch gemacht worden. Diese Metapher erfordert, daß es außer dem fließenden Stoff selbst nichts gibt, also keinerlei Apparat oder Behälter oder Röhrensystem, nur die Änderung der Verlaufsrichtung des Stromes selbst, wie in der Atomistik der Wirbel schließlich der Kosmos ist, ohne daß noch irgendeine formende Apparatur hinzutritt, denn der Wirbel ist die Gegenthese gegen den Demiurgen. Bezogen auf das Bewußtsein ist Affektion, die doch alle seine Inhalte als Urimpression zu liefern hat, die Vorstufe der destruktiven Einwirkungen, die sich nach dem Muster der Atomistik gerade dann auf den gewordenen Kosmos richten, wenn dieser durch Konsolidierung des Wirbels zur Ordnung die empfindlichste Angriffsfläche, die leichteste Störanfälligkeit darbietet. Die Regel könnte lauten: Je mehr Kosmos, um so mehr Hinfälligkeit zum Untergang; je mehr Organismus, um so mehr Affektionsbereitschaft, Bewußtseinsinhalt, als bloße Vorstufen für die Zerstörung des Organismus durch ein Maß von Affektion, das er nicht mehr ertragen und verarbeiten kann, dessen Vorstufe das Trauma, dessen Endstufe der Tod ist. Bewußtsein ist Symptom für Todesanfälligkeit der im materiellen Strom entstandenen Episode Organismus auf seiner empfindlichsten Organisationsstufe. Affektion ist die durch spezialisierte Organe geleistete Indikation unvollendeter Traumatisierungen, so wie Meteore im vollendeten epikureischen Kosmos Indikatoren für seine bewältigte Gefährdung durch den Fortgang des Weltprozesses sind. Das Bewußtsein ist der Inbegriff der Angewiesenheit darauf, solche Indikatoren nicht nur zu bewältigen, sondern zu registrieren und zu verarbeiten, weil sie je für sich genommen und als einzelne keinen zureichenden Anlaß darstellen, Verhalten zu determinieren. Es müssen Sequenzen gebildet und ständig auf ihre ›Bedeutung‹ hin abgetastet werden, und nichts anderes als die Fähigkeit zur Bildung von Sequenzen ist das Bewußtsein. Dafür stellt es die Struktur der Zeit zur Verfügung; sie ist der Rahmen, in dem Sequenzen möglich sind und auch ihre Unvollständigkeit in Hinsicht auf das jeweils noch Kommende abgeschätzt werden kann. Protention ist die Fähigkeit zur versuchsweisen Bildung faktisch nicht eingegangener, also durch Retention nicht zu bildender Sequenzen. Dies wieder auf die Metaphorik des Stromes bezogen, bedeutet, daß der im Strom gebildete Verzögerungswirbel ständig die noch nicht in ihn und seinen Sog hineingezogenen, an ihm vorbeifließenden Massen des Stromes als das, was ihn nur berührt, aber nicht in ihn eingeht, abtastet. Außenwelt ist, was weiterfließt, Strom bleibt und nicht Wirbel wird. Die Flußmetapher eignet sich gut, eine statistische Normalität darzustellen, den Bewegungszustand größter Wahrscheinlichkeit; das ist in dem parallelen Strom der Atomistik nicht vorgebildet, er ist ein idealisierter Ausgangszustand wie bei Kant und Laplace die gleichmäßige Verteilung der Urmaterie im Raum, die als stationär idealisiert ist und dann doch auch irgendwo ein Clinamen verlangt, damit durch Herstellung eines kleinen Übergewichts an Masse das Ganze durch Gravitation in Bewegung kommt. Ohne Idealisierung geht es auch beim Gewühl der Empfindungen nicht; es ist kein reines Chaos, denn ein Chaos ist kein Strom, und wo kein Strom ist, bilden sich nicht zukunftsträchtige, stoffwechselfähige Zentren, deren Belieferung mit Bau- und Betriebsstoffen, mit Reizen und Affektionen doch die Voraussetzung dafür ist, daß sich als Lösung einer problematischen Situation irgendwann Bewußtsein einstellt. Wir wissen nicht, was es ist, aber wir können uns vorstellen, wie und wo es in diesem Prozeß notwendig geworden ist. Die Metapher des Stroms gibt die Voraussetzung dafür an, daß die Episode Organismus wiederholbar wird.

Die Metapher des Stromes muß auch an dem äußersten Endpunkt manifester Stabilität, beim Verhältnis von Vererbung und Entwicklung, erprobt werden. Das ist erst möglich geworden, seit die Darwin noch unbekannte Mutation zur genetischen Basis des Entwicklungsgedankens wurde. Man kann die ungerichtete Mutation als einen extrem scharfen Angriff des Stromes auf den in ihm gebildeten Wirbel sehen, als einen solchen, der bis ins Zentrum geht, also ins Genom. Dennoch muß die Schärfe dieses Angriffs nicht ein einmaliger Vorgang sein, da Mutationen auf der energetischen Gedächtnisfähigkeit des Genoms beruhen, also auf der Kumulation sehr kleiner Einwirkungen zu einer schließlich so großen, daß der äußerst widerstandsfähige Komplex eine Änderung erfährt. Diese Änderung ist potentiell erst für die folgende Generation tödlich oder riskant, nur in höchst unwahrscheinlichen Fällen zufällig so vorteilhaft, daß nun der Strom alle die zu treffen und mit sich fortzureißen vermag, die diese Mutante nicht besitzen. Er hat sich also in jedem Fall den Vorteil in der Richtung seiner größeren Wahrscheinlichkeit verschafft. Alle Theorien des Bewußtseins seit der Zerstörung eines substantialistischen Seelenbegriffs verfahren nach diesem Muster, und sie tun es noch dort, wo sie dieses Bewußtsein weit über seine synthetische Tätigkeit der Gegenstandsbildung hinaus betrachten, nämlich als ein der Geschichte fähiges Bewußtsein. Ich weise darauf hin, daß die so erfolgreiche und vieldiskutierte Theorie von Thomas S. Kuhn in ihren Grundzügen dieselben Merkmale aufweist wie etwa die viel näher an den biologischen Errungenschaften des ausgehenden 19. Jahrhunderts orientierte Philosophie der *évolution créatrice* von Bergson, zumal in ihrer Fortbildung durch Simmel. Sie nimmt Gestaltbildung als den der Liquidität des Lebensstroms entgegengesetzten und dennoch in ihm selbst erfolgenden Prozeß an, der durch dieselbe Liquidität Verfestigung und Zerstörung der Gestalten des Lebens leistet. Sobald man auf solche Gemeinsamkeiten der Hintergrundmetaphorik achtet, rücken feindselig einander bekämpfende philosophische Schulen nahe aneinander. Die Lebensphilosophie wünscht dieselbe Dynamik in ihrer Einheit von Gestaltbildung und Rückgängigmachung aller Erstarrung vorstellig zu machen wie die im Empfindungsbegriff des Positivismus von Mach angelegten Erklärungsleistungen. Um auf die Evolution zurückzukommen: Sie ist das Verfahren der Selbsterhaltung im destruktiven Strom alles dessen, was nur für das Bewußtsein Affektion heißt, für alles andere aber Gefährdung. Aus der Gefährdung herauszukommen durch eine Variante, die ihrerseits größere Resistenz gegen ebendiese Gefährdung hat, aber durch nichts anderes als durch sie bewirkt sein kann, denn Mutation und Selektion haben letztlich denselben Ursachenkomplex, dessen Identität eben durch die Metapher des Stroms vorgestellt wird. Der Begriff des Fließgleichgewichts führt weit über die Theorie des Einzelorganismus hinaus; er umschließt eine Theorie des Lebens als einer Gesamterscheinung, die nur durch ihre Ausscheidungen, durch die Tode von Individuen, Arten und Gattungen, sich unter dem Einfluß dessen, was nicht nur Nahrung, nicht nur Bau- und Betriebsstoff ist, zu erhalten vermag. Im höchsten Abstraktionsgrad bedeutet die Strommetaphorik nur, daß ein Prozeß derart gerichtet ist, daß immer wieder dasselbe von immer wieder dem gleichen getroffen wird. Dies ist keine selbstverständliche Voraussetzung, es könnte durchaus ein Weltprozeß gedacht werden, bei dem dies nicht der Fall ist, wie etwa das in der Rotverschiebung sich darstellende Universum nur voneinander sich entfernender Weltinseln es wäre, sofern dieses Faktum nicht einem Weltmodell oszillativer Umkehrung integriert werden kann.

Die Metaphorik des Stromes als Muster für eine Totaltheorie hat eine Schwäche: In einem Strom gibt es zwar die geforderten Wirbel, aber keine unterschiedlichen Verhältnisse der Dichte, der Konzentration. Flüssigkeiten sind inkompressibel. Darin liegt die Versuchung, von einem Aggregatzustand auszugehen, der außer der Bildung von Strömen und Wirbeln auch die Verdichtungen zuläßt. Ebendies ist die zusätzliche Erklärungsleistung, die der Empiriokritizismus Machs dem Ausgangsmuster gegeben hat. Sie wird sofort in der Schilderung des Urerlebnisses dieser Theorie faßbar: *An einem heiteren Sommertag im Freien erschien mir einmal die Welt samt meinem Ich als eine zusammenhängende Masse von Empfindungen, nur im Ich stärker zusammenhängend.* (Mach, Analyse der Empfindungen, 24 A.) Das Ich in der homogenen Welt der Empfindungen, ausgezeichnet durch seine größere Dichte und infolgedessen durch seine größere Dauerhaftigkeit in der Strömung der Empfindungselemente.

Die Frage ist, ob Ernst Mach den Abstraktionsgrad mit der Wahl der Bezeichnung ›Empfindung‹ wirklich gesteigert hat, ob ihm die Konsequenz in der Mißachtung der Leibnizschen Monade gelungen ist, denn auch diese ist das letzte Einheitssubstrat sowohl der materiellen als auch der Bewußtseinswelt, und erst recht in der Differenz gegen Kants Ding an sich, welches auf der letzten Stufe der Entwicklung von Kants Theorie in den Fragmenten seines Nachlasses weitergeführt ist zu etwas, was wenigstens für die Affektion einstehen muß, also, was auch immer seine letzten Einheiten sein mögen, von bewegenden Kräften bestimmt sein muß, weil sonst der Leib nicht das Organ des Bewußtseins sein könnte. Dieses Deduktionsprodukt ist bei Kant schließlich der Äther, der zwar die Affektion leistet, aber niemals physisch Erscheinung werden kann, also auch jeder experimentellen Anordnung wie der von Morley und Michelson entgehen muß. Das Ärgernis am Ding an sich, von welchem von Fichte bis zu den Neukantianern alle Absetzungsversuche von Kant ausgegangen sind, wäre so anstößig und abstoßend nicht ausgefallen, wenn der Blick auf Kant nicht enthistorisiert, punktuell gewesen wäre, so wie Ernst Mach es in dem kurzen Rückblick auf seine Bildungsgeschichte selbst beschreibt: er habe im Alter von fünfzehn Jahren in der Bibliothek des Vaters Kants »Prolegomena zu einer jeden künftigen Metaphysik« in die Hand bekommen, diese Schrift habe auf ihn einen gewaltigen und unauslöschlichen Eindruck gemacht, wie er nie wieder bei philosophischer Lektüre gefühlt habe, aber schon zwei oder drei Jahre später habe er *plötzlich die müßige Rolle, welche das ›Ding an sich‹ spielt*, empfunden; und in diese Mängelempfindung hinein sei das Erlebnis des heiteren Sommertages getreten. Da wird man die formale Kontinuität der ›Umbesetzung‹ einer ihrer Funktion und theoretischen Leistung nach vorgegebenen Stelle im Text selbst fast angeboten finden, obwohl der Autor gern von der Vorstellung des Bruches in seiner Entwicklung ausgehen möchte. Bekehrungserlebnisse dieser Art setzen fast allemal formale Identitäten voraus, erweisen sich also als Umbesetzungen.

Ströme ohne Ufer, Dynamik ohne Statik, gibt es als Erfahrbares jedenfalls nicht. Das gilt sogar für Umbesetzungen; sie sind nur vollziehbar oder nachweisbar, sofern Besetzungen stehenbleiben. Eine totale Umbesetzung ist ein Traum; wir würden nie erfahren, wenn sie vollzogen wäre. Auch die für allen Heraklitismus prägnanteste Formel, man könne nicht zweimal in denselben Fluß steigen, setzt Bestimmbarkeit der Stelle voraus, für die dies gelten soll, denn von einem

Schiff oder Floß aus könnte man dies ohne Schwierigkeit, würde aber bei fehlender anderer Orientierung sehr schnell vergessen, was der Ausdruck ›Fließen‹ überhaupt bedeutet. Man kann aber auch einen Faden verwenden, den der Ariadne, den man an einer festen Stelle befestigt hat, um an seinem Ablauf feststellbar zu machen, daß man im Strome treibt, von dem man sonst nicht wüßte. Daraus resultiert das Paradox, daß der Herakliteer noch mehr als andere auf die Geschichte angewiesen ist. Sie ist nicht nur der bevorzugte Gegenstand dessen, was selbst die reine Instabilität zu sein scheint, sondern auch der Parameter für jeweils zurückgelegte Entfernungen, für jeweils im Gang befindliche Bewegungen. Deshalb kann Ernst Mach, wenn er sich anschickt, die Geschichte der Mechanik zu schreiben, von der Wissenschaft allgemein sagen, von ihr gelte *mehr als von irgendeinem anderen Ding das Heraklit'sche Wort: ›Man kann nicht zweimal in denselben Fluß steigen.‹ Die Versuche, den schönen Augenblick durch Lehrbücher festzuhalten, sind stets vergebliche gewesen*. Die Geschichtsschreibung einer wissenschaftlichen Disziplin dient einerseits dazu, in diese Feststellung den Intellekt gleichsam einzuüben, ihm also das, was er in seiner Egozentrik nicht wahrhaben kann und will, dennoch zur Grundstimmung seines theoretischen Zustands zu machen. Andererseits aber geht es um den zurückgelegten Weg, auch deshalb, weil ein Weg den Boden voraussetzt, auf dem man gehen und stehen kann, auch wenn man ihn hinter sich hat. Man kommt, wenn man zurückblickt, zugleich darauf, wie man zu dem gekommen ist, das man als ein nicht Selbstverständliches schon vergessen hatte: *Man kann nie den tatsächlichen Boden unter den Füßen verlieren oder gar mit den Tatsachen in Kollision geraten, wenn man stets auf den Weg zurückblickt, den man gegangen.* (Ernst Mach, Die Geschichte und die Wurzel des Satzes von der Erhaltung der Arbeit. Prag 1872, 2 f.) Der Weg gibt Vertrauen in die Festigkeit des Bodens, auf dem er gegangen worden ist und folglich auch noch weiter gegangen werden könnte, da der Boden allein kein Ende hat.

Wenn man aber den Weg als Strom sieht, muß [man] an die Quelle denken. Sie ist jene *erste Weltanschauung*, die aus den Belehrungen der Mutter ›geschöpft‹ worden ist. Mach erinnert sich an *zwei Phänomene*, die ihm sogleich *große Schwierigkeiten* bereitet hätten; er begriff nicht, *wie die Welt Lust haben könne, sich auch nur eine Minute lang von einem König regieren zu lassen*, und als Zweites, wie es sein könne, daß nur die Reichen in der Welt das meiste Geld besäßen. Nun wird man sagen, das seien für einen späteren Naturforscher abgelegene Verwunderungen. Aber gerade diese frühen *Gedankenerlebnisse* scheinen ihm geeignet, zwei Wege zu charakterisieren, die von dort an dazu führen, *sich mit der Wirklichkeit auszusöhnen*. Man kann sich an das Verwunderliche und die Rätsel gewöhnen, so daß sie nicht weiter belästigen, aber auch keine Erklärung verlangen, oder man lernt *sie an der Hand der Geschichte verstehen, um sie von da an ohne Haß zu betrachten*. (a. a. O. 1) Dieser Erfolg, jedem gegebenen Zustand seinen Stachel zu ziehen, beruht nicht auf den Lehren der Geschichte im Sinne ihrer Lieferung von Vorbildlichkeit, sondern gerade im Gegenteil auf ihrem schließenden Charakter, dem unausweichlichen Heraklitismus, in den jede Anschauung der Geschichte führen soll. Der Trost liegt in der absoluten Instabilität, und man kann leicht sehen, daß dieser Trost auch bessere und beste Zustände als Bedrohung ihrer Ständigkeit treffen müßte. Das erscheint dem Autor nicht als zu hoher Preis für den, der ihn empfängt: *Lassen wir die leitende Hand der Geschichte nicht los. Die Geschichte hat alles gemacht, die Geschichte kann alles ändern*. Darin liegt ein Trost auch für den Leser, der den Heraklitismus nicht mitmachen würde, und dennoch Erwartungen in den Autor setzt, der sich durch ihn antreiben läßt. Unter Ausnutzung der Doppeldeutigkeit des Wortes ›Geschichte‹ lautet dieser Trost bei Mach: *Erwarten wir von der Geschichte alles, vor allem aber, was ich auch von meiner Geschichte hoffen will, daß sie nicht zu langweilig sei*. (a. a. O. 3 f.)

Die Rede vom Bewußtseinsstrom hat ihr Einleuchtendes, weil sie die Identität des erlebenden Subjekts mit der stetigen Veränderung der seine Erlebnisinhalte umfassenden und integrierenden Welt verbindet. Der Strom fließt, aber er bleibt derselbe, wie die Welt dieselbe bleibt, in der sich alles verändert, und das Subjekt als sowohl auf die Welt als auch ihre Veränderungen stetig bezogenes.

Diese Stetigkeit aber ist eine Fiktion. Wir wissen es, denn wir erleben, was es heißt, zu wachen und zu schlafen, einzuschlafen und aufzuwachen. Wir wissen es auch, weil wir mit offenen Sinnen und immer auf denselben Strom gerichtet unsere Aufmerksamkeit abwenden und der Einstellung auf das Gegebene, ohne dieses zu verändern, zuwenden können. Die Möglichkeit der Reflexion beruht nur darauf, daß zwar die Welt als letzter Inbegriff der Inhalte des Bewußtseins ein Strom ist, nicht aber dieses selbst als der Inbegriff der auf diesen Strom gerichteten Akte. Die Tatsächlichkeit der Reflexion macht diese Differenz zwischen Akt und Inhalt nur manifest als Bedingung ihrer Möglichkeit.

Obwohl Aufmerksamkeit nur als höherer Intensitätsgrad der Wahrnehmung beschrieben werden kann, ist doch die abweichende Deskription nicht ausgeschlossen, Wahrnehmung sei die stetige Beziehung auf Gegebenes, Aufmerksamkeit die unstetige und darüber gelagerte besondere Zuwendung, die als durchgehaltene gedacht sich nur selbst an die Stelle der Wahrnehmung setzen und damit in ihrer Besonderheit aufheben müßte. Es gibt den gradweisen Übergang von der Wahrnehmung zur Aufmerksamkeit nicht.

Die von Husserl in seine Phänomenologie aufgenommene apriorische Korrelation von Akt und Inhalt, Noesis und Noema, als konstitutiv für den Bewußtseinsbegriff kann nur mit Einschränkung gelten, wenn die fundierende Struktur auf den Seiten je von Akt und Inhalt der strikten Beziehbarkeit entbehrt. Daran ändert nichts, daß die Sequenz der Akte in Abhängigkeit vom Sachverhalt verdichtet oder gesperrt werden kann. Am deutlichsten wird das bei der passiven Erregung von Aufmerksamkeit durch ein sensorisch abruptes Ereignis, das aus dem Strom der Wahrnehmung eindeutig heraustritt, wie ein einzelner Schuß die gerade herrschende nächtliche Stille ›zerreißt‹. Dieses Ereignis mag eine ganze Kette von Handlungen und Überlegungen nach sich ziehen – auf das akustische Ereignis selbst kann sich die Aufmerksamkeit nicht mehr konzentrieren, sie muß sich an die Erinnerung halten. Und das tut sie, ohne daß daran gezweifelt werden könnte, während all dieser von dem singulären Ereignis abhängigen Abläufe setze sich nicht der Strom der Wahrnehmung in seiner Kontinuität fort, und sei es nur jene Stille, die gerade einmal ›zerrissen‹ worden war. Auch die spontane Aufmerksamkeit hat keine autonome Frequenz; sie ist an wesensmäßige Erfordernisse ihrer Inhalte gebunden, von diesen reguliert, so daß bestimmte zuschauende oder beobachtende Wahrnehmungen nicht ohne spezifische ›Einstellung‹ dieser Frequenz gemacht werden können. Die allgemeine Redensart, man müsse genau hinsehen, um überhaupt etwas zu sehen – etwa bei bestimmten sportlichen Disziplinen –, belegt das genug. Die bloße empirische Messung bestimmter ›Eigenzeiten‹ der Sensorien spezifisch verschiedener Organismen besagt zwar etwas über die Spannweite der Möglichkeiten, nicht aber etwas über die Bindung der Intentionalität an die Spezifität ihrer Gegenstände, sobald man von diskreten und intermittierenden Bewußtseinsakten ausgeht. Die Aufmerksamkeit hat ihre Grenzen im zeitlichen Auflösungsvermögen der Wahrnehmungsorgane, aber innerhalb dieser Grenzen ist eine erstaunliche Differenzierung möglich. Daß die Welt auch hinsichtlich der einst so kritikfesten primären Sinnesqualitäten ganz anders ›aussieht‹, als sie uns in den Toleranzen der Frequenz unserer Bewußtseinsakte gegeben sein kann, ist ein durch die Physik fast alltäglich vertrauter Gedanke geworden. Was nicht vertraut ist, ließe sich als Kontingenz der Begrenzung hinsichtlich der Dichte solcher Akte bezeichnen. Man könnte sagen, daß die Verringerung dieser Dichte zu einem gelangweilten und schließlich einschläfernden

Bewußtseinszustand zu führen scheint, der nur noch passiv aufgeschreckt, nicht mehr aktiv motiviert werden kann; nach der Gegenseite der Steigerung der Frequenz der Akte hin läßt sich die Bestimmung nur in das Paradox fassen, die unendliche Dichte der Akte, die nicht mehr zu steigernde Intensität der Aufmerksamkeit sei gerade das, was die ganze metaphysische Tradition sich unter der Gegebenheit der Ideen oder der Welt für einen Gott vorgestellt hatte. Er wäre dann der, bei dem die Metapher des Stromes sowohl für den noetischen wie den noematischen Aspekt des Bewußtseins zuträfe, mit der Folge, daß die Einsicht des Apriori der Korrelation in der strengen Bestimmung der Identität des Flusses aufgegangen wäre.

Die Ambivalenz der Strommetapher für das Bewußtsein hat fast gleichzeitig mit der Einführung des korrelativen Apriori in Husserls Phänomenologie der abseits dieser Schule schreibende Melchior Palágyi vorgewiesen, der die Akte beobachtender Aufmerksamkeit der Lebensrhythmik des Pulsschlages verglich, damit allerdings derart autonomisierte, daß die Gegenstandsbezogenheit dieses Pulsschlages abreißen mußte und es mehr auf die Unabhängigkeit des Aktes von der Strömung seiner Inhalte hinauslief: *Die Ereignisse tosen, toben und rasen ohne Unterlaß fort, aber die Akte des menschlichen Bewußtseins tosen, toben und rasen nicht ohne Unterlaß mit. Freilich ist unsere Bewußtseinstätigkeit mit eingefangen in den allumfassenden zeitlichen Verlauf des allgemeinen Naturprozesses, aber der zeitliche Verlauf unserer Bewußtseinsakte darf nicht wie ein Mitfließen mit den Erscheinungen, sondern bloß als ein Mitpulsieren mit denselben aufgefaßt werden ...* (Naturphilosophische Vorlesungen über die Grundprobleme des Bewußtseins und des Lebens. [1]Leipzig 1908; [2]Leipzig 1924, 28) Nun wird es schwierig, die Dramatik der Wirklichkeit und die dagegen träge Gelassenheit des Bewußtseins mit der großen Metapher des Stroms einigermaßen in ein imaginativ konsistentes Verhältnis zu bringen: *Mitten im ewig strömenden Ozean der Erscheinungen pulsiert ein menschliches Bewußtsein; aber jener ewige Strom ist nur deshalb ein Strom, weil er sich einem pulsierenden Bewußtsein wie ein*

Strom darstellt; und dieser Bewußtseinspuls ist nur deshalb ein Puls, weil er von jenem Strom getragen wird, auf den er sich vermittels seiner Akte denkend bezieht. (a. a. O. 28) Der Strom der Erscheinungen könnte also ein perspektivisches Phänomen der bloßen Differenz zwischen der relativen Langsamkeit des Lebenspulses und der relativen Schnelligkeit einer durch diese nicht mehr zu erfassenden Frequenz einer unbekannten Ereignisfolge, genannt Wirklichkeit, sein. Die absolute Differenz von Kontinuum und Diskretum ist nicht die zwingende Folgerung. Aber aus der relativen Dualität von Strom und Puls ergibt sich eine Doppelung des Zeitbegriffs, die nicht ohne Nutzen für Husserls 1907 einsetzende Analysen zur Konstitution des inneren Zeitbewußtseins studiert werden mag. Die Zeit gilt als fließend, indem der Strom der Erscheinungen in sie verlegt wird und sie dessen formale Struktur darstellt: als diskret-intermittierend muß die Zeit angenommen werden, wenn wir sie als durch Akte unseres Bewußtseins erzeugt oder besetzt zu denken haben. Deshalb gilt die Zeit der Phantasie als fließend, weil sie die Erscheinungen in die Zeit verlegt; dem Verstand hingegen als aus diskreten Zeitpunkten in engster Verdichtung zusammengesetzt, denn der Verstand kann die Zeit nicht anders als durch diskrete Akte konstituiert denken, die nicht ineinander verfließen und aufgehen können. (a. a. O. 31; K 23817/8)

Das Verführerische der Strommetapher für die Bestimmung des Bewußtseins ist die Identität des Stromes trotz des ständigen Wechsels des Strömenden. Ohne erkennbare Absicht und Anstrengung hat Palágyi zur Vermeidung der Identitätsillusion des Strombettes vom ›ewig strömenden Ozean‹ der Erscheinungen gesprochen, inmitten dessen das menschliche Bewußtsein pulsiere. Es hat also nicht die Position des am Ufer eines Stromes stehenden Zuschauers, der Identität und Wechsel auf seinen festen Standort zu beziehen vermag. Die Metaphorik von dem im strömenden Ozean pulsierenden Bewußtsein läßt das vom Sensualismus gefundene Risiko der Identität des Bewußtseins so schwer nachvollziehbar werden, daß die Metapher kaum noch etwas hilft, Strömung und Beständigkeit in ihr Verhältnis relativer Bewegtheiten zu setzen. Nicht einmal an das ruhende Zentrum eines Strudels darf bei allem Toben der Naturereignisse gedacht werden.

Palágyi erleichtert sich die Kritik an der Strommetapher, indem er sie bevorzugt in der Form ›Gedankenfluß‹ vorführt. Da wird ihre Befremdlichkeit eher bedenklich als beim Strom der Empfindungen und Erlebnisse. Man macht darauf leicht die Probe, indem man den vertrauten ›Gedankengang‹ mit den ihn vollziehenden ›Schritten‹ heranzieht und sogleich gewahrt, daß von ›Empfindungsgang‹ oder gar ›Erlebnisgang‹ zu sprechen sowohl gewaltsam als auch aufschlußwidrig anmutet. Sowenig wie der Gang eines Menschen mit dem Fließen eines Stromes verbildlicht werden könne, so wenig sei der Gang seiner Gedanken etwas wie ein Fluß; allerdings nimmt beim Gedankengang der diskursive Verbund der Elemente das ab, was für das Gewühl der Empfindungen mit der Strommetapher die Form der Einheit heranbringt. Dieser Bedarf ist für den Gedankengang ungleich weniger dringlich und die Metaphorik eben von diesem Bedarf her ungemäß: *Man verwechselt gewöhnlich die Einheit unserer Bewußtseinstätigkeit mit dem angeblich kontinuierlichen Fluß derselben, und man glaubt, daß eine Einheit unseres Bewußtseins nur durch den stetigen Fluß seiner Tätigkeit erhalten werden kann.* (a. a. O. 25) Dies ist einer der ergiebigen Fälle philosophischer Metaphernkritik, weil nicht die Funktion der Metapher als solche ausgeschaltet und durch passendere begriffliche Leistungen ersetzt werden soll, sondern auf dem metaphorischen Niveau selbst Verwechslungen berichtigt werden.

Dem ›Gedankengang‹ fehlt allerdings eine Bestimmtheit, die am Phänomen der Aufmerksamkeit gerade entwickelt worden war: der Zusammenhang mit Verdichtung und Lockerung des diskreten Gefüges. Die Gedankenfolge gewinnt wesensmäßig nichts durch Beschleunigung, erfaßt am Gegenstand weder mehr noch weniger durch ihren ›Aggregatzustand‹. Daß der Denkende den Faden seines Gedankengangs verlieren kann, wenn er ihn zu sehr auseinanderzieht, ist dessen Intentionalität unwesentlich. Die Wahrnehmung von Erscheinungen hingegen ist in ihrer Leistungsfähigkeit, also Angemessenheit an den temporalen ›Eigensinn‹ der Erscheinung, durchaus wesentlich auf Verdichtung, erhöhte Frequenz, angewiesen. Der Grenzwert wird durch eine neue Art von Nachfolger des Laplaceschen Dämons bezeichnet: ein Bewußtsein nämlich, das unendlich viele Wahrnehmungsakte in der Zeiteinheit vollziehen könnte, wobei die *Naturvorgänge ihr letztes Geheimnis unserem anschauenden Blicke verraten* müßten. Für einen solchen Geist, der *in beliebig kurzer Zeit beliebig viele Akte vollziehen könnte*, würde es Zeit überhaupt nicht mehr geben. Für ihn wäre die Erscheinung zur ›Erscheinung an sich‹ geworden. (A. a. O. 14)

[Paralipomena]

Der Strom ist eine Metapher für große Anwendungen: für das Bewußtsein wie für die ›Ereignisse‹ der Geschichte, in denen er sich zum ›Strudel‹ tödlich verdichten wie zur Trägheit der breiten Einmündung ins Vergessene verlaufen kann.

Erlebnisse und Ereignisse sind die elementaren Titel für das Substrat des Bewußtseins einerseits, der Geschichte andererseits. Doch ist dies auch der Aspekt dessen, wobei es nicht bleiben kann. Das Bewußtsein ist eine ›Vorrichtung‹ zur Bewältigung des Stroms seiner Erlebnisse, dem es ausgeliefert wäre ohne seine intentionale Fähigkeit, das ihm ›Gegebene‹ auf dessen Gegenständlichkeit hin zu verarbeiten. Im Strom der Geschichte triebe es dennoch widerstandslos dahin, wäre es ihm nicht möglich, *die* Geschichte in und zu Geschichten aufzunehmen, wobei *post factum* die Doppeldeutigkeit entsteht, *die* Geschichte sei aus *den* Geschichten hervorgegangen. Daß ›Geschichte‹ als geschriebene aus einer Unzahl von ›Geschichten‹ ihren Ursprung hat, von denen wiederum nur diskrete und kontingente Relikte gesammelt und bewahrt sein können, ist doch nur der eine Aspekt des Sachverhalts, daß auch eine noch ungeschriebene Geschichte als dennoch erlebte und erlebbare, wenn auch darin keineswegs benannte und begriffene Einheit der Vielfalt jener Geschichten immer schon zugrunde lag. Etwa nach dem Muster: von der unbestimmten Einheit des Mannigfaltigen als erlebter Geschichte zur bestimmten Einheit der aus erlebten und zufällig oder annalistisch angesammelten Geschichten nach ›historischer Methode‹ konstituierten Geschichte. Der Einheitsbedarf des Bewußtseins ist unstillbar, und das liegt in seiner intentionalen ›Natur‹, ob man diese nun als seine Auszeichnung zur theoretischen Qualifikation hin oder als seine notwehrende Selbsterhaltung im Lebensstrom würdigt. Für die Beschreibung ist die Genese zwar hilfreich, aber nicht notwendig.

Geschichtsschreibung – oder auch nur: ritualisierte *memoria* – ist eine Organisationsform des Stoffes von ›Ereignissen‹, der die Form des Stromes hat und darin nicht ›überlebt‹ werden kann. Durch die Geschichte erfahren wir uns als Überlebende aus dem Strom oder sogar gegen den Strom, in dem sich nicht treiben zu lassen die Qualität des Bewußtseins als ›Geschichtsbewußtsein‹ befähigt. Wie man darstellt, was dabei geschieht, ist zwar wichtig für diejenigen, die es professionell – und das heißt: als Mandatare – betreiben, doch nicht für die ›Genießer‹ ihres Ertrages, die ich absichtlich nicht ›Nutznießer‹ nenne, weil man es zeitweise nicht ertragen hat, den ›Genuß‹ dem ›Nutzen‹ zuzuordnen. Sich auf das ›Wesen‹ des Menschen zu berufen, ist vielleicht ausreichend, doch wohl nicht das Letzterfragbare, sowenig wie der Titel ›Sinn‹ die Bestimmung dessen, wonach in *der* Geschichte gesucht wird: *Der Mensch, auf Verstehen hin angelegt, kann demnach gar nicht umhin, die Erfahrung von Geschichte in Sinn zu verwandeln, gleichsam hermeneutisch zu verkraften, um leben zu können.* So beschrieb Reinhart Koselleck zum 85. Geburtstag von Hans-Georg Gadamer dessen Theorie des hermeneutischen Wahrheitsbedarfs. (Hermeneutik und Historik. Heidelberg 1987, SB Heid. Akad., Phi.-hist. Kl. 1987, 1, S. 10)

Was dabei allerdings die finale Zutat des *Um leben zu können* bedeutet, kann wohl nicht mehr als die rhetorische Zugabe der Dringlichkeit jener Hermeneutik sein, die beschreibt, wie es gemacht wird und jemals gemacht werden konnte. Dagegen ist ›Historik‹, nach Kosellecks Bestimmung, die *Lehre von den Bedingungen möglicher Geschichten.* Diese Historik, wie sie Koselleck zu Gadamers Ehren als Aufgabe umreißt, ist – wenn man diesen Komparativ duldet – anthropologischer als die Hermeneutik des Geehrten, deren ›Wahrheit‹ es schwer hat, sich für das *Um leben zu können* auszuweisen. So könnten Historik und Hermeneutik im selben Verhältnis stehen wie in Heideggers »Sein und Zeit« die Daseinsanalytik und die Seinsfrage – aber das ist schon durch das Scheitern jenes sechs Jahrzehnte zurückliegenden Werkes von Gadamers Meister als unausdenkbar erwiesen. Der finale Zusatz *um leben zu können* zeigt sich – oder besser: verbirgt sich – als die anthropologische Implikation der »Historik«, auch wenn diese recht ›ontologisch‹ als Erweiterung des ›kategorialen Angebots‹ vorgestellt wird, ausgelegt in der *zeitlichen Grundstruktur möglicher Geschichten.* Wird der Historiker es riskieren, diese Zeitlichkeit nochmals als eine ›*ekstatische*‹ Grundstruktur zu beschreiben? Diese Rede von ekstatischer Zeitlichkeit des Daseins war Heideggers Widerspruch gegen Husserls Präsumtion der *fließenden* Konsistenz des Zeitbewußtseins gewesen – metaphorisch am ehesten: der ›Sprung‹ gegen den ›Fluß‹ gesetzt. Aber, innerhalb dieser Sprachmittelaushilfe: im Sprung bewährt sich das Bewußtsein nicht, um leben zu können, sondern es zerspringt im Hinblick darauf, daß es sterben muß.

Koselleck zeigt, daß die »Historik« mit der ›ekstatischen Zeitlichkeit‹ nichts anfangen kann. Sie ist eher die Drohung als die Erklärung der Geschichten. Ekstatisch wird vielmehr der Andere gesehen, indem das Dasein seine Geschichte erlebt als eine, in der Leben auch und gerade heißt Nicht-leben-lassen: als die *Fähigkeit, die Zeitspanne der Lebensmöglichkeit der jeweils anderen gewaltsam abkürzen zu können.* In Geschichten wird nicht der getötet, der sie erzählt; der Erzählzeitpunkt ist vielmehr der terminus ad quem seiner Geschichte, und diese ein Strom, der durch die Kontingenz des Erzählzeitpunktes hindurchgeht, ihn hinter sich lassend wie jede Chronik jedes ihrer Daten. So kann *das Sein zum Tode durch das Sein zum Totschlagen jederzeit überholt werden,* wie Koselleck es mit der gebotenen Drastik zuspitzt und damit in den Kontext des Vorranges der Selbsterhaltung vor allem Seinsverständnis hereinzieht. Der fremde Tod schiebt den eigenen auf und verdeckt ihn der Sicht: Es sind immer die anderen, die sterben, und das nicht erst in der Uneigentlichkeit eines sich um sein Seinsverständnis bringenden Daseins. Deshalb spielt die Kategorie der ›Generativität‹ eine herausragende Rolle: Geschichten werden schon im Blick über den eigenen Tod hinweg erzählt, die Zeit fließt den Überlebenden als ihre entgegen und über den je eigenen

Tod hinweg. Der Strom verwandelt allenfalls die Untergänge, die auf ihm stattgefunden haben, in die Trümmer, die er mitreißt und für die schon Francis Bacon die Metapher gefunden hatte, dem am Ufer des (Zeit-)Stroms Stehenden falle nur das auf oder gar zu, was oben auf dem Wasser schwimme, nämlich: *noch* schwimme, noch *nicht* versunken oder zerfallen sei. Der Verächtlichkeit dieser Metapher für den Historiker, der nicht den Strom selber beschreiben zu können vorgibt, bewußt, sagt Koselleck zu dieser Veranschaulichung der historischen Reduktion: *Nun gut, aller schiefen Metaphorik zum Trotz ist diese Beschreibung nicht ganz falsch.* Diese Bewertung vorweggeschickt, liest sich die Imagination so: *Da treiben im Strom des Überlieferungsgeschehens einige Texttrümmer herum, theoretische Versatzstücke, die vor allem aus der Wirkungsgeschichte der politischen Theorie stammen, von Plato bis zu Carl Schmitt, und da steht ein armer Historiker am Ufer dieses Stromes oder glaubt dort zu stehen, und sammelt sich von den Trümmern heraus, was ihm paßt, um theoretisch neu gerüstet auf dem Strom des Geschehens weiterschwimmen zu können.* (a. a. O. 23) Das allerdings ist nicht nur schief, es ist mit Bedacht interferent, indem der mit Recht als ›arm‹ bezeichnete Historiker – es ist immer der der anderen, sonst wäre er etwas reicher! – deskriptiv am Stromufer steht (wie Zuschauer stehen müssen, noch dazu wenn er ›Texttrümmer‹ herauszufischen hat!), während er final auf dem Strom *weiterzuschwimmen* gesonnen ist, wie immer mit Hilfe jener Trümmer, die doch als aus Schiffbrüchen und Untergängen anderer Art stammend sein Zutrauen kaum verdienen können, ihn überleben zu lassen. Was hat ihn gezwungen, den Uferstandort zu verlassen? Die Drohung des Stromes selber, ihn fortzuschwemmen? Dann zöge er das Weiterschwimmen dem Geschwemmtwerden vor. Was Koselleck die Schiefe der Metaphorik von ›Historiken‹ anderer Provenienz nennt, ist eine geradezu aufschlußüberreiche Strapazierung der Konfiguration von Statik und Dynamik im ›Begriff‹ der Historik.

Denn die ›Texttrümmer‹ auf dem Strom tragen den Historiker nicht zu den Quellen des Stroms, sondern in der Gegenrichtung von diesen fort. Er überlebt in einem Verzicht auf die Erfüllung des Postulats ›Zu den Quellen!‹. Seine Wirklichkeit liegt *hinter den Texten*, was bei Koselleck heißen soll, daß die Texte *durch Fragen in Quellen verwandelt werden: Kein Quellentext enthält jene Geschichte, die erst mit Hilfe textlicher Quellen konstituiert und zur Sprache gebracht wird.* (a. a. O. 27) Was aber ist das dann noch für ein Strom?

Gadamer hat in seiner als »Antwort« bezeichneten Verdeutlichung seiner Position als »Historik und Sprache« (a. a. O. 29 ff.) ambivalent vom *Text der Geschichte* gesprochen, der *nie fertig abgeschlossen und nie auch nur festgeschrieben* sei. Dabei wird ihm der *heutige Sprachmodus vom Festschreiben* zum Leitfaden auf die Strommetapher hin: es klinge *wie ein ohnmächtiger Protest des Sprachgeistes gegen den wechselvollen Strom des Erzählens*. Aber wer protestiert denn da gegen was, und noch dazu ohnmächtig? Daß der Strom des Erzählens als *wechselvoll* bezeichnet ist, scheint eher den Strom des Erzählten zu treffen, denn für diesen gilt doch, was über *die Historie* gesagt wird: *Sie liefert sich dem Rätsel der Kontingenz ganz aus und vergeht an ihm.* (a. a. O. 35)

Gegen den Strom zu schwimmen, ist eine Metapher eigentümlicher Ausstrahlung. Der gegen den Strom Schwimmende ist ausgezeichnet durch den Erweis von Kraft, die ihn dazu befähigt, sich der Versuchung zum Treibenlassen mit dem Strom zu entziehen. Er verschmäht den Genuß der Übereinstimmung mit dem Medium, in dem er sich bewegt, die getragene Leichtigkeit des Seins, das Vorankommen in der Richtung, die die Billigung aller Mittreibenden hat. Eine Evidenz dafür, daß er recht hat mit seiner Anstrengung im Gegensinn, wird er nur selten haben, wohl gar nicht haben *wollen*. Er beweist eher *sich* als irgend etwas anderes. Wird ihm Bewunderung zuteil, so am ehesten die derer, die ihn der Vergeblichkeit und dem Scheitern ausgeliefert sehen. Daß er erlahmen wird, bestätigte denen, die *mit dem Strom schwimmen*, daß sie recht hatten, ihre Kräfte nicht ans Aussichtslose zu verschwenden. Nur der Erschöpfte kann erfüllt davon sein, daß er es darauf ankommen ließ.

Fragt man sich nun nach der *epochalen* Geltung dieser Metapher, so ist es geradezu Kennzeichen der Neuzeit, die Nutzung des Stromes in *dessen* Richtung zu rechtfertigen. Die Natur zu erkennen, um sich *naturgemäß* und *sachgerecht* zu verhalten, gehört zu den Prämissen des theoretischen Bedarfs einer endgültigen Moral. Die Eigenmacht der Wirklichkeit zu bezwingen bekam die am deutlichsten von Francis Bacon ausgesprochene Bedingung, sich Gesetz und Macht der Natur zu unterwerfen um sie *aus ihr selber heraus* zu beherrschen, statt nur im Versuch demiurgisch-magischer Faustgewalt *über sie* zu verfügen. Insofern hat der Wissenschaftsgeist der Neuzeit zwar die Implikation der Naturbeherrschung, aber zugleich die theoretische Maxime, ihr Potential einsichtig schonend zu nutzen. Die Programmatiker dieser Konzeption wußten eines nicht: daß es viel zu lange dauern würde, genügend Erkenntnis von der Welt zu gewinnen, um innerhalb der Grenzen dienender Nutznießung zu bleiben. Der Schwimmer mit dem Strom würde schon bei mäßiger Eigenleistung schneller als das ihn tragende und treibende Element.

Es ist nicht eine bloße Wiederholung der antiken Formel, die menschliche Kunstfertigkeit (*technê*) sei Nachahmung (*mimêsis*) der Natur (*physis*). Dieses Prinzip war vor allem eidetisch-morphologisch. Das Paradox von der Beherrschung durch Unterwerfung bindet nicht an die Form, sondern an die Gesetzlichkeit, an Material und Energie. Der in einem Vogelfederhabit in den Flug sich stürzende Mensch war so etwas wie der eidetische Irrtum an Ikarus. Aber die Kraft eines Stromes zu nutzen, um etwas ihm ganz Unähnliches zu bewirken: Werkzeugmaschinen anzutreiben, veranschaulicht die heterogene Morphologie, die im neuzeitlichen Verhältnis von Natur und Technik angelegt ist. Aber die Virulenz der Strommetapher tritt erst ganz zutage, wenn der *energetische* Gewinn des Schwimmens mit dem Strom genutzt wird, um eine vermeintliche Blockade der Natur zu brechen, eine *eidetische* Sperre zu überwinden.

Als der Zudringlichkeit menschlicher Neugierde endgültig verwehrte Räume erwiesen sich die Pole der Erde. Dabei war lange die Erreichung der Pole eine eher abstrakte Idee; konkret waren die Wünsche, die großen Kontinentalmassen zu umfahren, den von starken Mächten beherrschten Zugang zu den Gütern und Schätzen Asiens auf einem unbewachten Durchschlupf an den nördlichen Küsten entlang auch für die Länder zu finden, die von den vielbefahrenen südlichen Routen ausgeschlossen waren oder allzu leicht ausgeschlossen werden konnten. Von der zuverlässigen Kenntnis der nautischen Bedingungen zwischen dem nördlichen Kontinentalrand und der südlichen Grenze der Polareiskappe hing dabei alles ab. Die Pioniertaten dieser Pfadfindung brachten wie von selbst die Frage auf, ob es einen Weg zum Nordpol geben könne, ob es eine durchgehende Landmasse für diese Route gebe oder das große offene Meer um den Pol herum, zu dem man die Durchgänge in der kurzen Zeit der Sonnenerwärmung finden könnte. Schließlich waren alle Vorstöße, alle Expeditionen an der Sommerkürze gescheitert, die Schiffe im

Eis eingefroren, vom Packeis zerdrückt worden. Doch lieferten die Driften der festgefrorenen Schiffe und noch die Fundorte ihrer Trümmer die Anhalte für die Vermutung, es könnte Strömungen im Polarmeer und an den Küsten der dem Pol vorgelagerten Inseln geben, deren Antrieb und Richtung ein im Packeis stationiertes Schiff zum Pol hin und über ihn hinwegtragen würde.

Als Fridtjof Nansen, der von 1893 bis 1896 die norwegische Polarexpedition durchführen sollte, auf die Fakten zur Annahme einer polwärts gerichteten Strömung stieß, konzentrierte sich das Problem auf die Herstellung eines für die Eisdrift geeigneten, dem Packeisdruck widerstehenden Expeditionsschiffes: des Vehikels, um *mit dem Strom zu schwimmen*, die Natur mit ihren Mitteln zu überlisten, sofern man nur *ein* technisches Element stabil genug machte, dem Gegendruck standzuhalten. Wenn *irgendwo zwischen dem Pol und Franz-Joseph-Land ein Strom vom Sibirischen Eismeer nach der grönländischen Ostküste geht*, folgerte Nansen aus den Schicksalen der österreichisch-ungarischen »Tegetthoff«-Expedition von 1872/74 und der amerikanischen »Jeannette«-Expedition 1879/81, dann ging es nur noch um die Aufbringung der Mittel für das packeisfeste Schiff, das zum Gefangenen der Natur gemacht werden konnte, um deren Umtriebigkeit im Polarmeer in der Fesselung zu nutzen. Mit anderen Worten: Bacons Metaphorik von Dienst und Herrschaft mußte in die Rhetorik der Werbung für das neue Projekt *eidetisch* transformiert werden: *Ich glaube, daß, wenn wir auf die sich in der Natur selbst vorfindenden Kräfte Acht geben und versuchen, mit denselben und nicht gegen sie zu arbeiten, wir den sichersten und leichtesten Weg zum Pole finden werden. Es nützt nichts, gegen den Strom zu arbeiten, wie die vorhergehenden Expeditionen es gemacht; wir müssen sehen, ob sich nicht ein Strom findet, mit dem wir arbeiten können.* (Fridtjof Nansen, In Nacht und Eis. Die Norwegische Polarexpedition 1893-1896. Leipzig 1897, I 13: *Die Jeannette-Expedition ist meiner Meinung nach die einzige, die auf dem richtigen Wege gewesen ist, obschon wider Wissen und Willen.*)

Es ist von schöner Aussagekraft, daß Nansen von der ›Arbeit‹ mit und gegen den Strom spricht, obwohl doch nicht einmal nur metaphorisch vom ›Schwimmen‹ zu sprechen war. Er tat dies in dem Vortrag, den er im Februar 1890 vor der Geographischen Gesellschaft von Christiania hielt und im März 1891 in der norwegischen Zeitschrift »Naturen« drucken ließ. Man hat sich zu vergegenwärtigen, wie die erfolgreiche Werbung um die nationale Zustimmung zum Bau der »Fram« begann und den entgegenstehenden Anschein der *Tollkühnheit des Planes* überwand. (Nansen, In Nacht und Eis, I 44) Zwar wurde der Pol nicht erreicht, nur die größte bis dahin vermochte Annäherung an ihn – aber die Richtigkeit der Voraussetzungen, ihn zu erreichen, bestätigte sich glänzend, das Werk von Menschen überstand die abweisende Tortur der Eisfront und kehrte heim, allerdings ohne den Inspirator Nansen an Bord, der den Weg der Beweglichkeit übers Eis mit Hundeschlitten eingeschlagen hatte.

Der Schwimmer mit dem Strom verwandelt die ›Arbeit‹ in ihr Gegenteil. Nansens Idee war die Preisgabe des elementaren Sachverhalts, daß Schiffahrt eine Handlung, eine Aktion der Lenkung und Justierung des Fahrzeugs sei, wie die Handhabung irgendeines anderen ›Werkzeugs‹. Nansen hatte gesagt: *Mein Plan ist in Kürze folgender: Ich beabsichtige, ein Schiff bauen zu lassen, so klein und so stark wie möglich ...* Leicht und stark zugleich sollte die »Fram« werden und von solcher Form, daß sie durch die Eispressungen emporgeschoben und in der Eisdrift festliegen würde. Ist schon in jedem Vehikel der Passagier ein Mitbewegtes, so würde nun auch das Schiff ein Mitgeführtes, ein Bestandteil des Eises sein: *Von jetzt an besorgt der Strom die Beförderung, während das Schiff nicht länger ein Transportmittel ist, sondern zum Quartier wird, in welchem man reichlich Zeit hat, wissenschaftliche Beobachtungen anzustellen.* (Nansen, In Nacht und Eis, I 25) Als Nansen seinen Plan der Geographischen Gesellschaft in London vorgetragen hatte, kritisierte der Admiral Sir George Nares ebendiese Verschmelzung von Schiff und Eis, da sie der Form des Schiffes jede Funktion nehme: *... wenn man erst im Po-*

lareise eingefroren ist, hat die Form des Schiffes keinerlei Bedeutung. Es ist unverrückbar eingeschlossen und bildet einen Theil des Eisblocks, der es umgibt. ›Die Form des Schiffes ist in praktischer Hinsicht genau dieselbe wie die Form des Eisblocks, worin es eingefroren ist.‹ (Nansen, In Nacht und Eis I 33 f.)

Das Schwimmen mit dem Strom ist von multipler Mittelbarkeit. Das so kurz vor der Jahrhundertwende entwickelte und umstrittene Konzept der passiven Polarnautik wirkt wie ein säkularer Prototyp der Astronautik der zweiten Hälfte des bevorstehenden Jahrhunderts: In den bemannten Raumkapseln sitzen ›Piloten‹, Raumfahrer, Astronauten, denen nichts zu ›fahren‹, nichts zu navigieren übriggeblieben ist. Sie sind integrierte Bestandteile der Geschosse geworden, mit denen sie auf eine Bahn gebracht werden, deren minimale Korrekturen von Bodenstationen kommandiert werden, die auch allein das rechnerische Potential für den Vergleich der Bahndaten mit ihren Sollwerten besitzen. So hätte schon Nansens »Fram« bei fortschrittlicherer Instrumentierung von ihrer Besatzung verlassen werden können, die nur nötig gewesen war, um sie einmal auf ihre Strömungsbahn im Packeis zu bringen – wenn es schon einigermaßen resistente automatisch schreibende Meßgeräte gegeben hätte. Denn was mehr als zu messen war auf der Eisdrift über den Pol zu tun? Es ist, wie der Reisebericht Nansens deutlich macht, die prinzipielle Überflüssigkeit des Auges in dieser arktischen Eiswelt, die das Risiko so unverantwortlich erscheinen läßt, Menschen auf einen Weg zu schicken, auf dem nichts zu sehen, nur zu messen ist. Wenige Jahre später nur konnte das alles eine vollautomatische und gut verkapselte Station leisten – in der Arktis so gut wie im Weltraum. War etwa auf dem Mond mehr zu sehen als in der Arktis?

Es sind die Perspektiven des Schwimmers im Strom: Sein Auge liegt so tief über der Wasseroberfläche, daß es nur die Unruhe dieser eintönigen Oberfläche wahrnimmt. Es gewinnt keine Erfahrung, als sei dies die Strafe dafür, mit dem Strom zu schwimmen.

Nansen hat seinen der ›Weltliteratur‹ nahestehenden Expeditionsbericht »In Nacht und Eis« genannt. Der alten Lichtmetaphorik zuwider sollte gerade die lange arktische Nacht mit der Festeisung des Schiffs im Strom der Erkenntnis dienen: Eben wenn man nichts sehen würde, mußte man dem Pol entgegen kommen und in seine – dann doch nicht so großen – Geheimnisse eindringen. Die Pointe dieser Vereinigung von Eis, Nacht und Strom liegt in dem lakonischen Satz: *Als eine Verbesserung gegen frühere Expeditionen ist zu erwähnen, daß die ›Fram‹ mit elektrischer Beleuchtung versehen war.* (Nansen, In Nacht und Eis I 58 f.) Bei Fahrt unter Dampf sollte die Dynamomaschine mit dem Schiffsantrieb verbunden sein, bei Festeisung *theils durch Wind, theils durch Handkraft* betrieben werden. Dem Vorausdenken an den Handbetrieb der Lichtbeschaffung ist zwanglos der Nutzeffekt angefügt, dies würde *uns in der langen Polarnacht Bewegung ... verschaffen.* Inmitten aller Erstarrung in passiver Motion geht die Vision des menschlichen Motors als letzter Quelle von Energie und Erleuchtung auf, mit dem ernüchternden Nebengedanken, der auch auf die Muskelschwundnöte des schwerelosen Zustands der Astronautik vorausweist, daß in der unmerklichen Getriebenheit der großen Mission der Mensch um jeden Preis bewegt werden muß. Die List, mit dem Strom zu treiben, bedarf der Kompensation.

Zeit fließt nicht nur, sie verfließt auch. Insofern ist sie kein Strom, der mächtig aus der Zukunft kommt und durch die Stromenge der Gegenwart hindurch in die Vergangenheit strömt.

Ernst Jünger hat im ersten Pariser Tagebuch am 30. August 1942 von Stunden notiert, die einem verraten, daß es ein Paradies gegeben haben muß: *In solchen Stunden war von allen Übeln der Zeit nur eines zurückgeblieben: daß sie verfloß.* Dasselbe Fließen des Bewußtseinsstroms, das sie erzeugt, wird pejorativ zum Verlust.

Es ist merkwürdig, daß Tagebücher, die doch im Dienst der Erinnerung zu stehen scheinen, die Gegenwarten ihrer Tage überschätzen. Sie erlegen das Pensum auf, etwas an jedem Tage erlebt zu haben, und das dehnt deren Gegenwart aus: Im Augenblick der Niederschrift erst reißt die Retention ab. Aber dasselbe Verfahren entwertet sich die Erinnerung, denn die verlorene Zeit des Tagebuchschreibers ist es gerade, die der Erinnerung keine ›Arbeit‹ übrigläßt. Sind die Tagebücher nicht selbst zu Kunstwerken geworden, haben sie deren Entstehung schon negiert. Wie etwa sollte man sich Memoiren von Ernst Jünger noch denken können? Würde er die Tagebücher beiseite lassen und sich der Erinnerung anheimgeben, wäre der Leser zum Mißtrauen verurteilt, den kurrenten Text am diskreten zu prüfen. Aber ist die Erinnerung zu derselben Wahrheit verurteilt, die das Tagebuch verlangt?

Welche Aufschlußwerte bringt die Metaphorik des Bewußtseinsstroms dem Begriff des Bewußtseins als Intentionalität hinzu?

Zweifellos ist Intentionalität der Motor der Bewegung des Bewußtseins, seines Prozesses. Denn sie hat, was auch immer der jeweilige ›Stand‹ des Prozesses der Gegenstandsbildung sein mag, *immer noch* eine Richtung, einen Zielwert, eine Tendenz. Inbegriff dieser Tendenzen, die sich in Motorik des Bewußtseins umsetzen, ist ›Welt‹.

Was aber den Imaginationswert ›Strom‹ auszeichnet, ist die Beschaffenheit dessen, was da strömt: seine Homogeneität als Bedingung für seine Liquidität. Das Flüssige, als Einzelereignis im Weltraum außerhalb einwirkender Kräfte betrachtet – so wie man den Begriff der Trägheit bestimmt –, hätte die Gestalt einer Kugel. Der Strom ist das reine Gegenteil der Kugel: die reine ›Anpassung‹, etwa an die Bedingungen eines Geländes für Fließen. Doch die Bedingung dieser ›Anpassung‹ im Fließen ist etwas, was man die innere ›Anpassung‹ der strömenden Masse selbst nennen könnte: ihre Konsistenz. Was auch immer ihr an äußerer Bestimmung aufgezwungen werden mag, sie behält ihren strömenden Zusammenhang.

Für einen Bewußtseinsbegriff ist von größter Wichtigkeit zu verstehen, wie die Störungen der durch Intentionalität angetriebenen Bewegung bewältigt werden: Gegenstände werden, obwohl intendiert, eben nicht gebildet und ›erfahren‹; die Intentionalität wird immer unterbrochen, abgelenkt, auf die metaphorische Ebene gezwungen. *Das Bewußtseyn ist ganz fragmentarisch* (Schopenhauer, Nachlaß III 571). Doch das gilt eben immer nur für eine Betrachtung am äußeren Maßstab und an dem der partiellen Intentionalität. Denn es ließe sich auch sagen: Hinsichtlich seiner Welt-Intention kann das Bewußtsein so wenig fragmentarisch sein wie hinsichtlich seiner Fähigkeit, ein Ich zu bilden, also: für alles, was es hat, einen Ich-Pol zu haben. Die Strom-Metapher hebt die Fragment-Metapher insofern auf, als sie sie als nur vorläufig deklariert: ›Fragment‹ hat ein dem ›Strom‹ äußerliches und fremdes Kriterium; soweit das Bewußtsein

›Strom‹ ist, kann es nicht durch seine Gegenstände bzw. durch sein Gegenstände-haben zureichend definiert sein.

Betrachtet man den Strom, wie er dem Weg folgt, den er sich geschaffen oder gebahnt hat: dem Strombett, oder sich den Weg sucht, sobald ihm neue Bedingungen gesetzt werden, so bietet er sich an als Bild für ein bekanntes Doppelpaar von Begriffen: Selbsterhaltung und Anpassung. Es ist eine der Eigentümlichkeiten des Positivismus, sich dieser biologisch vorgeprägten Begriffe für das Verständnis des Bewußtseins bedient zu haben; was er damit erreichte, war die Naturalisierung des Bewußtseins: Es ist ein Naturvorgang wie jeder andere. Anpassung bedeutet, daß Selbsterhaltung nicht die Starrheit der bloßen Beharrung hat, wie die des materiellen Körpers im Raum.

Anpassung, in dieser positivistischen Generalisierung, bestimmt nicht nur das Verhältnis der Vorstellungen zu den Tatsachen, sondern auch das der Vorstellungen untereinander. Das ist es, was den Aggregatszustand des Bewußtseins ausmacht, nicht nur seine Liquidität, sondern seine Homogeneität. Ernst Mach hat diese immanente ›Anpassung‹ dadurch herausgestellt, daß er der äußeren Anpassung der Vorstellungen an Tatsachen in der experimentellen Fiktion ein Ende setzte: *Selbst wenn alle sinnliche Erfahrung plötzlich ein Ende hätte, würden die Erlebnisse früherer Tage in wechselnder Stellung in unserem Bewußtsein sich begegnen, und es würde der Prozeß fortdauern, welcher im Gegensatze zur Anpassung an die Tatsachen der eigentlichen Theorie angehört, die Anpassung der Gedanken aneinander.* (Ernst Mach, Über Umbildung und Anpassung im naturwissenschaftlichen Denken. Rede gehalten bei Antritt des Rektorats der Deutschen Universität Prag am 18. Oktober 1883. In: Populär-wissenschaftliche Vorlesungen. ([1]Wien 1896) [4]Leipzig 1910, 260) Die Sammlung ist, wie nicht ohne Bedeutung, William James gewidmet).

Es ist von großer Wichtigkeit, zu sehen, wie die Leistungen von Wahrnehmung und Theorie den Grundeigenschaften des Bewußtseins zugeordnet sind: Wahrnehmung als äußere, Theorie als innere ›Anpassung‹. Das hat nämlich zur Folge, daß ein Bewußtseinszustand muß gedacht werden können, bei dem keine aktuelle Gegenstandsbeziehung mehr stattfindet, sondern das Bewußtsein ganz aus seinem Bestand heraus, also aus der Erinnerung, weiter arbeitet: an seiner Homogeneisierung. Das bedeutet: Theorie hat die Funktion, das Bewußtsein in seiner Homogeneität zu erhalten, unabhängig von der Erhaltungsfunktion, die es als Anpassung der Vorstellungen an Tatsachen instrumentell für die Erhaltung des Organismus hat, dessen Bewußtsein es ist. Zwar ergeben sich hier klare Querverbindungen zur Bewußtseinstheorie der Phänomenologie, nur daß für Husserl jenes Gedankenexperiment gänzlich unmöglich wäre, weil die aktuelle Affektion für *keine* Leistung des Bewußtseins und für *kein* Bewußtsein überhaupt entbehrt werden kann. Affektion, gleich Urimpression, ist mit dem Motor der Bewußtseinsprozesse, der Intentionalität, unablösbar gekoppelt: diese verschafft jener die aller Diskursivität notwendige und einzig denkbare Dimension der Zeit. Auch die von Mach postulierte Eigenmotorik der Theoriebildung über die Erfahrung hinaus könnte nur in der Zeit verlaufen und durch die Struktur der Zeit möglich werden. Was bei Mach als Identitätsbildung des Bewußtseins durch Assimilation der Vorstellungen aneinander mittels der Theorie vor sich geht, erweist sich in Husserls Analysen als etwas, was nur durch die Zeit überhaupt erforderlich wird: Sie gefährdet die Identität potentiell, und sie formiert sie aktuell.

Weshalb ist das so? Weil der ›Wert‹ des Bewußtseins in seiner Verarbeitungsfähigkeit für heterogenes Material liegt.

Nun kann man in dieser Aussage den Akzent verschieden setzen. Die Verschiedenartigkeit des Materials ist aufgezwungen – Gehlens ›Reizüberflutung‹ –, und das Bewußtsein ist in der Gesamtheit seiner Leistungen so etwas wie die Notlösung für dieses Problem. Oder: Ein Bewußtsein der Gleichartigkeiten und Repetitionen, der ständigen Bewährung von schon konsolidierten Mechanismen und Vorurteilen, der Ein-für-allemal-Theorien, der Erlebnisfreiheit, der absoluten Lebensweltlichkeit, der Welt-Garantie, wäre durch Langeweile und Funktionsarmut zur Verkümmerung verdammt, wie ein Organismus, an den keine Anforderungen zur Leistung gestellt wären; es wäre also ein nicht selbsterhaltungsfähiges Bewußtsein, gerade weil es so fehlerfrei fungieren könnte.

Der Erlebniswert liegt bei der Heterogeneität, der Erhaltungswert bei der Homogeneität; aber dieser ist nicht ohne jenen überhaupt zu haben – und das heißt: auch der Erlebniswert, so autonom er subjektiv sein mag, ist objektiv auch nur ein Erhaltungswert. Nicht auf die *Homogeneität* als solche nämlich, sondern auf die *Homogeneisierung* kommt es an. Auch die Identität ist nur das Hilfsmittel, das Nebenresultat am ›Strom‹ des Bewußtseins – und das ist besser durch die Metapher des Fadens zu vergegenwärtigen: *Wir fühlen, daß im wechselnden Inhalt des Bewußtseins die wahren Perlen des Daseins liegen, und daß die Person nur ist wie ein gleichgültiger symbolischer Faden, an dem sie aufgereiht sind.* (Ernst Mach a. a. O. 264)

Diese funktionale Geringschätzung der personalen Identität zugunsten dessen, was man die ›Farbigkeit‹ des Bewußtseins nennen könnte, hat wichtige Konsequenzen. Die wichtigste: die soziale Nebenrolle des Ich.

Darüber mochte Mach den Zuhörern einer einstmals festlichen Rektoratsrede nichts Einläßliches zumuten und gab es daher dem gedruckten Text in einer Anmerkung bei, die den Biologismus des Anpassungsbegriffs noch krasser hervortreten läßt: *Die ganze Menschheit ist wie ein Polypenstock. Die materiellen organischen Verbindungen der Individuen, welche die Freiheit der Bewegung und Entwicklung nur gehindert hätten, sind zwar abgerissen, allein ihr Zweck, der psychische Zusammenhang, ist durch die hierdurch ermöglichte reichere Ausbildung in viel höherem Maße erreicht worden.* (Ernst Mach, a. a. O. 264 Anm.) Da erfahren wir nun, weshalb der einzelne das Geschäft der Homogeneisierung der Vielfalt zu leisten hat: Er verschafft einem Ganzen, dem er nochmals integriert ist, den größeren Reichtum. Das Risiko seiner Identität ist der Gewinn seiner Gattung; mehr als der Apparat zur Sicherung des Gewinns darf aber seine Identität nie werden, denn ihr Wert ist nur Funktionswert jenes

Quasipolypenstocks, dessen Organ sie ist. Daraus folgt für den Eigenanspruch des Subjekts: *Wir dürfen uns nicht darüber täuschen, daß das Glück anderer Menschen ein sehr bedeutender und wesentlicher Teil des unsrigen ist. Es ist ein gemeinschaftliches Kapital, das von dem einzelnen nicht geschaffen werden kann, und mit ihm nicht stirbt. Die schematische Abgrenzung des Ich, welche nur für die rohesten praktischen Zwecke notwendig ist und ausreicht, läßt sich hier nicht aufrechthalten.* (Ernst Mach, a. a. O. 264 Anm.) Die verselbständigten Glieder des metaphorischen Polypenstocks haben ihre Problematik, in einem Bewußtsein Mannigfaltigkeit und Einheit miteinander auszugleichen, den ›Bewußtseinsstrom‹ zu retten, nur als Funktionäre und Agenten einer organischen Übereinheit, die ihnen dieses Grundproblem delegiert, um selbst nur den Gewinn dieser Auseinandersetzung abzuschöpfen und als Kapital zu thesaurieren. Es wäre ein anderer Aspekt auf das, was Francis Bacon die ›idola tribus‹ genannt hatte; denn sobald die Gattung dem einzelnen aus ihrem Kapitalstock etwas zur Verfügung stellt, hat es das Ansehen des ›Vorurteils‹, das sich als vormaliger Gattungsgewinn bewähren kann oder nicht, jedenfalls Vorsicht verlangt, ob es wieder in die funktionale Identität dieses Bewußtseins und dieser Erfahrung eingehen kann. Für das Individuum gibt es jene kapitalisierten Dauergewinne nicht; sie widersprechen seiner Funktion, neue Auseinandersetzungen mit der Welt, neue Anpassungsleistungen herbeizuführen: Strom zu bleiben, nicht Ruhemasse zu werden.

Phänomenologie.
Grenzen der Bewußtseinsstrommetapher am Willensakt?

Man nehme einmal die Bestimmung des Bewußtseins als Intentionalität beim Wort. Dann ist das Bewußtsein in seiner Gänze, ohne Anfang und ohne Ende, ein einziger Sinnzusammenhang, der Episoden und Enklaven, Kurzschlüsse und Digressionen ausschließt – also, wo sie aufzutreten scheinen, sie eben als Schein zu deklarieren nötigt. Das geht gut für alles, was *Cogito* heißt. Aber wie geht es mit dem, was *Volo* anfängt? Beim Intellektuellen läßt sich im Prinzip alles als ein einziger Akt der unablässigen Verfolgung desselben beschreiben, und dessen Abteilungen und Unterteilungen nur als Gewährung von Atempausen an eine überforderte Deskription. Aber Handlungen, Setzungen der Willkür, müssen Stücke sein, die sich solide absetzen gegen andere Bestandteile der Bewußtseinsgeschichte; nur so kann es moralische Qualifikation geben, die das eine für gesetzmäßig, das andere für gesetzwidrig erklärt.

Mit dem ›Bewußtseinsstrom‹ ist in der Moralphilosophie nichts anzufangen. Anders herum: Ist das Bewußtsein zwingend als Einheit eines Stromes, Metapher der Intentionalität, gesehen, muß die Ethik aus der Reihe der philosophischen Disziplinen ausscheiden. Es gibt nicht nur zufällig und aus Ungeschmack keine phänomenologische Ethik; es gibt sie aus Unmöglichkeit nicht. *Unsere gewohnte ungenaue Beobachtung nimmt eine Gruppe von Erscheinungen als Eins und nennt sie Faktum: zwischen ihm und einem anderen Faktum denkt sie sich einen leeren Raum hinzu, sie isoliert jedes Faktum. In Wahrheit aber ist all unser Handeln und Erkennen keine Folge von Fakten und leeren Zwischenräumen, sondern ein beständiger Fluß.* (Nietzsche, WW IX 189) Mit dieser Isolierung der Fakten – und man müßte hinzufügen: der Akte – ist der Glaube an die Freiheit des Willens eng verbunden. Er ist aber gerade mit der Vorstellung eines beständigen einartigen ungeteilten unteilbaren Fließens unverträglich: *er setzt voraus, daß jede einzelne Handlung isoliert und unteilbar ist;*

er ist eine Atomistik im Bereiche des Wollens und Erkennens. Das ist die in der Sprache versteckte philosophische Mythologie, von der Nietzsche in demselben Zusammenhang spricht. Diese Atomistik erlaubt, das Präparat des isolierten Aktes eben daraufhin zu betrachten, in welchem Maße es abhängig ist von Fakten, die es im Zusammenhang des Bewußtseins umgeben. Und dann ist die Frage, ob die Akte von den Fakten genauso abhängig sind wie die einzelnen Fakten von anderen Fakten, die ihnen vorausgehen (Kausalität). Das Problem stellt sich aber nur im Zusammenhang dieser präparierten Atomistik. Man kann einen Fluß nicht in Portionen einteilen, ohne ihn aufhören zu lassen zu fließen; man bekommt dann allenfalls Behälter und andere Formen von Ableitungen dessen, was den Fluß fließen läßt, aber nicht irgendeine Form, in der der erhaltene Fluß noch wäre. Die Metapher des Bewußtseinsstromes impliziert, daß das Bewußtsein nur ein einziger Akt, seine Inhalte nur ein einziges Faktum sind.

Zu demselben Ergebnis ist Kant auf einem ganz anderen Wege gekommen, als er das Verhältnis von Handlung, Maxime der Handlung, Gesetz zur Prüfung der Maxime untersuchte. Indem nämlich die Maxime bereits alle möglichen Handlungen enthält, die von ihr überhaupt geregelt und betroffen sein können, ist sie bereits die Einheit der von ihr geregelten Handlungen. Und insoweit das Gesetz die Gesamtheit möglicher Maximen betrifft, die ihm subsumiert werden können, ist es bereits die Einheit dieser Maximen, die gewissermaßen gar nicht erst aufgestellt zu werden brauchten und nur unter Annahme der Einzelhandlungen des Willens überhaupt aufgestellt werden. Die Logik dieser Betrachtung führt dahin, daß für jedes Leben – und das heißt für jedes Bewußtsein – ein einziges Mal eine einzige Maxime aufgestellt wird und die Einheit dieses Lebens regelt. Das wäre dann auch der strikte Begriff von Intentionalität, denn es würde in diesem Leben gar nicht mehr gewollt werden, würde Akte des Willens als einzelne und isolierbare nicht mehr geben, sondern nur noch Ausflüsse und Ableitung aus der einen Quelle der einen Maxime. Ihr entspricht theoretisch die Einstellung auf einen Gegenstand, der aber seinerseits wiederum nicht ein isoliertes Ding sein kann, sondern ein Ding nur als Fall des Zusammenhangs von inneren und äußeren Horizonten der Phänomene. Der eine Gegenstand, der der Einheit des Bewußtseins vollkommen entspricht, ist die Welt, und in ihr gehen Handlungen und Gegenstände ununterscheidbar auf. Sollte es also eine Freiheit geben, muß sie immer irgendwann an einem unbekannten Ursprung der intentionalen Einheit liegen: die Welt, die ich gewählt habe aus der Unendlichkeit möglicher Welten und durch deren Wahl ich das Selbst bin, das ich bin, ist die einzige Form der Freiheit, von der zu reden sinnvoll ist.

Husserl. Grundmetaphern der »Selbstanzeige«: Wolke / Boden / Quellen / Strom

Husserl, WW XVII 288: ... *in echtem, ursprünglichem Recht durch eine Wesensbefragung der Erfahrung selbst ... durch intentionale Auslegung evident zu machen sind. Das aber natürlich auf dem letzten transzendentalen Boden, den uns die phänomenologische Reduktion schafft.*

Dieses gegen Descartes, der die Denkbarkeit von weltlich Seiendem *im voraus als über den Wolken der Erkenntnis schwebendes absolutes Sein hat. Oder wie wir auch sagen können: Descartes fällt es nicht ein, eine intentionale Auslegung des Stromes sinnlicher Erfahrung zu versuchen* ... Da sind, innerhalb weniger Zeilen, die elementaren und gegensätzlichen Metaphern von Positivismus und Rationalismus beieinander: Boden, Wolke, Strom.

Die Aufklärung der Geltung der logischen Prinzipien ..., ohne die diese Prinzipien wissenschaftlich in der Luft stehen. (263) Kants transzendentale Probleme stehen nicht *auf dem Urboden aller transzendentalen Forschung, dem der phänomenologischen Subjektivität. Kants Probleme waren von vornherein in einer zu hochstufigen Form gestellt* ... (271) Hier ist Boden weniger das unterste Tragende als vielmehr die Baustufe, auf der man beginnen muß, um höhere Stufen zu erreichen. Es ist dies *auf dem Boden meiner absoluten Subjektivität*, aber auch *auf dem der aus mir selbst erschlossenen absoluten Intersubjektivität.* (281)

Sehr merkwürdig, aber nicht allein an dieser Stelle der Selbstanzeige des Verfassers der »Logik«, ist die Rede vom *fruchtbaren Arbeitsboden der zu schaffenden ›Methode‹* (399) und um so merkwürdiger, wenn im unmittelbaren Kontext der Metapher des Bodens als Arbeitsboden die Metaphorik der Quellen auftaucht, die nun wieder nichts mit Arbeit und Bauformen, sondern eher mit der Fruchtbarkeit zu tun hat. Selbstanzeigen eben veröffentlichter Werke sind eine ebenso seltene wie schwierige Form der Autopräsentation eines Autors: gerade hat er ein dickes Buch geschrieben, dem Leser zur Last und Zumutung, und nun gibt er zu erkennen, daß man das doch auch viel kürzer sagen kann. Schlimm!

Phänomenologie. Palágyi. Innerhalb der fließenden Zeit keine fließenden Intervalle für (punktuelle) geistige Akte

Melchior Palágyi, Naturphilosophische Vorlesungen über die Grundprobleme des Bewußtseins und des Lebens. (1. Aufl. Leipzig 1908) 2. Aufl. Leipzig 1924, 283:

Die ganze Reaktionszeit ist in allen ihren Intervallen durch vitale Prozesse erfüllt, so daß nirgends eine meßbare Zeitdauer für geistige Akte zurückbleibt und auch nicht zurückbleiben kann. Der Naturforscher braucht also niemals zu befürchten, daß in irgendwelche zeitliche Intervalle des Geschehens, die durch ihn gemessen werden sollen, solche Prozesse sich einschieben könnten, mit denen er nichts anzufangen wüßte, nämlich geistige Prozesse. Es gibt keine geistigen Prozesse in der Welt, sondern bloß geistige Akte, und diese sind nicht von der Art, daß sie *sich durch das Netzwerk mechanistischer oder vitalistischer Messungsmethoden einfangen ließen.* Geistige Akte finden sich also nirgendwo im Reiche des Meßbaren, und der Naturforscher darf sich so verhalten, als ob es sie für ihn gar nicht gäbe. Allerdings muß er sich auch darüber klar sein, daß seine eigenen messenden Handlungen nur durch geistige Akte geplant und ausgeführt werden können, also das, was sich auf der Seite des Gegenstandes nicht finden läßt, auf der Seite des forschenden Subjekts um so evidenter auftritt.

Je genauer wir dereinst die Phasen des Reaktionsvorganges messen werden, mit desto größerer Wahrscheinlichkeit wird behauptet werden können, daß rein geistige Akte keine Zeitdauer in Anspruch nehmen, sondern punktuellen Charakter haben. (284) Die Naturwissenschaft nähert sich auf diese Weise der Wahrscheinlichkeit für die Existenz geistiger Akte, aber sie kann dies paradoxerweise *nur dadurch leisten, daß sie mit stets wachsender Genauigkeit zeigt, daß innerhalb der fließenden Zeit nirgends ein fließendes Intervall für geistige Akte aufzutreiben ist.*

Phänomenologie. Palágyi. Intermittenz: Bewußtsein als Strom macht Zeit unmöglich und wäre die »Erscheinung an sich«!!!

Melchior Palágyi, Naturphilosophische Vorlesungen über die Grundprobleme des Bewußtseins und des Lebens. (1. Aufl. Leipzig 1908) 2. Aufl. Leipzig 1924, 14:

Wäre unsere Wahrnehmungsfähigkeit keine intermittierende, sondern eine fließende, könnten wir also unendlich viele Wahrnehmungsakte in der Sekunde vollziehen, so würden die Naturvorgänge ihr letztes Geheimnis unserem anschauenden Blicke verraten; denn wir könnten in die kleinsten zeitlichen Abschnitte eines jeden Geschehens eindringen … Übrigens würde es für einen Geist, der in beliebig kurzer Zeit beliebig viele Akte vollziehen könnte, eine Zeit überhaupt nicht mehr geben; er würde in einem zeitlosen Augenblick unendlich viele geistige Akte vollzogen haben; eine Erscheinungswelt in dem Sinne, wie für uns, könnte es für ihn nicht geben, es wäre ein allumfassender, ein weltenschöpfender Geist.

Durch den Sinnenschein ist also gleichsam das Wunder vollbracht, daß ein unergründliches Geheimnis sich in solcher Weise vor uns ausbreitet, als ob es sich völlig enthüllt hätte. Nur wer keine echte Erkenntniskritik treibt, läßt sich durch diesen Schein täuschen. Es gibt in der ganzen Welt für uns Menschen nichts Rätselhafteres als die ununterbrochen fließende, ewig flüchtige, niemals völlig festzuhaltende und den listigsten Experimenten entschlüpfende Erscheinung. (15)

Bevor man also an der Unerkennbarkeit der ›Dinge an sich‹ irgendeinen Anstoß nehmen will, mache man zunächst ernstlich Halt vor der Unergründlichkeit der ›Erscheinungen an sich‹. Das Unerkennbare beginnt also durchaus nicht dort, wohin es die Psychologie und auch der Kantianismus verlegen … (16)

Anschauung und Anschaulichkeit ::: verwechselbar?

der Bewußtseinsstrom

Anschauung muß originär, Anschaulichkeit kann substitutiv sein (geborgt)

Anschauung ist Substitution *ohne* deren Bewußtsein

wie ist das möglich? Weil das Bewußtsein von Originarität endgültig ist *nur bis auf Widerruf* durch das dann sich als originär selbst Gebende

Es gibt für Anschauung kein anderes Kriterium als das der Unüberbietbarkeit, aber es gibt kein Kriterium für Unüberbietbarkeit – also muß diese »erlebt« werden, und dann kann die Iteration erlebt werden, also die Unüberbietbarkeit der Überbietung einer vermeinten Unüberbietbarkeit, die *dann* keine gewesen ist, aber erst dann. Anschauung ist also eine Art von Erfahrung, weil sie falsifiziert werden kann.

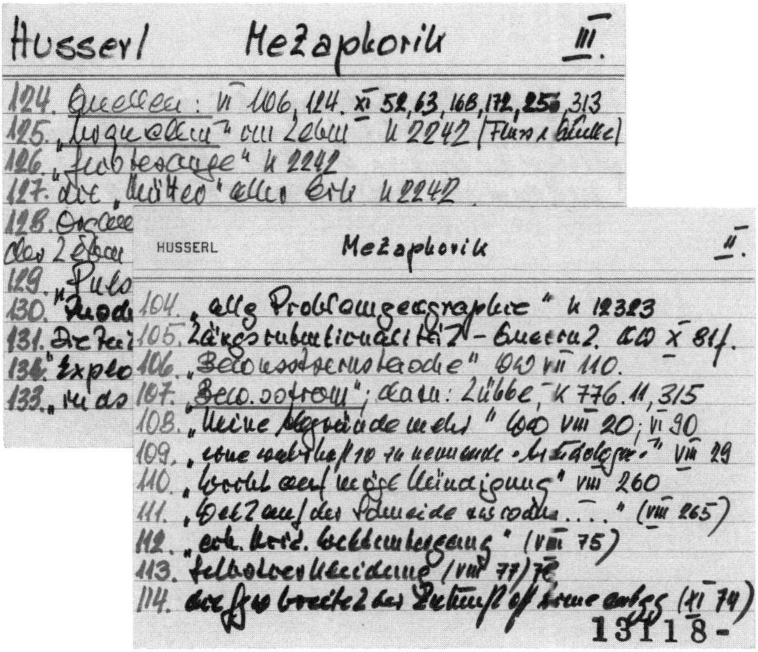

Abb. 12: Lektürenotizen zu Edmund Husserl.

Beilage XI: *Adäquate und inadäquate Wahrnehmung*.[1]

Die adäquate Wahrnehmung als rein immanente und adäquate Gegebenheit eines Gegenstandes kann in doppeltem Sinne gefaßt werden, deren einer nahe Analogie mit der äußeren Wahrnehmung hat, der andere nicht. Im immanenten Hören eines Tones kann ich eine doppelte Auffassungsrichtung einnehmen: einmal auf das Empfundene im Zeitfluß, und das andere Mal auf das in diesem Flusse sich Konstituierende und doch Immanente.

1. Der Ton mag nach Qualität oder Intensität schwanken oder aber mag mir als dauernd in völlig unveränderter innerer Bestimmtheit dastehen, jedenfalls finde ich einen Fluß vor, und nur in diesem Fluß kann mir solch eine individuelle Gegenständlichkeit gegeben sein. Der Ton beginnt als tonales Jetzt, und stetig schließt sich daran ein immer neues Jetzt, und jedes Jetzt hat seinen Inhalt, auf den ich, wie er ist, meinen Blick richten kann. So kann ich im Strome dieses Flusses schwimmen, ihm mit meinem schauenden Blick nachgehen; ich kann auch auf den jeweiligen Inhalt nicht allein, sondern auf die ganze Extension, die hier Fluß heißt, achten, mitsamt ihrer konkreten Fülle oder in Abstraktion von dieser. Dieser Fluß ist nicht der Fluß der objektiven Zeit, die ich mit Uhr und Chronoskop bestimme, nicht der Weltzeit, die ich in Relation zur Erde und Sonne fixiere. Denn die verfällt der phänomenologischen Reduktion. Vielmehr nennen wir diesen Fluß die präempirische oder phänomenologische Zeit. Sie bietet die ursprünglichen Repräsentanten für die Repräsentation der objektiv-zeitlichen Prädikate, in analogischer Rede: die Zeitempfindungen. Bei der beschriebenen Wahrnehmung achten wir also auf den jeweiligen Zeitinhalt in seiner zeitlichen Extension und in der gegebenen Art seiner Ausfüllung dieser Extension, oder auf den Zeitinhalt *in abstracto* oder die Zeitextension *in abstracto*: jedenfalls auf das reell Gegebene, reell der Wahrnehmung als ein Moment Einwohnende. Das ist das eine.

2. Andererseits aber: Wenn der Ton, sagen wir der Ton c, dauert, so kann unsere wahrnehmende Meinung gerichtet sein auf den Ton c, der da dauert, d.i. auf den Gegenstand Ton c, der im Zeitfluß der eine und selbe Gegenstand ist, immer derselbe in allen Phasen [479] des Flusses. Und wieder, wenn der Ton sich etwa nach seiten der Intensität ändert oder selbst in seiner Qualität ändert, etwa schwankt, so liegt schon in diesem Reden eine Wahrnehmungsrichtung ausgeprägt, die ein Identisches im Auge hat, das sich verändert, das dasselbe bleibt, während sein Qualität und Intensität sich ändert. Das ist also ein anderer Gegenstand als vorhin. Dort war es der Zeitfluß des Tönens, hier ist es das Identische im Fluß der Zeit.

Der Zeitfluß des Tönens ist Zeit, ausgefüllte konkrete Zeit, aber dieser Fluß hat keine Zeit, ist nicht in der Zeit. Der Ton aber ist

[1] Zu § 44, S. 94 ff.

Abb. 13: Blumenberg las mit Lineal und Stift; einige der unterstrichenen Zitate aus Band X der Gesammelten Werke *von Edmund Husserl übernahm er in sein Manuskript* Ströme.

BMT VII - 17 e -

entlang, bis es sich in der Erinnerung verliert. Heidegger hat 1928 als Beilage zu seiner Ausgabe von Husserls Vorlesungen über das innere Zeitbewußtsein von 1905 eine Notiz über "Adäquate und inadäquate Wahrnehmung" veröffentlicht, die ihm gerade wegen der Preisgabe des Ganges am Fluß entlang wichtig sein mochte (Jahrbuch für Philosophie und phänomenologische Forschung IX 478-481; jetzt: WW X 124-126) Man darf nicht vergessen, dass Anlass für Husserls Vorschlag an Heidegger, diese Vorlesung mit Beilagen herauszugeben, ein Besuch Heideggers bei Husserl war, bei dem er das nahezu fertige Manuskript von "Sein und Zeit" zeigte und den Wunsch aussprach, es ihm widmen zu dürfen. Dies war im April 1926 in Todtnauberg im Schwarzwald, wo beide den Urlaub verbrachten. Man darf sich fragen, was geringe Unfertigkeit von "Sein und Zeit" noch an Einfluß aus diesen Manuskripten zuließ. Wichtig ist die Ausgabe, weil die Manuskripte der Beilagen mit einer Ausnahme nicht wieder aufgefunden werden konnten. Nach Heideggers Angabe sind in dem Zeitraum zwischen 1905 und 1910 entstanden. Wieder ist der Ton und seine retentionale Abwandlung das Beispiel, an dem demonstriert wird: So kann ich im Strome dieses Flusses schwimmen, ihm mit meinem schauenden Blick nachgehen; ich kann auch auf den jeweiligen Inhalt nicht allein, sondern auf die ganze Extension, die hier Fluß heißt, achten, mitsamt ihrer konkreten Fülle oder in Abstraktion von dieser. Dieser Fluß ist nicht der Fluß der objektiven Zeit... Vielmehr nennen wir diesen Fluß die präempirische oder phänomenologische Zeit.(WW X 124) Was aber verwirrt, ist die beim reflexiven Blick auf den Fluß auftretende Wieder in der ursprünglichen Vorlesung von 1905: In der Reflexion finden wir nun einen einzigen Fluß, der in viele Flüsse zerfällt; diese Vielheit hat aber doch eine Einheitlichkeit, die die Rede von einem Fluß zulässt und fordert. Wir finden viele Flüsse, sofern viele Reihen von Urempfindungen anfangen und enden. Aber wir finden eine verbindende Form, sofern für alle nicht nur gesondert das Gesetz der Umwandlung von Jetzt in Nicht-mehr und andererseits von Noch-nicht in Jetzt statthat, vielmehr so etwas wie eine gemeinsame Form des Jetzt, eine Gleichheit überhaupt im Flußmodus besteht. (WW X 76 f.) durch das Urempfindungsbewußtsein konzentriert oder durch den Engpass des Jetzt zur Verkettung genötigt, die Einheit des Bewußtseins hergestellt. Das spricht für die Vermutung, es müsse einen Zusammenhang geben zwischen der punktuellen Auffassung des Subjekts als des Ichpols und dieser absoluten Einheit des Jetztpunktes, der Garantie für die Verfügbarkeit aller Empfindungen als der meinigen - eine Garantie,die sich nicht auf die Meinigkeit des Jetzt und seiner Retention beschränkt,sondern Erinnerung und Erwartung umfaßt.

Abb. 14: Seite aus dem Typoskript Ströme *mit hand- und maschinenschriftlichen Überarbeitungen des Autors.*

Husserl Flußmetaphorik II.

Längsintentionalität Querintentionalität. "Es sind danach
zwei untrennbar einheitliche, wie zwei Seiten einer und
derselben Sache einander fordernde Intentionalitäten miteinander verflochten in dem einen, einzigen Bewußtseinsfluß..."(381) "Der Fluß des immanente Zeit konstituierenden Bewußtseins ist nicht nur, sondern so merkwürdig
notwen-
nd daher
n muß.
inen
r sich
wir
n im
ndig

06-

Husserl Flußmetaphorik I.

Die Verwendung der Flußmetaphorik bei Husserl wird ausdrücklich mit einem Mangel der Terminologie begründet:
"Für all das haben wir keine Namen."(WW X 371) Der Fluß
ist die absolute Subjektivität und er hat die absoluten
Eigenschaften des unter diesem Bilde vorgestellten, wozu
vor allem gehört, dass er eine Quelle, ein Urquellpunkt
als Aktualitätspunkt seines Hervortretens hat. Der Fluß
selbst ist nicht Gegenstand, er besteht auch nicht aus
Gegenständen, er ist das Bewußtsein in seinen konstituierenden Phasen, die selbst nicht zeitliche Einheiten,
sondern Momente des Flusses sind.(Quellpunkt: WW X 365,
371) Daß man in diesem Fluß schwimmen kann, mag selbstverständlich sein, aber es erschwert die korrespondieren-
de Vorstellung, daß man den Fluß auch muß anschauen können, zumindest in der Reflexion (WW X 124, cf. 326 f.,
349) Viel schwerwiegender ist, dass wir in der Reflexion

1905/11

17305-

Abb. 15: Dieser Text zur Flußmetaphorik wurde später nicht in den Essay übernommen.

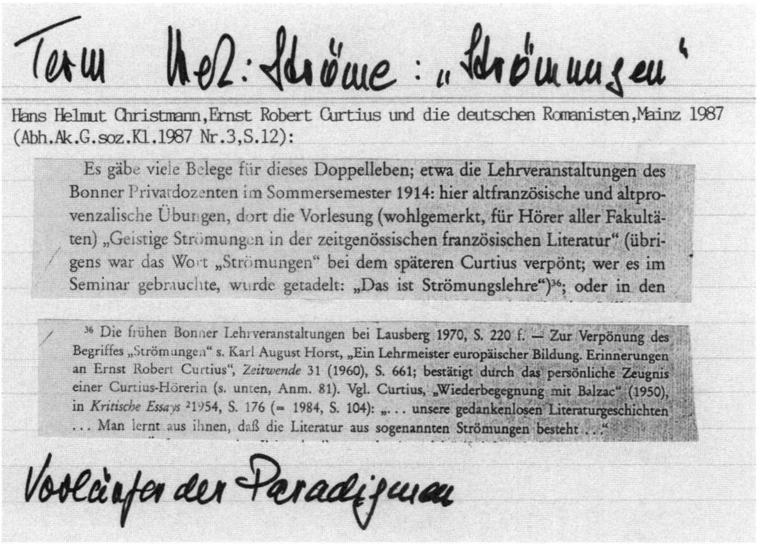

Hans Helmut Christmann, Ernst Robert Curtius und die deutschen Romanisten, Mainz 1987 (Abh.Ak.G.soz.Kl.1987 Nr.3,S.12):

Es gäbe viele Belege für dieses Doppelleben; etwa die Lehrveranstaltungen des Bonner Privatdozenten im Sommersemester 1914: hier altfranzösische und altprovenzalische Übungen, dort die Vorlesung (wohlgemerkt, für Hörer aller Fakultäten) „Geistige Strömungen in der zeitgenössischen französischen Literatur“ (übrigens war das Wort „Strömungen“ bei dem späteren Curtius verpönt; wer es im Seminar gebrauchte, wurde getadelt: „Das ist Strömungslehre“)[36]; oder in den

[36] Die frühen Bonner Lehrveranstaltungen bei Lausberg 1970, S. 220 f. – Zur Verpönung des Begriffes „Strömungen“ s. Karl August Horst, „Ein Lehrmeister europäischer Bildung. Erinnerungen an Ernst Robert Curtius“, *Zeitwende* 31 (1960), S. 661; bestätigt durch das persönliche Zeugnis einer Curtius-Hörerin (s. unten, Anm. 81). Vgl. Curtius, „Wiederbegegnung mit Balzac“ (1950), in *Kritische Essays* [2]1954, S. 176 (= 1984, S. 104): „... unsere gedankenlosen Literaturgeschichten ... Man lernt aus ihnen, daß die Literatur aus sogenannten Strömungen besteht ...“

Vorläufer der Paradigmen

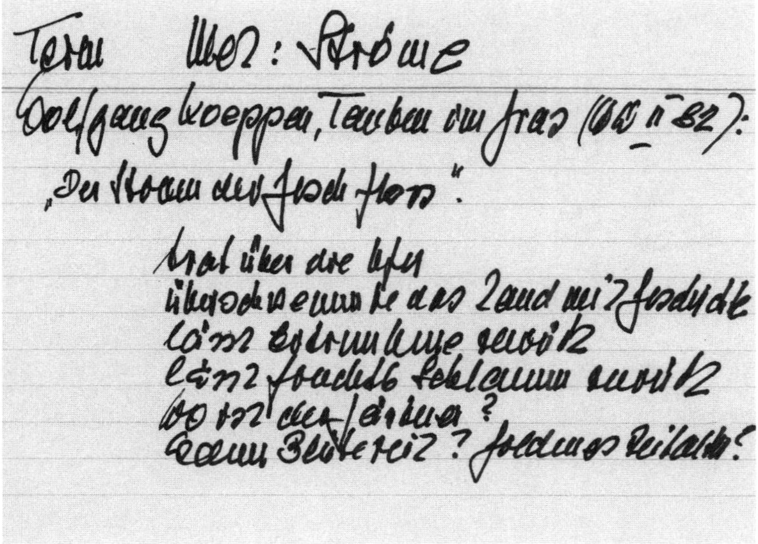

Wolfgang Koeppen, Tauben im Gras:

Abb. 16/17: Auch diese Fundstücke fanden im Essay keine Berücksichtigung.

Dem Strom entgegen

JJ. Es ist nicht zu fassen: Während im Ostblock die Planwirtschaft ihren Offenbarungseid leisten muß, Länder wie Ungarn oder Polen sich ausdrücklich zur Marktwirtschaft bekennen, feiert in den Entwürfen für das Bremer Programm der deutschen Sozialdemokraten die Planung wieder fröhliche Urständ. Auch wenn die sozialdemokratischen Chefideologen die Möglichkeit des Staatsversagens einräumen, setzen sie doch lieber auf die vermeintliche Überlegenheit und Weisheit von Bürokraten statt auf die Kräfte des Marktes. An den Intentionen kann kein Zweifel bestehen; denn der durchaus akzeptable Begriff staatlicher Rahmensetzung, den jede Marktwirtschaft braucht, wurde ersetzt durch die Vokabel „demokratische Steuerung". Willy Brandt hat dieser Tage in Berlin vom Strom der Geschichte gesprochen, der die östlichen Systeme unterspült. Er fließt auch diesen Plattformen der „Planungskoordination" und der „Entwicklungspläne" entgegen, die die SPD jetzt verankern will. Von diesen mit altem, morschen Holz mühsam zusammengezimmerten Flößen eines neuen demokratischen Sozialismus ist das Eiland des früheren Godesberger Programms nicht mehr zu erkennen. Die Linken der Partei sind von einem soliden Boden zu vermeintlich neuen Ufern aufgebrochen, die mehr und mehr im Nebel der Veränderung verschwimmen.

Abb. 18: Blumenbergs sarkastische Kommentare zu einem verunglückten Metapherngebrauch: »›Alles fließt‹ – Fliessen erhellt alles« und »Vom Bewußtseinsstrom zum Urstromtal der Geschichte«.

Term Met.: Strom ([illegible])

Metaphorik des Stromes:

"Wie andere, ohne viel zu fragen,
Ob man hier oben mich gebraucht,
So bin auch ich zu Lust und Plagen
Im Strom der Dinge aufgetaucht.
Geduld! Nach wenigen Minuten
Versink ich wieder in den Fluten."
(Wilhelm Busch, Gedichte und Prosa, 310)

024242

Abb. 19: Diese Verse, die Wilhelm Busch aus Anlaß seines 70. Geburtstags schrieb, bedurften für Blumenberg keines Kommentars.

EISBERGE

Fragt man nach den Erschütterungen, die wissenschaftliche Erkenntnis in der beginnenden Neuzeit in Gemüt und Bewußtsein bewirkt hat, gerät man an den schlichten – uns schon selbstverständlich gewordenen – Sachverhalt, daß die Reichweite des menschlichen Wahrnehmungsvermögens nicht mit der Ausdehnung der Welt identisch ist – und zwar in beiden Richtungen: sowohl zum Fernen und Übergroßen als auch zum Kleinen unterhalb der Schwelle für unsere Sinnesorgane. Instrumente, die man nie für möglich gehalten hatte, sorgten nach beiden Richtungen für schnelle Erweiterung des Raums der Erfahrung. Das seit der Antike gültige und mit der Überzeugung von einer auf den Menschen bezogenen Schöpfung harmonierende Sichtbarkeitspostulat wurde zunichte.

Doch zunächst wurden nur neue Sachverhalte an schon bekannten Gegenständen zugänglich: auf dem Mond gab es Gebirge und Meere, Jupiter hatte auch Monde, und zwar drei mehr als die Erde, Saturn hatte einen Ring, und nicht lange sollte es dauern, daß auch Mars etwas die Phantasie Anregendes bekam, nämlich die berühmten Kanäle. Zwar konnten am gesamten Fixsternhimmel viel mehr Sterne gesehen werden als vorher, aber es war nur die Vermehrung einer längst bekannten Klasse von Gegenständen, die als solche nichts Neues zu bieten hatte.

Ich vermute, daß Galilei über die Behauptung eines vorwitzigen Zeitgenossen tief betroffen und erzürnt gewesen wäre, der gesagt hätte, der weitaus größere Teil der Welt sei dem Menschen seit Urzeiten, auch in der so bevorzugten Antike, unbekannt und unzugänglich gewesen. Eine solche Behauptung hätte zu einer weitaus tieferen Demütigung des Menschen führen müssen als seine bloße Exmittierung aus dem Zentrum des Universums, dem er nach aller verfügbaren Einsicht doch trotz Kopernikus recht nah geblieben war. Der Mensch sollte der Zeuge der Schöpfung sein, ausgestattet mit dem günstigsten Zugang zu allen ihren Schauplätzen, und er blieb es zunächst auch dann, wenn er die durch eigene List und Theorie erfundenen optischen Instrumente zu Hilfe nehmen mußte.

Das vorkopernikanische Vorurteil bestand ja nicht nur und nicht einmal vorzugsweise darin, die Erde und den Menschen zum Zentrum aller Dinge zu machen. Es bestand in der ausdrücklichen oder nur eingeschlossenen Annahme, aus dieser Lokalisation ließen sich Schlüsse auf die Absicht des Schöpfers mit dem Geschöpf, auf Rang und Würde des Menschen im Ganzen der Wirklichkeit ziehen. Diese Vorwegnahme von Bedeutung der Welt, der Weltstellung für den Menschen konnte allein die Erschütterung vorbereiten, als die topographischen Anzeichen und dann die optischen Beschränkungen nicht mehr voll zugunsten des menschlichen Selbstbewußtseins sprachen.

Für eine Quantifizierung des Verhältnisses von möglicher und zunächst oder endgültig unmöglicher Erfahrung gab es keine Anhaltspunkte. Erst die Entdeckung der endlichen Lichtgeschwindigkeit durch Olaf Roemer begründete und verstärkte die Befürchtung, die menschliche Geschichte würde gar nicht ausreichen, um in den Genuß und Besitz der optischen Informationen aus allen Teilen des Universums zu kommen. Nicht die Optik, die Zeit ließ den Menschen im Stich. Plötzlich war der Himmel über dem Paradies leer, weil sogar das Licht der nächstgelegenen, gerade erschaffenen Sterne noch nicht bis zu Adam und Eva gedrungen war. Sobald alle Konsequenzen aus der kopernikanischen Wendung gezogen waren, mußte sich das Zutrauen des Menschen verflüchtigen, irgend etwas an der Natur, ihre Größe oder ihre Kleinheit, ihre Güte oder ihre Grausamkeit, ihre Erkennbarkeit oder Unzugänglichkeit würde dem Menschen etwas von seiner Stellung in der Welt entschlüsseln, die bloß quantitativen Verhältnisse ihm Auskunft über Größe oder Elend, Bedeutung oder Belanglosigkeit seines Daseins in der Natur geben. Es ist bedeutungslos, daß wir trotz Kopernikus noch heute vom Aufgang und Untergang der Sonne sprechen; aber es ist schwerwiegend, daß die Natur immer noch als Leitfaden für das Selbstverständnis des Menschen gilt. Sie tut dies auf metaphorischem Wege.

Die Gewandungen der Metaphorik wechseln, und eine der spätesten ist der Eisberg mit seinem Mißverhältnis von sichtbarem und unsichtbarem Teil. An diesem Mißverhältnis hängt auch die Gefährlichkeit des Eisbergs, dessen Spitze keine ausreichende Lokalisierung der unter der Wasseroberfläche liegenden Massen ermöglicht. Als Metapher ist der Eisberg kaum sehr alt, so recht in Schwang gekommen erst im letzten Jahrzehnt. [*hs. Randbemerkung:* Fechner, Gustav Theodor? (1801-1887)] Er paßte gut zu einer neuen Vermutung, die sich nun nicht auf den unsichtbaren Untergrund und Hintergrund der Natur bezog, sondern auf den des Menschen und der Gesellschaft. Alles Sichtbare war eben nicht nur ein Gleichnis, sondern auch ein Trug. Bei allen Sachverhalten dieser Sphäre gab es das, was unter der Oberfläche, hinter den Phänomenen sich verbarg und diese nur vor sich her schob. Eine ganze Rhetorik des Mißtrauens ließ sich nicht nur aufbauen, sondern auch recht plausibel machen, wenn *die Natur selbst* ein solches Exempel der Disproportion von Vordergrund und Hinterhalt aufgebaut hatte.

Vor nun mehr als einem Jahrzehnt spielte die Eisberg-Metapher ihre erste größere Rolle bei dem dreitägigen Hearing des Strafrechtsausschusses des Deutschen Bundestages über die Reform des Sexualstrafrechts. Da konnte man plötzlich erfahren, daß es recht genaue Vorstellungen über das Verhältnis von Bewußtsein und Unbewußtem gab. Einer der psychotherapeutischen Gutachter, Rudolf Affemann, führte dabei aus: *Wir können hinter die Erkenntnis Freuds nicht zurück: Der Mensch ist ein überwiegend unbewußtes Wesen. Wie bei einem Eisberg liegen sechs Siebtel menschlichen Seins unter der Oberfläche, ein Siebtel befindet sich darüber. Sechs Siebtel seines Seins sind dem Menschen folglich nicht bewußt. Diese Schichten kann er mit seinem Wissen nicht einsehen und nicht mit seinem Willen bestimmen. Nur ein kleiner Teil seiner selbst ist ihm bewußt. Mit seinem Bewußtsein identifiziert er sich. Dieses eine Siebtel hält er für sich selbst* ... So genau also kann man das wissen. Niemand hat in diesem Ausschuß die Frage gestellt, woher man es so genau wissen kann. Der Eisberg, ein Vorzeigestück der Natur, überzeugt. Nur gibt es zu denken, daß Freud selbst den Eisberg niemals für die Illustration des Verhältnisses von Bewußtsein und Unbewußtem verwendet; jedenfalls weist dies das Register der Gesamtausgabe aus, das auch alle Metaphern, Vergleiche, Bilder, Gleichnisse erfaßt und auf Stichproben einwandfrei reagiert. Nur der Eisbär, in seinem bekannten Vergleich mit dem Walfisch, taucht in der Rhetorik Freuds auf. (Vorl. Einf. Psa. 340) Trotzdem hat der Spiegel seine Titelgeschichte über Freud am 16. Dezember 1959 mit einem Umschlag versehen, der auf einer Wasseroberfläche einige herausragende Spitzen sowie ein Gesicht einer Träumerin zeigt und darunter eine Tiefe voller Phantasmagorien. *Die Seele ist ein Eisberg: Sigmund Freud* heißt es auf dem Cover. Im Text steht: *Die Seele, verkündete er, ist einem Eisberg vergleichbar: zu einem kleinen Teil sichtbar im logischen Prozeß des Bewußtseins, doch angetrieben von unterschwelligen Strömungen. Ihre brodelnde Quelle, von Freud nüchtern ›Es‹ genannt, ist der Ausdruck primitiver Instinkte; die Instinkte produzieren ›Libido‹, eine Seelenenergie, die nur ein Ziel kennt: Lustgewinn und Unlustvermeidung.* (68) Ich bitte, die metaphorischen Verlegenheiten zu beachten: Eisberg, Strömungen, Schwelle, Quelle, Energie. Die Metaphern illustrieren nicht nur Unbekanntes, sie behindern sich gegenseitig, interferieren miteinander, insbesondere die Starre des Eisbergs, die durchaus noch den Zusatz Unterschwelligkeit zuläßt, weil sein größter Teil unter der Schwelle der Sichtbarkeit liegt, aber nicht die Quelle, ihr Brodeln, und diese wiederum nicht den ›Ausdruck‹. Es ist nicht nur erstaunlich, sondern auch beobachtenswert, wie schlecht die Epigonen Freuds geschrieben haben – wie schlecht über Freud geschrieben worden ist.

Dennoch: wie konnte es dazu kommen, Freud die Eisbergmetapher zuzuschreiben? 1915 erhält der österreichische Otologe Bárány den Nobelpreis. Freud regt das, wie sein Biograph Ernest Jones berichtet, zu der melancholischen Überlegung an, *wie hilflos einer ist, wenn es gilt, den Respekt der Masse zu gewinnen*. Damals hatte gerade sein letzter Patient die Behandlung beendet. Und Geldmangel gab es immer. Das mochte ihn zu Jones äußern lassen: *Sie wissen, daß nur das Geld dabei etwas für mich bedeuten würde und dazu vielleicht noch die Würze, einige meiner Landsleute zu ärgern*. Zwölf Jahre später sollte sein Rivale Wagner-Jauregg den großen Preis bekommen. Aber das alles paßte zu genau in Freuds Grundvorstellung vom ›Widerstand‹ gegen seine Lehre. Was aber mochte ihn, 1915 wieder zu Jones, zu einer Quantifizierung dieses Phänomens bestimmt haben, in der sich der Eisberg zu verstecken scheint, ohne genannt zu sein: *Aber es wäre lächerlich, ein Zeichen der Anerkennung zu erwarten, wenn man sieben Achtel der Welt gegen sich hat*. (J. u. R. Gicklhorn, 52) Sieben Achtel? Wie genau ist diese Zahl bei indirekter Berichterstattung zu nehmen? Wie genau ist sie bei Ernest Jones zu nehmen?

Diese Frage führt weiter, und zwar zu einer Stelle, die bei flüchtiger Lektüre leicht als Äußerung von Freud genommen werden konnte. Jones beschreibt den Weg, auf dem die psychologischen Grundvorstellungen der Schule Herbarts an Freud gelangt sein können, wenn nicht sogar müssen. Im letzten Gymnasialjahr sei das »Lehrbuch der empirischen Psychologie nach genetischer Methode« von Gustaf Adolf Lindner dem Unterricht zugrunde gelegt gewesen, das 1858 erschienen war und in dessen Vorwort angekündigt wird, es würden nur Autoren der Herbart-Schule herangezogen. Aus diesem Lehrbuch also konnte das Axiom von der quantitativen Konstanz der Vorstellungen Freud zuerst nahegekommen sein, das dem Begriff der Verdrängung zugrunde liegt. (Ernest Jones, Das Leben und Werk Sigmund Freuds. Bern 1960, I 432)

Fechner hat dann Herbarts Axiom physikalisch generalisiert als Anwendung des Satzes von der Erhaltung der Energie. Das Lust-Unlust-Verhältnis müsse sich danach quantitativ darstellen lassen, und alle Bewußtseinsvorgänge seien quantitativ-physiologisch darstellbare Überschreitungen eines bestimmten Schwellenwertes. Was unter der Schwelle bleibe, trage das Bewußtsein. Freud hat auch Fechner gelesen, wie seine »Selbstdarstellung« belegt. Er habe sich sogar in wichtigen Punkten an diesen Denker angelehnt. (WW XIV, 1925, [86]) Nun, in bezug auf Fechner, nicht auf Freud, sagt Jones wörtlich: *Er verglich die Psyche mit einem Eisberg, von dem sich neun Zehntel unter Wasser befinden, und dessen Kurs nicht nur durch den Wind, der über der Oberfläche spielt, sondern auch von den Strömungen in der Tiefe bestimmt wird.* (Jones, a. a. O. I 432) Wörtlich hat L. J. Pongratz, Problemgeschichte der Psychologie. Bern 1967, 214, diese Formeln von Jones übernommen. Ich meine nun, wenn Jones Fechner die neun Zehntel zuschreiben konnte, dann auch Freud die sieben Achtel.

Zugleich ist eindeutig erkennbar, daß die Einführung des Eisbergs im Spiegel auf diese Stelle zurückgeht, an der vor allem die sonst gar nicht zugehörigen Strömungen auffallen. Wie leicht ließ sich die Stelle im Druckbild, die mit den Worten *Er verglich die Psyche mit einem Eisberg* beginnt, auf den Gesamthelden des Buches beziehen, statt auf Fechner, dessen Name ganze 13 Zeilen vorher einmal genannt worden war. Ein Querleser mußte das übersehen.

Diese Metapher paßt in eine Welt der Hinterhältigkeit, in der man nichts so nehmen darf, wie es sich zeigt. Ganze wissenschaftliche Disziplinen sind zu Instrumenten der Entlarvung, der Hinterfragung, der Kritik verdeckter oder uneingestandener Voraussetzungen geworden. Ideologiekritik hat, wenn man ihren literarischen Manifestationen glauben darf, die Stelle eines Nationalsports eingenommen. Die Bedeutung der Eisberg-Metapher liegt aber nicht nur darin, daß sie zu kritischer Vorsicht anhält und die Annahme jedenfalls nicht ausschließt, es bleibe bei allen Selbstzeugnissen, Verhaltensweisen und Theorien ein Rest des Vorenthaltenen. Es gibt schlechthin keine Pflicht, alles zu sagen, was man sagen könnte, und darauf beruht das vielfältige Mißtrauen, das man Menschenkenntnis oder Moralistik nennt. Ich sehe davon ab, die Konsequenzen zu charakterisieren, die sich daraus ergeben müßten, daß wir mit einem derart ausgeprägten

Mißverhältnis von Bewußtsein und Unbewußtem zu rechnen hätten. Es interessiert hier nur der Dienst, den die Anschaulichkeit der Metapher leistet, wenn man aus ganz anderen Gründen schon sicher zu sein glaubt, für unsere Wahrnehmung und Aufmerksamkeit liege nur der kleinere Teil der Wirklichkeit über dem Spiegel der Wahrnehmbarkeit.

Was heißt nun Anschaulichkeit der Metapher? Nicht sehr viele, die die Metapher vom Eisberg verwenden, haben jemals einen Eisberg gesehen; vor allem aber, wenn sie einen gesehen haben sollten, haben sie eben das Unsichtbare am Eisberg, das Übergewicht seiner Realität, nicht gesehen, sondern nur damit gerechnet aus einem Wissen heraus, das über den Unterschied der spezifischen Gewichte von Wasser und Eis in jedem Unterricht vermittelt wird. Es gehört wenig Kunst dazu, sich jenes Unsichtbare am Eisberg vorzustellen, weil Eisberge eben homogen aus einem einzigen Stoff bestehen. Die rhetorische Stärke der Metapher liegt also nicht darin, daß auf eine allen vertraute Erinnerung Bezug genommen werden kann, sondern daß ein Gesetz der Natur im Spiele ist. Anders ausgedrückt: Wenn das Verhältnis zwischen wahrnehmbarer und verborgener Wirklichkeit sich so ungünstig für den menschlichen Betrachter darstellt, dann liegt es nahe, auch den Menschen selbst unter der Allgemeinheit dieses Naturgesetzes stehen zu lassen und seine ganze psychische, soziale und politische Wirklichkeit mit einem verborgenen und nur durch methodische List zu erschließenden Untergrund zu versehen. Der Eisberg ist das Monument dieses Mißtrauens.

Um durch einen Vergleich deutlich zu machen, was die Eisberg-Metapher spezifisch durch ihre zahlenmäßige Präzision leistet, weise ich darauf hin, daß es für das Verhältnis von Bewußtem und Unbewußtem beim Menschen auch noch andere Metaphern gibt, ohne daß diese eine solche Disproportion einschließen. Für den 5. August 1810 notiert Riemer als Ausspruch Goethes: *Der Mensch kann nicht lange im bewußten Zustande oder im Bewußtsein verharren; er muß sich wieder ins Unbewußtsein flüchten, denn darin lebt seine Wurzel.*

(WW XXII 598) Erst der letzte Nebensatz ist metaphorisch gewendet und gibt auch eine quantitative Vermutung frei, die das Verhältnis von Pflanze und Wurzel, Baum und Wurzel zur Grundlage hat. Wichtiger ist, daß erst diese nachkommende Metapher dem ganzen Satz eine starke Evidenz verleiht, die er nicht ohne weiteres besitzt. Er ist ein Stück des Romantikers Goethe. Woher sollte er auch eine Begründung genommen haben? Seine eigene Erfahrung? Die Erfahrung anderer? Das organische Grundmuster des Sichtbaren und Unsichtbaren von Pflanze und Baum gibt nicht nur eine Proportion an, sondern auch etwas über den Lebensgrund, den Wurzelboden eben, des Bewußtseins im Unbewußtsein. Die Pflanze, die Blüte und Frucht getragen hat, scheint sich wieder auf ihren unsichtbaren Zustand zurückzuziehen und zur Hervorbringung neuer flüchtiger Sichtbarkeit zu sammeln. Die Metapher steht in einem morphologischen Vertrautheitshorizont. Rhetorik arbeitet mit Vertrautheiten. Sie will nicht beweisen, sondern Widerspruch erschweren. Es widerspricht sich schwerer, wenn ein so allgemeiner Sachverhalt der Natur angerufen werden kann; das Mißtrauen gegen das, was sonst schroffe Behauptung wäre, wird niedergehalten. Hinzu kommt da noch der weitere Effekt, daß der häufige Gebrauch der Metapher ihre Wirkung keineswegs abschwächt, sondern zur Allgemeinheit des natürlichen Befundes, auf den sie sich bezieht, noch die Allgemeinheit der Bezugnahme auf ihn hinzufügt, den consensus.

Nun kann man bei dem zitierten Gutachter des Bonner Strafrechtsausschusses eine bestimmte theoretische Vorwegnahme erkennen. Für sich selbst brauchte er diese Art von Anschaulichkeit nicht, er wußte schon von der überwältigenden Übermacht des Unbewußten im Menschen. Eine der frühesten mir bekannten Verwendungen der Eisberg-Metapher läßt diese theoretische Vorwegnahme nicht erkennen. Im Sommersemester 1948 hielt Carl Friedrich von Weizsäcker in Göttingen eine Vorlesung über den »Begrifflichen Aufbau der theoretischen Physik«. Von dieser Vorlesung existiert eine authentische, zumindest vom Autor durch handschriftliche Widmung autorisierte Vervielfältigung. In dem »Phänomenologie« überschriebenen zweiten Abschnitt des ersten Teils, der die »Elementaren Gegebenheiten« umfaßt, wird unter dem Stichwort ›Erfahrung‹ das Verhältnis von »Bewußtsein und Seele« behandelt. Ausgehend von dem Satz, daß wir Dinge *nur als Dinge für uns* kennen, wird die Potentialität des Bewußtseins dargestellt: *In diesem Satz liegt alles, was am Positivismus oder am Idealismus berechtigt ist. Dinge für uns kennen wir aber als Dinge, die unabhängig davon sind, daß wir sie aktuell wahrnehmen. Darin liegt alles, was am Realismus wahr ist. Beides wird vereinbar durch den Begriff der Möglichkeit* ... Der Bewußtseinsgrad kann zunehmen und schwinden. Die Sprache ist uns nur potentiell verfügbar, aber leicht; anderes schwer oder ganz unzugänglich. *Wie weit mag die Seele sich in noch nie bewußt Gewordenes erstrecken, das gleichwohl mit dem potentiell oder aktuell Bewußten kontinuierlich und ohne Qualitätswandel zusammenhängt?* Diese Überlegung führt zum Begriff des ›unbewußten Phänomens‹. Das Organ, welches die Kontinuität bewußter und unbewußter Phänomene umfaßt und dessen prägnanter Teilbereich eben Bewußtsein heißt, ist die Seele: *Phänomenologisch verliert sich die Seele ins Unerforschte im Bereich des Unbewußten. Das ist kein Einwand, denn welches Phänomen tauchte nicht aus dem Meer des Unbekannten wie ein Eisberg nur zum kleinsten Teile hervor?* Überraschend ist: nicht die Seele für sich wird mit dem Eisberg verglichen, sondern nur insofern sie selbst ein Phänomen unter Phänomenen ist. Für *alle* Phänomene gilt, daß das Phänomenale an ihnen einen latenten Hintergrund oder Untergrund hat, der in ihrer Phänomenalität nicht aufgeht. Dann ist die Seele mit ihrer Spitze des Bewußtseins eben nichts anderes als ein an der Struktur der Phänomene teilhabendes, nur durch die Besonderheit ihrer Selbstgegebenheit für uns ausgezeichnetes Phänomen.

Man erinnert sich daran, daß Kant auch für die innere Erfahrung, ohne Unterschied zu der äußeren, beansprucht und feststellt, sie könne ausschließlich auf Erscheinungen gehen, folglich müsse die allen Erscheinungen zugrunde liegende Affektion in diesem Fall Selbstaffektion des Bewußtseins sein. Das ist ein Begriff, in welchem schon steckt, daß die hervorgerufenen Empfindungen keineswegs identisch sind mit dem, was sie hervorruft. Nur, zur Quantität in diesem Verhältnis etwas zu sagen, hätte Kant sich nicht getraut; schon gar nicht etwas, was eine eindeutige Ungunst dieses Verhältnisses für die innere Erfahrung bedeutet hätte. Auch Schopenhauer hätte das nicht getan, da für ihn in der inneren Erfahrung doch immerhin der Grund des Lebens und aller Erscheinungen selbst zugänglich ist, nämlich der Wille. Erst Nietzsche scheint mir den Verdacht kultiviert zu haben, unser Bewußtsein sei nur die mehr oder weniger zufällige Oberfläche eines Komplexes, dessen Tiefendimension und damit dessen quantitatives Übergewicht sich uns entzieht.

Die Eisberg-Metapher belegt, daß ein wichtiges Element der neueren Metapherntheorie nicht auf jeden Fall zutrifft. Ich will dieses Element mit einem Wort von Lichtenberg einführen: *Wenn man ein altes Wort gebraucht, so geht es oft in dem Canal nach dem Verstande, den das ABCbuch gegraben hat; eine Metapher hingegen macht sich einen neuen und schlägt oft gerade durch.* (Vermischte Schriften I 186) Die so beschriebene Funktion der Metapher, der Sprache ständig Erfrischung und Auffrischung zuzuführen, verträgt sich gelegentlich nicht mit dem rhetorischen Bedürfnis, nicht nur durch Neuheit und Frische zu überraschen und aufzuscheuchen, sondern sich einer etablierten und bis zur Selbstverständlichkeit vertrauten Anschauung zu bedienen, um etwas weniger Etabliertes als vertraut bis selbstverständlich erscheinen zu lassen. Wir werden nicht mehr überrascht, nicht durch neue Grade der Ungewöhnlichkeit belebt, wenn heute die Eisberg-Metapher gebraucht wird. Etwa, um eindrucksvoll Unbeweisbares vorzuführen. Dazu gehört das ganze Gebiet der Kriminalität. Das rhetorische Interesse geht dann darauf, die bekannt werdenden und gerichtlich urteilsfähig gewordenen Fälle auf bestimmten Gebieten des Verbrechens eben nur als die Spitze des Eisbergs erscheinen zu lassen. Wir werden dazu angeleitet oder auch verleitet, feststehende, weil ganz natürliche Verhältnisse dort anzunehmen, wo sie gar nicht bestehen. Die Vertrautheit der metaphorischen Vorstellung induziert Einwilligung in unzugängliche Vermutungen. Also gilt gelegentlich auch für die Metapher, was Lichtenberg über das ›alte Wort‹ sagt: Sie gräbt erst einen Kanal der Selbstverständlichkeit und vertieft ihn dann durch ständige Benutzung. Wobei jeder der Vorgänger zum Evidenzerfolg seiner Nachfolger beiträgt.

Die Gebiete der Kriminalität, auf denen gern von Dunkelziffern gesprochen wird und niemand recht weiß, wie man wissen kann, was man nicht weiß, bekommen naturgemäße Umrisse, indem man von ihnen weg und auf den Eisberg hinsieht: Schmuggel, Waffenhandel, Spionage, Umgang mit Steuergeld, Konkurse, Terrorismus. Vor dem Landgericht Darmstadt findet im Januar 1980 ein Prozeß über den Zigarettenschmuggel von der DDR in die Bundesrepublik statt. Angeklagt sind, wie festzustehen scheint oder auch nur behauptet wird, die Kleinen. Ein Speditionskaufmann hat sich geständig gezeigt, soweit man als Geständnis nehmen kann, was ohnehin als bewiesen galt. Denn, schreibt die FAZ in ihrem Rhein-Main-Blatt vom 18. Januar 1980, *daß die zu belegenden fünfzehn Schmuggeltransporte nur die Spitze des berühmten Eisberges darstellen, ist den Ermittlern ebenso klar wie die Tatsache, bisher an die ›Chefetagen‹ nicht herangekommen zu sein.* Ein anderer Fall von Schmuggel war im Juli 1979 vor dem Landgericht Hof verhandelt worden. Es ging um die Einfuhr von Textilien aus Niedriglohnländern über die DDR in die Bundesrepublik. Auch hier kann die FAZ am 7. Juli 1979 schreiben: *Bei dem Fahndungserfolg in Düsseldorf wurde, wie sich bald zeigte, nur die Spitze eines Eisberges sichtbar.* Es war schon eingetreten, was man nicht anders hatte erwarten können.

Beim Waffenhandel darf oft der eine nicht wissen, was der andere tut, und die Wege und Umwege sind daher lang. Im Dezember 1977 muß auf einem englischen Flugplatz eine Boeing 707 repariert werden, und dabei wird durch Zufall eine Kiste mit russischen Schnellfeuergewehren und Munition entdeckt. Bekannt daran ist, daß die Sendung von Ungarn über Liechtenstein und die Schweiz nach Somalia bestimmt ist, auf diese Weise also russische Waffen durch Ungarn an ein Land geliefert werden, dessen ständiger und einziger Feind unmittelbar von der Sowjetunion mit Waffen versorgt wird, nämlich Äthiopien. Ganz naheliegend ist dies für die »Sunday Times« nur die Spitze eines Eisberges, die durch eine kleine Panne auf dem langen Kurs sichtbar geworden ist. (FAZ 13. Dezember 1977) Auch wenn eine hochgestellte Persönlichkeit, ein Prinz gar, zwanzig Jahre mit Waffenbeschaffungen für die Armee des eigenen Landes befaßt war, fällt nur wenig Licht in viel Dunkelheit. Die Vorsitzende der zur Regierungskoalition gehörenden Politisch-Radikalen Partei kann denn auch auf das Einrasten aller phantasiebegabten oder wenigstens anschauungsfähigen Bürger ihres Landes rechnen, wenn sie sagt, die Untersuchung gegen den Prinzen dürfte nur die Spitze eines Eisberges sichtbar gemacht haben, folglich noch sehr viel mehr Untersuchung nötig wäre. (Die Welt, 31. August 1976)

Wer die Aufmerksamkeit auf ein bis dahin übersehenes oder unterschätztes soziales Phänomen lenken will, wird der Öffentlichkeit plausibel machen wollen, weshalb sie davon so lange nicht Notiz genommen hat; und er wird am ehesten das Wohlwollen dieser Öffentlichkeit finden, wenn er es dabei bewenden läßt, ihr zu suggerieren, daß sie es auch gar nicht hatte sehen *können*. Wenn ein Pfarrer die These ausdrücklich ›wagt‹, daß *die verwahrlosten Stadtstreicher nur die Spitze eines Eisbergs* darstellen, möchte er das der Wahrnehmung aller sich darbietende quantitativ unbedeutende Phänomen mit einem ungleich und doch noch vergleichbar großen Untergrund ausstatten. (FAZ 26. Mai 1979) Als im Mai 1978 in Köln ein Tribunal mit dem Titel »Gewalt gegen Frauen« abgehalten wurde, eröffnete sich für ein breiteres Publikum eine ganz neue Dimension schwer kriminalisierbarer Delikte. Der Bericht darüber gipfelt in der Feststellung: *Was dort von betroffenen Frauen berichtet wurde, ist dennoch nur die Spitze des Eisbergs mit Namen ›weibliches Elend‹*. (Die Zeit 19/1978) Die neue Tochterdisziplin der Kriminologie erschien gerade rechtzeitig auf dem Plan, um auch diesen Komplex aufzufangen und an das Licht wenigstens der Öffentlichkeit eines internationalen Kongresses, des III. Weltkongresses für Viktimologie in Münster, zu bringen. Dort berichtet von neueren Untersuchungen über Vergewaltigungen der Freiburger Gerichtsmediziner Peter Volk, daß nur wenige Triebtäter unter den Männern sind, die Frauen vergewaltigen, die meisten in ordentlichen Verhältnissen leben, verheiratet sind, die Opfer schon vorher kennen und schon lange vor der Tat dazu entschlossen sind, auch mit Gewalt ihr Ziel zu erreichen. Unter den Tätern seien auffallend viele mit einem ausgeprägt traditionellen Frauenbild. Sie hätten geglaubt, wie sie angeben, das Sich-Zieren der Frau sei letztlich nur vorgetäuscht und könne mit Gewalt gebrochen werden. Nach einer Allensbacher Umfrage hätten 18 % aller verheirateten Frauen schon einmal eine Vergewaltigung in der Ehe erlebt, die traditionell als erlaubt gelte, und folglich müsse die Vergewaltigung im Sinne des Strafrechts bloß als Spitze eines Eisbergs aufgefaßt werden. Hier kann die Metapher sogar erweitert werden: die Spitze des Eisbergs werde erst dann verschwinden, wenn seine Basis verschwunden ist, das Bild von der ständigen sexuellen Verfügbarkeit der Frau in der Ehe. (Die Zeit 40/1979 vom 28. September 1979: Ingrid Rieskamp, Die Frau als Freiwild) Man kann sich vorstellen, daß das neue Fach Viktimologie ein geradezu ideales Feld für die Verwendung der Eisberg-Metaphorik bietet.

Am 28. Oktober 1980 gelangt zum ersten Mal eine Spitze des Eisbergs in die Abendnachrichten des ersten Programms von NDR/WDR um 22 Uhr. Eine Metapher kann natürlich in einen so knapp redigierten Text nur als Zitat kommen. Die Prüfungsbehörde des Regierungspräsidenten in Köln ist bei Buch- und Kontenkontrollen bei dem in Bonn ansässigen Betreuungsverband Zivildienst, der dem Bundesbeauftragten für den Zivildienst untersteht, auf unzulässige Inanspruchnahme von Bundesmitteln aus dem Bundesarbeitsministerium in Millionenhöhe gestoßen. Ein Sprecher des Regierungspräsidiums habe geäußert, hier handle es sich *erst um die Spitze eines Eisbergs*. Folgerung sei, wie aus Meldungen der nächsten Tage hervorgeht, daß jetzt die Buchführungen und Abrechnungen aller am Betreuungsverband Zivildienst beteiligten Wohlfahrtsverbände überprüft werden müßten. (FAZ 30. Oktober 1980) Nun wäre diese Verwendung der Eisbergmetapher nur die übliche, wenn nicht in der den Anschuldigungen auf dem Fuße folgenden Gegenäußerung des Bundesbeauftragten für den Zivildienst diese originell fortgesponnen worden wäre. Nach einer Agenturmeldung von dpa habe Iven sich rückhaltlos vor seine Mitarbeiter gestellt, die Notwendigkeit der erhöhten Abrechnung von Mitteln gerechtfertigt und schließlich geäußert, was bisher an den Verband zuviel gezahlt worden sei, werde wieder *abgeschmolzen*. (dpa, Bonn 29. Oktober 1980) Noch das Eingeständnis, daß eben doch zuviel gezahlt worden sei, kann sich im Bannkreis der Ausgangsmetapher halten.

Schließlich noch zwei Aspekte der Wirtschaftskriminalität. Ein ganzes Dossier über Konkurse in »Die Zeit« beschäftigt sich mit der Frage nach betrügerischen Bankrotteuren. Sie hätten relativ wenig zu befürchten und kämen oft gänzlich unbescholten davon. Befragte Konkursverwalter hätten angegeben, die Verfolgungsorgane würden nur selten oder nie ausreichend aktiv. Das Verhältnis der Gesamtzahl der Insolvenzen zu den eingeleiteten Ermittlungen habe sogar abgenommen: 1976 seien bei 6800 Insolvenzen 1127 Fälle von Konkursdelikten ermittelt worden, fünf Jahre zuvor jedoch bei weit weniger als der Hälfte von Konkursen seien immerhin schon 708 Ermittlungsverfahren eingeleitet worden. Resultat: *Vor diesem Hintergrund erscheinen die Konkursbetrügereien laut Kriminalstatistik nur mehr als Spitze des Eisbergs – heute noch mehr als früher* ... (Heinz Blüthmann, In: Die Zeit 21/1978) Mit dem allerletzten Stückchen des Satzes nach dem Gedankenstrich ist dann allerdings die Metapher noch verunglückt; hat man sich einmal für die Spitze des Eisbergs entschieden, kann man sich nicht mehr für ein angewachsenes oder anwachsendes Mißverhältnis verwenden. Da ist dann zugunsten des schon hergestellten, vielleicht hergestellten Eindrucks Verzicht auf weitere Rhetorik geboten.

Ein solches Phänomen wie das der Schwarzarbeit kann überhaupt nur mit Hilfe der Metapher vom Eisberg bewältigt werden. Ein statistisches Schaubild, das die FAZ am 15. April 1978 für verschiedene handwerkliche Berufe wie Friseure, Elektroinstallateure, Maler und Lackierer, Maurer und Kraftfahrzeugmechaniker veröffentlicht und das sich an die 1977 verhängten Bußgeldbescheide wegen Schwarzarbeit hält, hat ganz natürlich und schlicht die Überschrift »Die Spitze des Eisbergs«.

Immer wenn es um schwer Beweisbares geht, hilft die Metapher. In einem Zeitungsbericht über ein Expertentreffen aus verschiedenen Bereichen der Hochschulen über die gesundheitliche Lage der Studenten lautet die These, die Hochschule mache krank, zumindest lasse sie bis dahin verdeckte Störungen unverhältnismäßig oft zum Durchbruch kommen. 1976 hätten sechs Prozent aller Studierenden eine psychotherapeutische Beratungsstelle aufgesucht. Die Selbstmordgefährdung von Studenten liege um fünfundzwanzig Prozent höher als die der Gesamtbevölkerung. Das sind klare Zahlen, und der Eisberg scheint hier nichts zu suchen zu haben. Dann aber sagt der Studentenpfarrer der Katholischen Studentengemeinde in Bonn, den Studierenden würde immer mehr der Sinn ihrer Ausbildung fraglich, noch mehr aber mache ihnen die Frage nach dem Sinn des Lebens zu schaffen. Wenn das so ist, dann sind die Krankheitsfälle nur die Spitze eines Eisberges, dessen unterseeische Masse, sofern man dem Pfarrer richtig gefolgt ist, aus den ganzen Zweifeln am Sinn des Lebens und der akademischen Ausbildung besteht. (Westfälische Nachrichten 20. Dezember 1978)

Die Eisberg-Metapher ist ihrer ganzen rhetorischen Disposition nach hochgradig politisch. Die rhetorische Figur verwandelt sich hier von der Vermutung in die Drohung: man ist zwar nur eine kleine Gruppe, läßt aber erkennen und sogar befürchten, dies sei nur die Spitze des Eisberges – nämlich derjenigen, die allemal das Potential abgeben, das sich an Manifestationen des Unmuts und der Unzufriedenheit, des Überdrusses und der Verdrossenheit anlagert, wenn vernehmlich nein zu überhaupt irgend etwas gesagt wird. Man nennt das zwar Artikulation, wie sie immer wieder kurzfristig Überraschungen in der Parteienlandschaft begünstigt hat, wird aber wohl besser von Verschiebungen des weiterhin Unartikulierten auf die Artikulationskunst anderer und weniger mit ihren auch nur partiellen Bedürfnissen und Besorgnissen sprechen müssen. Die Spitze des Eisbergs wird hier wiederum auch und vor allem wegen der Implikation und Suggestion von Homogeneität in Anspruch genommen. Am überraschendsten, wollte man die Belege vorführen, wäre wohl die rasche Vergänglichkeit solcher Konstellationen, obwohl sie den Anschein vorführen, aus größeren Tiefen der Besorgtheit und Verstörtheit zu kommen.

Man muß sich nicht in den Niederungen der Tagesliteratur aufhalten, um auf Liebhaberschaft für die Eisberg-Metapher zu stoßen. Ein Werk der politischen Rechenschaft und Selbstverteidigung, das unabhängig vom Urteil über seinen Autor zum dauerhaften Bestand dieser Gattung gehören wird, sind die Memoiren des amerikanischen Sicherheitsberaters und Außenministers Henry Kissinger. Er weiß etwas anzufangen mit Eisbergen, weil er Politik für ein Geschäft mit einem Mißverhältnis von Manifestation und Latenz hält. Das gilt vor allem für sein Urteil über Zuständliches und Tendenzielles. Fern von Bitterkeit und Erbitterung, qualifiziert er die Lage des westlichen Bündnisses am Ende der sechziger Jahre zwar noch nicht als desolat, aber doch als fern von allen realistischen Erfordernissen. Vor allem sei es der Mangel an Bereitschaft bei den europäischen Verbündeten, die Veränderung der strategischen Verhältnisse auch nur zu erkennen, erst recht anzuerkennen. Als die latente Hoffnung der Bundesgenossen, von der sie doch nie zu sprechen wagten, konstruiert er den imaginären Erwartungsstand, Europas Verteidigung würde im Ernstfall in der Weise eines direkten interkontinentalen Duells durchgeführt werden, dessen tödliche Ladungen und Projektile über die Köpfe der Europäer hinweg ihre Ziele ansteuern. Im Mißverhältnis zu diesen nie geäußerten Erwartungen, aber auch zu den nie anerkannten Realitäten ständen die rituellen Veranstaltungen der Bündnisorganisation: *Die strategischen Debatten waren deshalb nur die Spitze des Eisbergs.* (Memoiren I. München 1979, 95)

Auch für die ebenso zurückhaltende wie hinterhältige Art der Beurteilung des Präsidenten Nixon gibt der Eisberg eine geeignete Figuration. Auf dem Höhepunkt der innenpolitischen Schwierigkeiten wegen des Vietnam-Konflikts bei der Einbeziehung von Kambodscha in die Operationen tritt die Unfähigkeit des Präsidenten zutage, die von ihm zu vertretenden Entscheidungen mit seiner Person und Autorität abzuschirmen. Der Grad der Erschöpfung, den er bei diesen Auseinandersetzungen zeigte, erfüllte seine Berater mit tiefer Besorgnis. Und da war vor allem seine Ungeschicklichkeit gegenüber den demonstrierenden Studenten *nur die Spitze des psychologischen Eisbergs.* (Memoiren I 549)

Auch für die dem Historiker der europäischen Diplomatie in der Epoche Metternichs neuartigen Realitäten des Nahen Ostens konnte nur eine Metapher dieser Qualität das Ausdrucksmittel hergeben. Hier schienen manifeste und latente Vorgänge in der Entwicklung der politischen Strategie am Beginn der siebziger Jahre endgültig auseinanderzulaufen und die Sicht auf ihren Zusammenhang nur noch durch die Metapher vermittelt zu sein. Die Unreife der politischen Gesamtlage für eine befriedigende Wendung traf auf die Neigung der Bürokratie in Washington, mit immer neuen Initiativen vorzeitige und unzeitige Erwartungen auf Fortschritte zu erwecken. Die Fortschritte traten nicht ein, aber die Konturen der Probleme zeichneten sich klarer ab: *Die offizielle Haltung der einzelnen Parteien war nur die Spitze des Eisbergs.* (Memoiren I 408)

Man liest das im Rückblick und fragt sich, ob die Metapher dem Autor und den Beobachtern erst mit der Verspätung eines halben Jahrzehnts aufgegangen sein könnte. Daß die Metapher für den Beobachter vor Ort unter den klimatischen Bedingungen des Nahen Ostens überhaupt in Reichweite kommt, ist eher der Seltenheit eines meteorologischen Ereignisses zuzuschreiben, dem großen Jahrhundertschneefall im Januar 1974 in Israel, unter dem die Betriebsamkeit Kissingers gerade in dem Augenblick zu ersticken droht, in dem er das Entschlichtungsabkommen zwischen Ägypten und Israel gerade unter Dach bringt. Der Korrespondent berichtet seiner Zeitung: *Kein erfindungsreicher Regisseur hätte sich für das, was herauskam, für den Eisberg der Vereinbarung, von dem man nur eine kleine Spitze zu sehen bekommt, eine kongenialere Kulisse einfallen lassen können als den blendend weißen Schnee Jerusalems. Ihm war mit den schlauesten diplomatischen Kniffen nicht beizukommen ...* (Moshe Tavor aus Jerusalem, FAZ 19. Januar 1974) Hier konnte nur Schicksalsbereitschaft helfen, die der Region nicht fremd ist, denn die Stationierung von Schneepflügen kann man sich dort nicht leisten, wo nur im Abstand von Jahren stundenweise einmal der Schnee liegen bleibt.

Man hat im Rückblick nicht viel gehört von dem, was unter der Spitze des Eisbergs für den journalistischen Beobachter verborgen geblieben sein sollte. Am selben Tag hatte der Korrespondent derselben Zeitung aus Washington, und daher sicher ohne vorherige Abrede, dieselbe Metapher bemüht, um nicht nur die Unsichtbarkeiten im Nahen Osten selbst anzudeuten, sondern noch weiträumigere Bewegungen und Einflüsse: *Das Abkommen gleiche einem Eisberg, von dem nur die oberste Spitze sichtbar sei. Weitere Möglichkeiten für die Genfer Konferenz seien bestimmt durch Kissinger in Assuan wie in Jerusalem erörtert worden. Hinter den Kulissen habe es zweifellos häufige Kontakte zwischen Amerika und der Sowjetunion gegeben, deren Ausmaß geheim sei. Amerikanische Beobachter haben wenig Zweifel daran, daß Moskau Kairo ebenso beeinflußte, wie Washington dies mit Israel tat.* (Jan Reifenberg aus Washington, FAZ 19. Januar 1974) Man sieht hier leicht, daß die Untergründe, die die Metapher suggeriert, nur das vage Untergrundgefühl des Beobachters, die Suggestionen, denen er schon erlegen ist, vorführt.

Kissingers Eisberg kommt noch einmal in Sicht, als er, schon seiner Ämter ledig, ein Mysterium zu klären befragt wird, das sich in der Ägide von Präsident Carter ereignet. Ereignisse werden nicht nur erfunden, um mit ihnen bestimmte Zwecke zu erreichen; das ist oft die ungutwillige Erklärung von Koinzidenzen. Ereignisse treten auch deshalb ein, weil die Aufmerksamkeit auf längst Bekanntes und Vorhandenes aus anderen Gründen belebt und verschärft wird. So tauchen im vorletzten Amtsjahr Carters die bis dahin angeblich unbekannten russischen Kampfeinheiten auf Cuba auf. Es wird niemals ganz geklärt, ob diese Kampftruppen schon ein Jahrzehnt auf der Insel stationiert waren und erst jetzt willkommener Anlaß zur Änderung des außenpolitischen Kurses werden oder ob sie tatsächlich neuerdings dort stationiert worden sind. Daß der ehemalige Leiter des Geheimdienstes aussagt, ihm sei nichts von der Anwesenheit dieser Truppen auf Cuba zu Beginn oder um die Mitte der siebziger Jahre bekannt gewesen und sie wären ihm sicher bekannt geworden, da man Cuba hervorragend mit Aufklärung abgedeckt habe, versteht sich von selbst, denn sonst würde er nachträglich seine damalige Amtsunfähigkeit eingestehen müssen. Aber auch Kissinger bestätigt, daß zur Zeit der Regierungen Nixon und Ford über die Anwesenheit einsatzfähiger Kampftruppen auf Cuba nichts bekannt geworden sei: *Ich glaube, daß diese neuen Truppen Teil eines Plans sind. Ich meine, wir müßten uns um etwas kümmern, was die Spitze eines Eisbergs sein könnte.* (FAZ 8. September 1979) Die Spitze des Eisbergs im Konjunktiv, das bedeutet vor allem die Abschätzung einer Möglichkeit, die die Wiederaufnahme der zum Beweis guter Absichten von Carter eingestellten Flüge mit Höhenaufklärern des Typs SR-71 »Black Bird« über dem umstrittenen Raum einer neuen Ungewißheit [ausliefert].

Historische Sachverhalte sind der Rhetorik des Eisbergs weniger zugänglich, weil quantitative Vermutungen ohnehin an den Grenzen der statistischen Datenmassen, die noch nicht so lange verfügbar sind, allmählich auslaufen müssen. Dennoch, wie gewichtig sind Phänomene, an denen sich Unbehagen und Kritik der Intelligenzen seit Jahrhunderten gerieben und entzündet haben? Welche Bedeutung hatten die Schäden und Nebenfolgen, an denen Rousseau seine exemplarische Kritik der Kultur, der Wissenschaften und Künste, ableitete?

Denn diese Kritik hat ihre Kontinuität bis in die Gegenwart, und sie ist in der Rhetorik eigentlich immer auf dem Niveau der Gereiztheit und des eschatologischen Ausnahmezustands geblieben, der wohl nur durch die jeweiligen Ermüdungen an den Mitteln als unterbrochen oder abgeschwächt erscheint. Gesellschaftskritik etwa lädt sich auf an den Folgen und Nebenfolgen der Erscheinungen, die sich im weitesten Sinne als Quantifizierung am Wertmaß des Geldes und damit als vermutete oder erfahrene Käuflichkeit bestimmen lassen. Immer stand die Vermutung im Hintergrund, es müsse andere, substantielle, natürliche, menschliche Wertmaßstäbe geben, die durch diesen einen abstrakten Maßstab verdrängt und überspielt worden seien. Hat aber die sprachlich so vielfältige und gelegentlich großartige Kritik am Mißverhältnis zwischen den wenigen, die alles kaufen können, und den vielen, die für ihr Alles nur wenig kaufen konnten, wirklich das entscheidende und lebensbestimmende Ärgernis der bürgerlichen Epoche getroffen – den Nerv, der im Falle des Getroffenseins in einem einzigen Aufschrei sich hätte zur Bestätigung bringen müssen? Oder bestand jener vermeintliche Dualismus gar nicht, war er nur das eingefärbte Präparat, das sich von einem definierbaren Standort der Betrachtung her darbot? Ich habe zum Glück diese Frage hier nicht zu beantworten, sondern nur das Auftauchen der Eisberg-Metaphorik an dieser Grenze historischer Befragbarkeit zu registrieren. Der Historiker bringt die Problematik auf einen einzigen Satz: *Wenn das Großbürgertum oder die ›Bourgeoisie‹ tatsächlich allein herrschte, wenn sie etwas anderes wäre als die Spitze eines Eisbergs, dann hätten sich die alten Prophezeiungen zweifellos längst erfüllt und ein gesellschaftlicher Sturm hätte die kleine Oberschicht hinweggefegt.* (Ernst Nolte, Was ist bürgerlich? In: FAZ 24. Juni 1978) Spitze eines Eisbergs – das ist hier ganz bezogen auf die Bestreitung des Dualismus in den menschlichen Verhältnissen, die absolute Einseitigkeit des Rechtes auf Erwartungen oder der absoluten Abgeschnittenheit von jedem Zugang zu elementaren Lebenswerten im System von Kaufmacht und Käuflichkeit.

Die eingefahrene und als solche für zuverlässig genommene Metapher hat, wie alles vermeintlich oder wirklich Bewährte, auch den Effekt der Überstrapazierung. Das ist das Feld der unfreiwilligen Komik wie der raffinierten Ironie. Diese erlauben uns zu studieren, wie der ursprüngliche Implikationsstand der Metapher noch angereichert, in der Wirkung gesteigert, zum verblüffenden bis absurden Grad des Mißbrauchs gebracht wird. Was hier Mißbrauch ist, hängt überhaupt nicht von den guten und besten Absichten dessen ab, der gebraucht.

Ein bekannter und sehr einflußreicher Gerichtsreporter – und kaum eine Spezies des Journalismus hat so viel Wirkung hervorgebracht wie diese – berichtet 1970 über einen in Lausanne geführten Prozeß gegen einen schweizerischen Waffenfabrikanten. Für die ungelösten Rätsel der Prozeßmaterie, für den als ungeheuerlich vermuteten, nicht aktenkundig gewordenen Hintergrund, bedient er sich der Eisbergmetapher, um sie zugleich ad absurdum zu führen, und man sieht, daß das mit genauer Berechnung und mit Kunstfertigkeit geschieht: *Aus derartigem Anlaß wird gern der Eisberg zitiert, von dem nur ein Bruchteil über Wasser zu sehen ist. In Lausanne lernte man das Phänomen eines insgesamt auf Tauchstation gegangenen Eisbergs kennen.* (Der Spiegel 49/1970) Man sieht hier, wie die alte Metapher durch Sprengung ihrer allein sachgemäßen Anschaulichkeit zur größten rhetorischen Leistung gebracht wird. Das wäre aber nicht möglich, wenn sie gerade erst kreiert worden wäre.

Eine originelle Variante ist der ästhetisch verbesserte Eisberg. Ein Rezensent kündigt ein Fernsehspiel für die folgende Woche an und will es dem potentiellen Zuschauer schmackhaft machen. Der neunundsechzigjährige Regisseur habe handwerkliche Solidität, präzises *timing* und rasantes Tempo miteinander verbunden. Fazit der Ankündigung: *Eine amüsante Angelegenheit, die aus dem grauen Fernsehalltag herausragt wie die buntbemalte Spitze eines Eisbergs.* Und dies, obwohl dem Ganzen auch etwas in anderer Farbgebung zugesprochen wird, nämlich *Anflüge von hintergründig-schwarzem Hu-*

mor. Man merkt, wie der Verfasser sich selbst voranassoziiert hat, indem er eine Szenerie mit verschiedenen Farbgebungen entstehen ließ. Eine Grundregel der Eisbergmetapher hat er verletzt: die der Homogeneität des Materials. Denn dies will er doch gerade sagen, daß die Spitze des Eisbergs nicht die disproportioniert-proportionierte Sichtbarkeit des Unsichtbaren ist, sondern das erfreulicherweise ganz Andere. Die Freude an dieser Komposition wird auch nicht dadurch getrübt, daß man sich die Anmalung eines Eisbergs technisch nur schwer vorstellen kann, da er abzuschmelzen beginnt, sobald der arktische Gletscher gekalbt und seinen Sproß ins Meer entlassen hat. (Rolf Thissen, in: Die Zeit 18/1979)

Dann gibt es auch das Mittel der rhetorischen Verstärkung, das nur geeignet ist, Zweifel an der naturgesetzlichen Gültigkeit des anschaulichen Bezuges zu erwecken. Das liest sich ganz harmlos, läßt aber den Leser doch stutzen. Der Feuilletonchef der »Zeit« bespricht Heft 54 von »Kursbuch« zum Thema »Jugend«. Er holt zunächst groß aus: *Eine Welt gähnt auf – kennen wir sie noch?* Ja, und wenn man nun schon eine aufgähnende Welt eingeführt hat, dann kann einem die gute alte Eisbergmetapher nicht mehr genügen. *Diese da, die sich hier artikulieren – die winzige Spitze eines riesigen Eisbergs – haben mit uns, unserer bürgerlichen Welt nichts, aber auch rein gar nichts mehr zu tun.* (Fritz J. Raddatz, Menschen – soziale Einwegflaschen? In: Die Zeit 4/1979) Und genau diese Anreicherung verdirbt den rhetorischen Effekt. Der Leser kann nun nicht mehr glauben, was als gesetzliche Notwendigkeit ihm suggeriert werden soll: daß nämlich diese schreiblustigen und gekonnt sich mehr noch als die anderen darstellenden Autoren im »Kursbuch« etwas vertreten, was seinerseits sich nicht derart darzustellen und auszudrücken vermag, sondern nur als die große tragende, aber auch drohende Masse unter der Spitze sitzt. Nur, wie jeder sofort merkt: Ein riesiger Eisberg kann eben nicht eine winzige Spitze haben. Das Verhältnis von Gesamtmasse und Spitze ist gerade das naturgesetzlich geregelte und für die anschauliche Evidenz der Rhetorik allein tragfähige Moment. Das ist auch ganz erkennbar nicht die bewußte und gekonnte Verfremdung der Metapher, ihre Entführung aus der Banalität, sondern so etwas wie der sich ungewollt bloßstellende Übereifer des Kulturkritikers. Der doch auch nicht wissen kann, wie es mit den quantitativen Verhältnissen bei dieser andersartigen Generation bestellt ist. Der Berichterstatter ist der Suggestion erlegen, die dem alten Idol der Avantgarde entspricht: Man soll die, die das Handwerk der Agitation, Selbstdarstellung und der Manifestation beherrschen, nur für die Protagonisten einer sonst ums Wort verlegenen Klasse oder Generation halten. Im Augenblick ernennt sich eine Generation zur Klasse, in Ermangelung anderer Besetzungsmöglichkeiten des alten Schemas, und die Feuilletonredaktionen helfen mehr oder weniger gekonnt mit – hier ungekonnt.

Dieser rhetorische Fehler wird nicht selten gemacht. Ich gebe ein weiteres Beispiel, wie der Zusatz eines einzigen Wörtchens die Metapher um ihren ganzen Evidenzeffekt bringt. Der führende Wirtschaftsautor einer Tageszeitung behandelt unter dem Titel »Immer mehr Staat?« schon im Dezember 1973 den jüngsten Bericht des Bundesrechnungshofes über die Verpulverung öffentlicher Mittel bei Bahn und Post: *Und dies ist nur die winzige Spitze des Eisberges der öffentlichen Verschwendung, für die jedermann Dutzende von Beispielen zur Hand hat.* (Jürgen Eick, in: FAZ 14.12.1973) Ich brauche nicht mehr zu wiederholen, daß der unter der Fläche der Sichtbarkeit liegende Teil des Eisbergs nicht beliebig groß sein kann, wenn die Spitze winzig ist. Auch der Satz: *Der Terrorismus ist nur die winzige Spitze eines Eisbergs von Gewalt, Lebensverachtung und Verzweiflung*, leistet nicht, was er soll. Er bringt sich um seine Plausibilität. (Die Zeit Nr. 27/1978 v. 30. Juni)

Gefährlich für die Überzeugungskraft der Metapher ist es auch, das Zeitmoment in sie hineinzutragen. Es ist ja fast selbstverständlich, daß das natürliche Schicksal des Eisbergs, in die wärmeren Meere zu treiben und abzuschmelzen, kein rhetorisches Interesse finden kann. Was man brauchte, aber nicht hat, ist ein wachsender Eisberg oder einer, der sich im Laufe der Zeit deutlicher ins Sichtbare erhebt. In Münster wird eine Studentin am 22. Mai 1980 von einem Bus auf der Busspur angefahren; der Fahrer benimmt sich dabei schlecht, und es gibt Empörung. Ein Leserbrief möchte dieser endlich Luft machen und aus dem Alltag die mißliche Behandlung anderer Verkehrsteilnehmer durch Busfahrer an die Öffentlichkeit bringen. Der Einsender schreibt: *Hier scheint sich langsam die Spitze eines Eisberges zu zeigen, der schon lange in Münster besteht.* (Westfälische Nachrichten, 30. Mai 1980) Ja, wenn dieser Eisberg schon lange in Münster besteht: Wo ist dann seine Spitze geblieben? Und wie ist es möglich, daß sie sich erst langsam zeigen kann, was eben Spitzen von Eisbergen unmöglich können.

Nun ist der Schreiber eines Leserbriefs über die Verkehrssituation in Münster aller Wahrscheinlichkeit nach kein geübter Schriftsteller; um so interessanter ist, wie er der gängigen Metapher vertraut, ein anwachsendes Mißbehagen über diese Dinge zu prognostizieren. Ein angesehener Schriftsteller und Kritiker, Reinhard Baumgart, schreibt einen Aufsatz über Goethes »Wahlverwandtschaften«; obwohl in einer Wochenzeitung, kein naheliegendes Thema. Wer auf den klassischen deutschen Eheroman als eine literarische Lebenshilfe setzt, müsse an der Lektüre verzweifeln. Der Ertrag des Lesers werde ganz verschieden sein, zwischen null und unendlich verteilt, denn der Vor-Leser hält die »Wahlverwandtschaften« *für vorerst unerschöpflich*. Der Leser wird bei diesem Wörtchen ›vorerst‹ stutzen; und das erwartet auch der Autor. ›Vorerst‹, das solle heißen: solange sich die Geschlechter *so fremd und süchtig begegnen, wie in diesem Musterfall beschrieben*. Das mag einleuchten oder nicht; jedenfalls soll es offenlassen, ob die Gültigkeit des Romans nicht am aktuellen Zustand der Verhältnisse zwischen den Geschlechtern hängt und seine Wirkung von ihm abhängt. Um diese Pointe des ganzen Aufsatzes, denn wir befinden uns bereits im letzten Satz, noch zu verstärken, erweitert der Autor diese Erläuterung seiner Ansicht von der möglichen Vorläufigkeit der Geltung des Werkes durch einen weiteren und abschließenden Nebensatz: *und solange unser Bewußtsein nur als eine Eisbergspitze die Wasserfläche überragt*. (Die Zeit 4, 1979)

Nun war bei dem Versuch dieser Aktualisierung alles darauf angekommen, die Darstellung der Konstellation von Mann und Frau im Roman als veränderungsfähig auszugeben. Doch für diese Absicht ist die Eisberg-Metapher weniger geeignet als irgendeine andere. Es gibt keine Hoffnung, unser Bewußtsein könne jemals höher über seinen Untergrund emporragen, wenn es als die Spitze eines Eisbergs über der Wasserfläche gesehen wird. Denn dann ist es ein schlichtes Stück Natur, ohne die Chance, jemals ein Stück Geschichte zu werden.

Deshalb aber muß, wenn man es überhaupt auf den Eisberg als Hilfsmittel der Andringlichkeit an den Leser abgesehen hat, immer etwas von ihm zu sehen sein. Wenn sich das Ausmaß des Sichtbaren verändern sollte, so immer nur zur Verringerung hin. Aber noch der kleinste Eisberg, vor dem endgültigen Ende seiner Abschmelzung, erhält diese Sichtbarkeit. Wenn bei einem Gerichtsreport über die Rauschgiftszene im Vordertaunus die Stimmung der eingeweihten Kenner beschrieben werden soll, darf eben nicht gesagt werden, auf dem Gerichtsflur sei zu hören gewesen, *daß in diesem Prozeß nur die Spitze eines Eisberges zu erkennen sein werde, wenn überhaupt*. (FAZ Frankfurter Stadtausgabe 27.9.1979) Denn dieses letzte Stückchen des Satzes ist schlechthin unzulässig: Die Spitze von Eisbergen ist immer sichtbar.

Dagegen verstößt auch der Autor des Films »Winifred Wagner und die Geschichte des Hauses Wahnfried«, gesendet am 9. April 1975, wenn er über seine Erfahrungen bei der Herstellung des Films berichtet. Jeder weiß, worum es in diesem Film ging; vor allem um die Beziehung des Hauses Wagner zu Hitler. Da gibt es den Komplex der verschwundenen Handschriften Wagners, die Hitler zu seinem 50. Geburtstag von der deutschen Industrie geschenkt worden waren. Die Wittelsbacher hatten sie verkauft, dann aber immer behauptet, dies sei unter dem Zwang des Hauses Wahnfried geschehen. Hans

Jürgen Syberberg schließt mit dem vielsagenden, aber plötzlich wieder nichtssagenden Satz: *Eisberge unter Wasser, die sich hinter den Worten der WW verbergen.* (Zeitmagazin 1975) Sicher verbirgt sich vieles *hinter* etwas anderem, auch *hinter* Worten, aber bei Eisbergen kommt alles darauf an, daß sich etwas *unter* etwas verbirgt. Dieses Richtungsverhältnis geht völlig verloren, wenn schon alles unter nichts ist, wie bei Eisbergen unter Wasser. Dann kann es sich nicht einmal unter dem verbergen, was es von sich zeigt und in jedem Fall zeigen muß. Da der Autor von einem redseligen Produkt berichtet, in dem eben sehr viel vorgezeigt worden war, versagt die Metapher völlig den Dienst, in den sie gestellt werden soll: die Unheimlichkeit des Ungesagten zu markieren.

Schließlich möchte ich noch eine seltsame Abwandlung der Eisberg-Metapher vorführen, deren Problematik in der Mißachtung des Erfordernisses liegt, daß es um quantitative Verhältnisse von Massen geht, also auch immer ein bestimmtes oder unbestimmtes Zahlverhältnis vorliegen muß. Sagt man daher zu einem Adressaten: *Du bist die Spitze des Eisbergs*, so hat man sich in die Verlegenheit gebracht, nur noch sechs andere zulassen zu können, die den verborgenen Teil ausmachen. Gerade diese Wirkung aber soll durch den Gebrauch der Metapher gerade nicht erzielt werden. Deshalb wechselt ein literarisches Dokument, welches sich der Anrede des Briefes ›Du‹ bedient, unversehens in das ›Ihr‹ über, um den Eindruck eines zu harmlosen Verhältnisses von Sichtbarkeit und Unsichtbarkeit zu vermeiden. In dem »Offenen Brief an einen Freund, den mutmaßlichen Terroristen D.« schreibt Klaus Hessler: *Ihr seid nur die Spitze des Eisberges, die immerhin sichtbar und damit nicht mehr in dem Maße gefährlich ist, wie viele es der Gesellschaft glauben machen wollen.* (Vorabdruck: Die Zeit 36/1978; Buchausgabe: Hamburg 1978) Die Metapher verbindet sich in diesem Brief zwanglos mit der vom ›Untergrund‹, die sich aber besser handhaben läßt, weil sie keine Implikationen über quantitative Verhältnisse von Sichtbarkeit und Unsichtbarkeit enthält.

Vom Du jetzt zum Ich. Zum ersten Mal, soweit meine Beobachtung reicht, hat sich jemand selbst und allein als die Spitze eines Eisbergs bezeichnet – wiederum kaum, ohne die Vorstellung des Hörers und Lesers über die Mächtigkeit dessen, was noch unter ihm unsichtbar ruht, ungewollt zu stören. Der Geschäftsführer einer »Pro-Bürgerinitiative Recht auf Energie«, Kreisverband Lüchow-Dannenberg, sagt knapp zwei Monate nach der Gründung des Verbandes über den Beginn der Probebohrungen in Gorleben, es sei Mode geworden, dagegen zu sein, und viele hielten das einfach für schick. Er sei einer, der dafür ist, für Kernenergie und für die nukleare Entsorgung. Und nun folgt der Satz, der das alles wieder zunichte macht: *Und ich bin nur die ›Spitze des Eisbergs‹ hier im Landkreis.* (Wolfgang Tersteegen, in: FAZ 19. 3. 1979)

Weil es um Massen und deren quantitatives Verhältnis von Offenheit und Verborgenheit geht, kann man die Metapher nicht beliebig auf Einzelereignisse anwenden. Die Verwendung der Metapher in der Werbung wäre fast ein eigenes Thema. Hier ist ein einzelnes Beispiel für Fehlverwendung der Metapher zu nennen. Für einen Börseninformationsdienst wird im September 1979 mit der Überschrift geworben: *Die Goldpreisexplosion ist nur die Spitze eines Eisbergs.* Nun sollte man erwarten, der Inserent wolle zum Ausdruck bringen, daß die bis dahin erfolgte Steigerung der Goldpreise zu der noch bevorstehenden sich im Mißverhältnis verhalte wie die Spitze des Eisbergs zum übrigen. Aber hier wird etwas anderes angestrebt, wie der erste Satz nach der Überschrift verrät: *Hinter der gegenwärtigen Goldhysterie steht der totale Vertrauensschwund in den Dollar.* Alles ist schief angelegt; denn natürlich kann ein Vertrauensschwund nicht der andere Teil des Eisbergs sein, wenn die Spitze eine Explosion ist. Noch wichtiger ist aber, daß ein Verhältnis von Vordergrund und Hintergrund gemeint ist: Im Hintergrund ein großer Schwund, im Vordergrund eine Explosion, das mag gehen.

Es gibt die unfreiwilligen rhetorischen Mißbräuche mit der Eisberg-Metapher, die fast immer aufschlußreich sind für Verschiebungen und Verformungen in der Argumentation, aber es gibt auch die spielerisch-freiwilligen Verzerrungen, die schon in der Phase der Überstrapazierung der Metapher angewendet werden und sich selbst kaum noch argumentativ ernst nehmen, es sei denn, die Aufmerksamkeit des Hörers oder Lesers durch Verblüffung neuer Wendungen zu stimulieren. Rhetorik ist eben auch Artistik, nicht nur argumentative Substitution und Suggestion, sondern pure Alarmierung von Aufmerksamkeit.

Im Dezember 1979 erhält der Hamburger Volksdichter Peter Rühmkorf den Alexander Zinn-Preis seiner Freien und Hansestadt. Er entgegnet mit einer Rede »Freiheit und Unfreiheit des freien Schriftstellers« (Die Zeit Nr. 1/1980 vom 28. Dezember 1979).

Wie sieht es mit der materiellen Grundlage der Freiheit eines freien, also nicht an bestimmte Medien gebundenen Schriftstellers aus? Die Daten der Antwort interessieren hier im einzelnen nicht: drei Jahre für ein Buch, zehn Prozent, 15000 Mark, die aber schon als Vorschuß in die Vorbereitungszeit eingegangen sind. Der Redner folgert, daß nicht seine Bücher ihn tragen, sondern er seine Bücher trägt.

Aber nun, wie bei jeder Introspektion, die Frage: Ist dieses empirische Resultat repräsentativ, exemplarisch, verallgemeinerungsfähig? Welches Maß an Vollständigkeit der Induktion kann beansprucht werden?

Die Antwort kann, darauf ist man schon gefaßt, nur metaphorisch ausfallen: *So also sieht sie aus, die Lage der freien Schriftstellerei in Deutschland, meine Damen und Herren, und – wohlgemerkt – ich bin da wirklich nur die Spitze eines Eisberges ...*

Da ist die Metapher, die sonst so auf ferne objektiv statistische Sachverhalte projiziert wird, in der ersten Person Singular umerfunden: einer ist es selbst, nicht der Eisberg, so daß von ihm nur der kleinere Teil sichtbar wäre, sondern er ist die Spitze des Eisbergs, wieder einmal eines statistischen Eisbergs, denn die anderen gehören überwiegend zu einer Masse, die zwar nicht unsichtbar bleibt, der es aber als nicht zur statistischen Spitze gehörend, noch schlechter als dem

Bekenner gehen muß, der sich ja an diesem Tage schon dadurch heraushebt, daß er eine angesehene und ansehnliche Prämie entgegennimmt. Er will sich da, als Spitze des Eisbergs, auf die Homogeneität der Substanz berufen, die hier am ehesten den zeitgenössischen Namen ›Solidarität‹ bekäme. Die Gleichheit in der Substanz, die Ungleichheit, die sich am Eisberg darin zeigt, daß zur Spitze nur wenige gehören, ihre Sichtbarkeit aber eine für alle sein soll.

Damit diese Bevorzugung nicht ärgerlich wird, erscheint sie in einer Erweiterung der Metapher nur als optisches Privileg. Ich ergänze deshalb das Zitat, indem ich es noch einmal aufnehme: ... *ich bin da wirklich nur die Spitze eines Eisberges, ich gucke wenigstens oben noch raus* ...

Er gehört dazu, aber er guckt noch raus. So weit ist frei und kontrolliert mit der Metapher gespielt. Dann aber tritt eine Dissoziierung ein, die sich mit dem bisherigen Gang der Erzeugung von Anschaulichkeit nicht vertragen will. Der Redner ist nicht mehr Stück des Eisbergs, wenn auch sein kleinerer oder kleinster Teil, sondern er ist nur noch auf dieser Spitze lokalisiert, um die Perspektive der Weite zu gewinnen.

Obwohl die Spitzen von Eisbergen infolge der Massenverteilung unter Wasser und über Wasser zuungunsten der letzteren nicht sehr hoch aufragen, erlauben sie doch weltweite Ausblicke – oder wenn man das nicht mehr akzeptieren will, muß man einen absoluten Berg ins Auge fassen, der mit seiner gesamten Masse über seiner Standfläche aufragt: den Schuldenberg, auf dem sich der Autor gerade in dem Augenblick am höchsten erhebt, in welchem ihm die Vollendung eines Werkes gelungen ist: *Von der Spitze des Eisberges, bzw. von den Gipfeln eines berufsspezifischen Schuldenberges aus einen Blick ins Weite! Im Weltmaßstab gesehen und im Hinblick auf zahllose Berufskollegen in Asien, in Afrika oder auch in Lateinamerika schrumpfen unsere ökonomischen Miserabilitäten nämlich beinahe schon zu bloßen Luxusleiden herunter.*

Noch einmal, nun allerdings im Weltmaßstab, die Spitze des Eisbergs: alle, die bis dahin zum deutschen Eisberg gehört hatten, sowohl die über der Wasserfläche als auch das vielfache darunter, sind nun ihrerseits alle, im Weltmaßstab, zur Spitze eines neuen Eisbergs geworden, dessen subkutane Masse wiederum, nur in anderer Solidarisierung, die anderen sind.

Die bisherigen Beispiele sind der Alltagssphäre, dem Journalismus, der Trivialwelt entnommen. Bei Annäherung an die Wissenschaft wird das Material rar. Die wissenschaftliche Rhetorik ist sich anderer Mittel zu sicher, als daß sie nach den Anschaulichkeiten vorschnell greift. Vielleicht bieten Festreden, Eröffnungsreden, Laudationen Material.

Am 12. und 13. Oktober 1972 veranstaltet die Joachim Jungius-Gesellschaft der Wissenschaften in Hamburg eine Tagung über Hermann Samuel Reimarus, den bekannten Unbekannten der Aufklärung, dessen Hauptwerk durch das Verdienst dieser Gesellschaft 1972 zum ersten Mal nach zwei Jahrhunderten der Öffentlichkeit zugänglich gemacht worden war. Bekannt aus dieser »Apologie oder Schutzschrift für die vernünftigen Verehrer Gottes« des Hamburger Orientalisten und Gymnasialprofessors waren allein die Fragmente des Wolfenbütteler Ungenannten, die Lessing mit Genehmigung der Familie nach dem Tod des Reimarus und unter der Fiktion, es handle sich um ein in der Wolfenbütteler Bibliothek gefundenes Manuskript eines Anonymus herausgegeben hatte.

Ich weiß nicht, ob je jemand auf den Gedanken gekommen ist, die von Lessing publizierten Fragmente im Verhältnis zu dem seinem Umfang und Inhalt nach unbekannten Gesamtwerk als die Spitze eines Eisbergs zu bezeichnen. Aber sie waren es, wenn man an die mögliche Wirkung denkt, die die Veröffentlichung des Ganzen gehabt hätte, die Reimarus selbst nicht gewünscht hatte, weil er sich nicht sicher war, ob sie seinen Zeitgenossen so bekömmlich sein würde, wie ihm selbst seine Einsichten gewesen waren. Diese Befürchtung war entscheidend, denn Reimarus hätte den Druck ohne Furcht vor Folgen bewerkstelligen lassen können, wie andere anderes hatten drucken lassen, was von nicht geringerer Brisanz war. Darin hatte man im 18. Jahrhundert Übung und Witz.

Ich wollte sagen, wie nahe bei der Vorstellung dieses Sachverhalts gegenüber der wissenschaftlichen Öffentlichkeit die Eisberg-Metapher gelegen hätte. Aber in dieser Richtung wurde kein Gebrauch von ihr gemacht. Statt dessen in einer anderen.

Der Präsident der Gesellschaft eröffnete die Tagung mit einer Ansprache, in der er auf das Vierteljahrhundert des Bestehens der Hamburger Akademie zurückblickte. Die Gründung sei 1946 auf der Hamburger Tagung zum Anlaß des 300. Geburtstags von Leibniz angekündigt und im Jahr darauf verwirklicht worden. Sie sollte die in Hamburg bestehenden wissenschaftlichen Aktivitäten vereinigen und, als eine Art Dachgesellschaft, eine föderative Akademie der Wissenschaften neuen Typs schaffen. Was in fünfundzwanzig Jahren geleistet worden war, gruppierte sich vor allem um zwei große Editionen der in Hamburgs Geschichte selbst entstandenen Gelehrsamkeit: die »Logica Hamburgenses« des Joachim Jungius und eben die »Apologie« des Reimarus. Dem berechtigten Stolz auf diese beiden Leistungen, wie sie für eine Akademie typisch sind, fügte der Präsident Wolfgang Walter den Satz an: *Das, was man damit von der Aktivität einer Gesellschaft wie dieser zeigen kann, ist nur die Spitze eines Eisberges.* (Hermann Samuel Reimarus, Ein ›bekannter Unbekannter‹ der Aufklärung in Hamburg. Göttingen 1973, 11)

Eine Untertreibung? Denn weshalb das Wörtchen ›nur‹ zu den beiden großen Editionsleistungen? Und worin mußte die Masse des Geleisteten bestehen, wenn dies die unverhältnismäßig kleine Spitze sein sollte?

Ein Beispiel mißglückter gelehrter Rhetorik, wahrscheinlich. Hier wird nicht mit dem unter Wasser liegenden Teil des Eisbergs als der Masse der Wahrheit oder Realität gedroht, sondern die Kleinheit der Spitze damit entschuldigt, daß jede Eisbergspitze auf das Massiv der unsichtbar darunter gelegenen Masse angewiesen ist, um überhaupt Spitze sein zu können. Viele Träger, wenig Getragenes. Ein Trost für all diejenigen, die in Verbindung mit Jungius oder Reimarus nicht genannt werden konnten, weil es an Kapazität für diese Aufgaben am Ort nicht genügend Träger gegeben hatte. Aber die Entschuldigung ist mißglückt, weil die Metapher nicht ohne Enttäuschungen zu Ende gedacht werden kann.

Gesagt werden sollte: Die Gesellschaft war segensreich tätig, aber man soll von ihrem Präsidenten beim Rückblick nicht zu viel an Nachweis von Resultaten erwarten. Sie hat gewirkt im Unbemerkbaren und weniger Bemerkbaren. Und eine Akademie neuen Typs, wie geplant und erwartet, das eben war sie nicht geworden. Den naheliegenden Gedanken, daß sie das unter den Bedingungen Hamburgs auch niemals werden konnte, vermochte der Festredner nicht zu äußern; er durfte im Grunde auf die Ausgangssituation des Jahres 1946 nicht zurückkommen, als man in der völlig zerstörten Stadt – wenn auch im unzerstörten Rathaus, welches der Tagungsort der Leibniz-Veranstaltung war – und unter den damaligen Bedingungen völliger materieller und politischer Aspektlosigkeit auf die neue Akademie als einen geistigen Lebensquell Hamburgs gesetzt hatte. Im Grunde war es die schnelle Widerlegung der schlimmsten Ahnungen, das Aufblühen des Stadtstaates gewesen, was die Hamburger schnell, wie nach dem Ersten Weltkrieg die Gründung ihrer Universität, die Bedeutung der Akademiegründung hatte vergessen lassen. Sie brauchten diesen Umweg zur Wiedergewinnung ihres Selbstbewußtseins nicht. Deshalb war die Spitze dieses Eisbergs ein rhetorisches Phantom.

In der Rhetorik der wissenschaftlichen Biographik und Panegyrik ist der Eisberg ein erratisches Vorkommnis. Immerhin ist die bedeutendste Figur der deutschen klassischen Philologie des 19. Jahrhunderts, Jacob Bernays, der Entschlüsseler der Tragödientheorie des Aristoteles, von seinem Biographen dieser voll ausgespielten Metapher gewürdigt worden: *Er war wie ein Eisberg: aus der Nähe starr, abschreckend, gefährlich durch Klippe und Riff, die Masse des Tiefgangs bergend unter schmaler Oberfläche, in die Ferne leuchtend in klar ge-*

schliffenen Flächen, den seltenen Strahlen der Sonne zugewandt und weithin grüßend zu den alten Gefährten … (H. I. Bach, Jacob Bernays, Tübingen 1974, 197) Es trifft mehr an der Gestalt dieses zugleich düsteren Mannes und erhellenden Geistes, als ein isoliertes Stück vorführen kann.

Wie hatte man, was diese Metapher zu sagen gestattet, wenn nicht sogar verleitet, gesagt, als man sie noch nicht besaß, noch nicht beachtete, noch nicht überzeugend fand? Was natürlich nicht bedeutet, von Eisbergen nichts zu wissen oder vom Verhältnis zwischen Sichtbarkeit und Unsichtbarkeit, das man mit jedem Stück Eis in der Badewanne erproben kann. Aber wie hinterhältig Eisberge eben durch diese an ihnen vorkommenden Verhältnisse nur im Großen werden können, wußte man seit der Katastrophe der »Titanic« im breitesten Bewußtsein – auch daß die Sicht der Spitze des Eisbergs noch nicht genügt, ihn auszumanövrieren, weil die unterseeischen Massen nicht zuverlässig unter der Spitze gelagert sein müssen, also diese exzentrisch darauf sitzen kann.

Man war einfach noch nicht darauf gekommen, daraus eine Metapher zu machen. Nun wäre auch das uninteressant, wenn es den Bedarf dafür noch nicht gegeben hätte. Dieser ist zweifellos nicht ein jederzeitiger. Er hängt unlösbar an dem Verdacht auf hinterhältige Verhältnisse im Bewußtsein, in der Gesellschaft, in der Wissenschaft.

Schon für Schopenhauer genügte Kants Begriff, daß wir uns durch Selbstaffektion nur als Erscheinung in der inneren Erfahrung gegeben sind, nicht mehr. Die Spitze des Bewußtseins, die allein der Reflexion zugänglich sein sollte, waren die Willensakte. *Hingegen das Substrat von allen diesem, das Wollende und Erkennende, ist uns gar nicht zugänglich: wir sehen bloß nach Außen, Innen ist alles finster. Demnach ist der Teil unseres Wesens, den wir erkennen, bei weitem nicht das ganze, sondern wenigstens eben so viel, ja viel mehr, bleibt uns gänzlich unbekannt.* (Nachlaß III 283) Nun gibt diese Masse des Unbekannten in uns selbst dem Metaphysiker die Chance, da etwas unterzubringen, was nun wirklich ein gewaltiges unterseeisches Massiv sein könnte: die *natura naturans* selbst, die die Gestalten der konkreten Individuation emporwachsen läßt – ja, wie der Eisberg seine Spitze, wenn Schopenhauer daran gedacht hätte: *Warum könnte nicht, diesem völlig unbekannten Teil nach, das Wesen Aller Eins und Identisch seyn, wenn es gleich dem erkennbaren Teil nach sich als getrennt darstellt?* (Ebd.) Also doch nur der seltene Fall eines Eisbergs mit mehreren Spitzen?

Für Nietzsche ist das Mißverhältnis zu groß, als daß ihm die Eisbergmetapher hätte genügen können: Bewußtsein ist die bloße Oberfläche, etwas wie zweidimensionale Projektion eines Untergrundes. Die »Idee« der Vernunft wäre selbstverständliche Funktion. Bewußtsein ist deren Mangel, die Not eines Defekts an der Selbstverwirklichung des Lebens: mittelbar, zeichenhaft, nur symbolisch arbeitend, eine späteste Gefahr für die organische Entwicklung, deren Fortgang zum Überbewußtseins blockierend (Fröhliche Wissenschaft I 11; WW XII 47f.)

Man möchte einen Befund suchen, an dem das Bedürfnis nach dieser Metapher greifbar, ihr Gebrauch naheliegend und doch nicht realisiert wäre. Jedes Beispiel kann hier immer besser sein als jedes andere. Mir liegt daran, einen Philosophen dicht vor der Erfindung der Eisberg-Metapher vorzuführen, wenn auch nicht gerade in akademischer Funktion.

Georg Simmel veröffentlicht am 18. März 1917 in der »Frankfurter Zeitung« einen Artikel mit der Überschrift »Eine Fastenpredigt. Von dem Opfer der Wohlhabenden«. Es war mitten im Ersten Weltkrieg, im Jahr der Erklärung des uneingeschränkten U-Boot-Krieges. Und es spricht der Philosoph des Geldes, der sein großes einschlägiges Werk siebzehn Jahre zuvor veröffentlicht hatte.

Der gegenwärtige Krieg, schreibt Simmel, werde durch die Opfer, die das Volk zu bringen habe, *jeder historischen Vergleichbarkeit* entrückt. Ganz anders stehe es mit dem *Opfer der in Geld ausdrückbaren Werte*. Hier seien die als heroisch zu bezeichnenden Opfer von denen, die es angeht, die die in Geld ausdrückbaren Werte zu erbringen hätten, nicht erbracht worden. Es sei eine Schande, daß die, die noch nie hungrig zu Bett zu gehen brauchten, die Magenfrage zum dauernden Gesprächsgegenstand gemacht hätten. Daher also eine Fastenpredigt! Der Prediger müsse jenen vorhalten, *eine wie bodenlose Verweichlichung sie des großen Erlebnisses der Zeit unwürdig macht.* Nichts von der geschichtlichen Größe der Bürger von Numantia und von Calais. Hier klaffe ein Abgrund, der die Bühne abgeben könnte für *eine Satire größten Stils zur Psychologie der Weltgeschichte*. Ein Fastenprediger, der ganz nebenbei und nur an dieser abgelegenen Stelle eine neue akademische Disziplin erfindet, die Geschichtspsychologie.

In dieser geschichtlichen Tiefebene also herrschen Überforderung und Wucher, Hamsterei und Hinterziehung von Kriegssteuern. Dazu muß aber angedeutet werden, daß das ganze Ausmaß dieser Geschichtsunwürdigkeit nicht wahrnehmbar ist. Zwar gibt das, was zur öffentlichen Kenntnis gekommen ist, eine abschreckende Vorstellung von der wirklichen Ausdehnung des Krebsschadens; aber, und hier spürt man das Fehlen der Eisbergmetapher hautnah, *allenthalben sind solche verbrecherischen Erscheinungen nur die einzeln aufragenden Gipfel einer ganz breiten Schicht, in der sich die analoge Gesinnung nur gerade nicht bis zu so positiven Äußerungen hebt, nicht über Unterlassungen hinausgeht.* Was Simmel ohne Blick auf den Eisberg sagen muß, ist dies: *Wo so viele Personen das öffentliche Interesse so aktiv schädigen, bestehen natürlich noch sehr viel mehr, die es jedenfalls nicht zu fördern gesonnen sind. Ich weiß nicht, wie man sich diesem Schluß entziehen könnte.* Was der Philosoph des Geldes jetzt den ›Mammonismus‹ nennt, sei schon die moralische Perversität, *daß man den Erwerb von Kriegsanleihe als ein patriotisch verdienstvolles Opfer empfahl und empfand*, obwohl doch hiermit ein Zinsvorteil angeboten werde – aber ohne einen solchen sei eben die Hergabe von Geld nicht zu erreichen. Für die bloße Selbsterhaltung – und als solche sieht Simmel diesen Krieg – dürfe nicht noch ein Vorteil angeboten werden.

Nun habe ich dies nicht so ausführlich vergegenwärtigt, um nur die Lücke zu zeigen, in die die Eisberg-Metapher paßt. Mir kommt es auch darauf an, das zugehörige Weltmodell, diese Welt der Hinterhältigkeit im weitesten Sinne, zu verdeutlichen. Sie ist nicht dualistisch: die Spitzen der Eisberge sind die Eisberge selbst und ihr unterwäßriger Teil nicht das ganz andere der Spitze. Die Spitze täuscht nur über die Quantität des Phänomens, nicht über seine Qualität. Der Fastenprediger Georg Simmel von 1917, in dem schon der Keim des Todes saß, denn im darauffolgenden Jahr starb er, ist zwar kein Dualist, neigt aber in diesen späten Augenblicken zu dualistischen Formeln. Man müsse es als eine geradezu *metaphysische Leistung* des Krieges bezeichnen, daß er *der große Scheidungsprozeß zwischen Licht und Finsternis* geworden sei. Das deutet auf eine Welt, in der nicht nur das Oberflächliche das Ausmaß des Unterflächlichen verbirgt, sondern auf eine, in der Licht und Finsternis so ineinander übergehen, daß das bloße Auge alltäglicher Zeiten sie nicht zu scheiden vermag. Die dualistische Metapher von Licht und Finsternis hört sich obsolet an, und sie ist es für den Lebensphilosophen erst recht. Denn tatsächlich sieht er die *metaphysische Leistung* des Krieges in einer Steigerung des Lebens, die rein als solche eben auch die moralischen Qualitäten zur reinen Darstellung bringt: *Der Krieg hat dem Leben eine ungeheure Intensitätssteigerung gebracht, in der die wundervollen Menschen noch wundervoller, die Lumpen noch lumpiger geworden sind.* An dem Sprachschatz des Philosophen ist auffällig, daß er sich um hergebrachte moralische Qualifikationen herumdrückt: die Guten sind wundervoll, die Bösen sind lumpig. Er wagt es eben doch nicht, die Verweigerung von Kriegsanleihe zur moralischen Bosheit zu machen, sondern nur zur Verfehlung des in der Zeit sich anbietenden Lebenssinnes, der Steigerung der Teilnahme am allgemeinen Schicksal.

Die Eisberg-Metapher ist überwiegend auf obskure Verhältnisse unserer Zustände angewendet worden, auf das Verhältnis von Aufklärung und Dunkelfeld in der Kriminalität, von Fahndungserfolg und Schmugglererfolg im Grenzverkehr, Dinge dieser unerfreulichen Art, und immer mit der Suggestion, die vorhandenen Regelungen ließen das Übermaß der Verhältnisse ungeregelt.

Selten scheint für die Geschichte, und zumal für die der Wissenschaft, Gebrauch von der Metapher gemacht zu werden. Anläßlich der Veröffentlichung des wissenschaftlichen Briefwechsels von Wolfgang Pauli mit Bohr, Einstein und Heisenberg (I: 1919-1929, Heidelberg 1979) hat der Historiker der modernen Physik Wolfgang Pauli als deren Gewissen beschrieben. (FAZ 2. Februar 1980) Er kennzeichnet den Aufschlußwert einer wissenschaftlichen Korrespondenz zwischen den führenden Leuten einer neuen theoretischen Entwicklung durch ihr Verhältnis zu den gleichsam offiziellen Publikationen, die dieselben Leute im Zuge dieser theoretischen Neuerungen hervorgebracht haben. Diese schmalen und sprachlich anspruchslosen Proklamationen, die eilig auf den Augenblick der Lösung eines Problems folgen müssen, alle Spuren dieses konstitutiven Zeitmangels an sich tragend, stellen eine Art Rhetorik der Nacktheit, der Abstreifung aller Hüllen ihrer Herkunft und Entstehung, des Mediums ihrer Erzeugung dar. Sie sind Demonstrationen der reinen Theorie, oder besser: der Selbstreinigung der Theorie von den Spuren ihrer menschlichen, persönlichen, kontingenten Entstehung. Daher forme sich, so Armin Hermann, aus diesen ersten und wichtigsten historischen Quellen für die wissenschaftliche Revolution kein zutreffendes Bild des Vorgangs: *Die Zeitschriften sind sozusagen nur die sichtbare Spitze des Eisberges; das Gewichtigste spielt sich unter der Oberfläche ab*.

An diesen verborgenen Zusammenhang führt das briefliche Material heran. Hermann beruft sich auf die Unterscheidung in der Wissenschaftstheorie, die zwischen dem context of discovery und dem context of justification gemacht wird. Die Publikation ist eingebunden in die strikten Regularien der Vertretung einer wissenschaftlichen These, der Begründung dafür, daß sie als Änderung bisheriger Positionen angeboten wird. Zur Rechtfertigung, zum Reglement der Präsentation, gehört nichts über den genetischen Hintergrund: die reine Theorie hat im Augenblick ihres Hervortretens keine Geschichte; Geschichte hat nur, was sie korrigiert, was sie sich aus dem Wege schaffen muß. Zumal alle Orientierungen, alles metaphorische Hintergrundmaterial, ist sorgfältig abgestreift. Im Gegensatz zu allen Vorstellungen davon, wie eine einmal gefundene bloße Wahrheit sich für den Augenblick ihres Eintritts in die Welt zu armieren hat mit einem Aufwand an Vergrößerung ihrer Annehmlichkeit, Erleichterung ihrer Eingängigkeit, steht dieser moderne Vorgang der umgekehrten Entlastung von allen anthropomorphen Erleichterungen des Verständnisses, die auf die Kontingenz der Entstehung, auf die verächtliche theoretische Phantasie ihres Urhebers verweisen. Es ist der Fluch der Formalisierung, daß sie der Rezeption alles das entzieht, was die Einbettung der Erkenntnis in die Lebenswelt dadurch erleichtern könnte, daß sie die Merkmale ihrer Herkunft aus der Lebenswelt noch an sich trüge. Die Spitze des Eisbergs ist von der kristallinen Reinheit, die durch Abschmelzung aller Spuren einstiger Zugehörigkeit zu kompakten Massen entsteht, während der unterseeische Massenteil alles mit sich schleppen mag, was an Unreinheit langfristiger Entstehung in Gletschern eingewachsen sein mochte.

Es ist eine Metapher, die uns die Abstoßung der metaphorischen Plazenta der reinen Theorie anschaulich machen soll. Aber nicht nur das: sie rechtfertigt auch das Verfahren einer Einblicknahme in Dokumente, die im Zuge der Entstehung einer wissenschaftlichen Neuerung den Stempel der privaten Überflüssigkeit erhalten hatten. Die Problematik des Zugriffs auf solches Material ist hier ungleich größer als etwa bei der Veröffentlichung des Briefwechsels eines Literaten, eines Künstlers, eines Politikers – aber doch vielleicht am ehesten zu vergleichen mit der Differenz zwischen der Rhetorik eines Politikers und seiner Korrespondenz.

Hans Jonas

In seinem zukunftsethischen Hauptwerk »Das Prinzip Verantwortung« (Frankfurt 1979, 139 f.) hat Hans Jonas versucht, den Begriff der Naturzweckmäßigkeit reflexiv zu begründen. Er braucht diese Begründung, um die Stellung des Menschen in der Natur in eine Maxime der Verantwortlichkeit zu übersetzen. Dazu ist nötig, das Selbstbewußtsein des Daseinszwecks aus der Subjektivität heraus auf die gesamte Natur nicht nur zu projizieren, sondern darin nur die Explikation des Seinssinnes der Natur selbst zu finden. Bewußtsein wäre dann nur eine der Formen, zugleich die am höchsten entfaltete, in der der Gesamtsinn der Welt lokalisiert wäre. Subjektivität lebt ganz und gar aus dem Bewußtsein des Zwecks, aber sie selbst ist *in gewissem Sinne eine Oberflächenerscheinung der Natur.* Für diesen Sachverhalt nun, der nichts mit dem Verhältnis von Bewußtsein und Unbewußtem zu tun hat, wohl aber mit dem von Ausdruck und stummer Selbstverständlichkeit, verwendet Jonas die Eisbergmetapher. Subjektivität sei, insofern sie für das stumme Innere der Natur mitspricht, deren Oberflächenerscheinung; sie ist *die sichtbare Spitze eines viel größeren Eisbergs.*

Damit ist nicht eingeräumt, Zweckmäßigkeit dürfe zum Erklärungsprinzip der Naturerscheinungen gemacht werden. Sie ist nur so etwas wie die Betrachtungsweise, die der praktischen Vernunft gestattet wird, jedoch nicht ohne fundamentum in re. Sie ist also mehr als ein heuristisches Prinzip, trotzdem ohne Anwendbarkeit dort, wo aus der Subjektivität keine Folgerungen für die Natur gezogen werden können, nämlich für alle ihre einzelnen Erscheinungen. Der Schluß führt nur so weit, daß die Bekundung von Zweckmäßigkeit im Subjekt Gewißheit darüber gibt, daß der Natur im ganzen Zweckmäßigkeit nicht fehlen kann, weil sie sich sonst überhaupt nicht in einem ihrer Glieder, und noch dazu in dem ihr Ausdruck verschaffenden, finden könnte.

Die Eisbergmetapher impliziert, worauf nicht ausdrücklich zurückgegriffen wird, Homogeneität im Material. Bestände eben der Eisberg nicht ganz aus Eis, würde nicht gelten, was über das Verhältnis seiner Spitze zu seinen verborgenen Teilen gesagt wird.

Es sei von ihm nicht mehr behauptet worden und auch nicht mehr zu behaupten erfordert, als daß *die Naturwissenschaft uns nicht Alles über die Natur sagt: wovon ihr Unvermögen aus ihren Prämissen je vom Bewußtsein, ja auch nur vom elementarsten Fall des Fühlens (also vom bestbelegten Phänomen des ganzen Universums!) Rechnung zu geben, das allerseits zugestandene Zeugnis – eben die Spitze des Eisbergs – ist.* Dieses Unvermögen der Naturwissenschaft, vom Bewußtsein auch nur irgend etwas zu sagen, sei nicht nur vorläufig, sondern endgültig und wesentlich. Ein paradoxer Nebenerfolg dieses Unvermögens sei aber, daß die Naturwissenschaft selbst, insofern sie in dem von ihr zu erklärenden Universum doch als Sachverhalt vorkomme, endgültig und wesentlich von dem, was zu erklären sie imstande sei, ausgeschlossen bleibe.

Die Unterwassermasse des Eisbergs enthält keine zureichenden Bestimmungsstücke für die Spitze, wohl aber diese wenigstens eins für die sie tragende Masse.

Hans Jonas II

Der Weg zum »Prinzip Verantwortung«, seiner eschatologischen Ethik, führt vor allem über seine Philosophie des Organischen, die ihn für die Probleme sensibilisiert hat, die vor allem eine futurische Ethik des minimalen Lebensrisikos zu erzwingen scheinen. Wie es zur Philosophie des Organischen selbst gekommen ist, die dem Erforscher der Gnosis kaum auf dem Wege gelegen zu haben scheint, hat Hans Jonas in der Einleitung zu seinem 1974 erschienenen Buch »Philosophical Essays« zumindest angedeutet. Das Gemeinsame von Gnosisforschung und Theorie des Organismus ist vordergründig ein Formales: der systematisch ausgebildete Dualismus dort, die seit Descartes die Theorie des Menschen bestimmende oder gar belastende Dualität der beiden Substanzen hier.

Die Wendung zur Thematisierung des Organischen war erkennbar noch keine Zuwendung zu den ethischen Konsequenzen der Gefährdung des Organischen. Sie war zunächst ein Resultat des Rückblicks auf den philosophischen Werdegang im Deutschland der Weimarer Republik und damit auf die Prämissen des Gnosis-Buches. Jonas hat diese Reflexionen, eigener Aussage gemäß, während seines fünfjährigen Dienstes als Soldat im Krieg gegen Hitler angestellt. Er hat nie nach den philosophisch Schuldigen für die Herrschaft gesucht, die er in dieser Zeit bekämpfte; aber sein Blick auf die eigenen Voraussetzungen war distanziert geworden. Will man das auf eine handfeste, vielleicht allzu massive Formel bringen, so wäre es diese, daß die in der langfristigen Nachwirkung des Descartes eingetretene Bevorzugung der geistigen Substanz, des transzendentalisierten Subjekts, in den die zwanziger Jahre beherrschenden Richtungen des Neukantianismus, der Phänomenologie, der Existentialontologie, nicht durch Vorprägung und Anlieferung von bestimmten dogmatischen Elementen Hitlers Machtergreifung zugearbeitet hatten, sondern gerade durch die philosophische Freilassung und Aussparung der Thematik des Leibes, seiner biologischen Thematisierung, dem krassesten Kompensationsschlag des nackten und brutalen Biologismus Vorschub geleistet hatten. Insofern Jonas in seinem Gnosis-Werk Kategorien der Phänomenologie und Existentialanalyse Heideggers deskriptiv und hermeneutisch aufgenommen hatte, mußte der Rückblick auf das eigene Werk in die Skepsis gegenüber seinen Voraussetzungen einbezogen sein. Es gab einen Bruch, und dieser Bruch selbst war der Versuch, ein gegenständliches Gleichgewicht zwischen jenen beiden cartesischen Substanzen wiederherzustellen, wenn nicht überhaupt ihre Dualisierung zu überwinden.

Ergebnis dieser Überlegungen war der Entschluß, einen neuen Anlauf zur Bearbeitung der wirklichen Grundlagen des menschlichen Daseins zu unternehmen und die Prinzipien einer Revision zu unterwerfen, nach denen diese Grundlagen so lange behandelt worden waren. Hier nun tritt die Metapher des Eisbergs überraschend hervor, wenn die beherrschenden Schulen der eigenen philosophischen Werdejahre als brüderlich geeint gesehen werden bei ihrer ausschließlichen Beschäftigung mit der mentalen Seite des Menschen, die doch nicht mehr als die Spitze des Eisbergs unseres Seins ausmacht, während die breite organische Basis unterhalb der Sicht und der Beachtung bleibt, auf welcher doch das Wunder des Geistes aufruht: *exposed no more than the tip of the iceberg of our being and left submerged the broad organic basis on which the miracle of mind is perched.* (a. a. O. XII)

Entscheidend an dem Gebrauch der Metapher ist, daß die Forderung nach Äquivalenz der Beachtung nicht die nach Äquivalenz der Bewertung impliziert. Es bleibt das Wunder des Geistes, dem die breite Basis des Organischen letztlich doch nur zu dienen vermag, aber in einer Weise, die Vernachlässigung offenbar nicht rechtfertigt, sondern sträflich macht. Das quantitative Mißverhältnis ist nur auf die geschichtliche Situation der eigenen Anfänge bezogen, als Spätfolge des Cartesianismus, während die systematische Grundlage ein Dualismus bleibt, bei dem doch im Hintergrund steht, daß selbst Descartes den ganzen Aufwand des idealistischen Wegs über die absolute Gewißheit des Ego Cogito nur betreibt, um dadurch einen Abglanz dieser Sicherheit zu gewinnen, wenn nicht sogar deren Korrelat für die Erkenntnis der Welt, der materiellen Körper und ihrer Gesetze, um dadurch erneut zurückzukehren zu einer auf den Menschen zentrierten Aufgabe, nämlich der Grundlegung von Medizin und Moral – einer letzten programmatischen Dualität in der Anthropozentrik des wissenschaftlichen Entwurfs, die völlig verlorengegangen ist in der geschichtlichen Wirkung, die Jonas bei seinen Reflexionen vor sich hat. Der Cartesianismus ist, wenn sein systematischer Entwurf für ihn ähnlich repräsentativ sein darf wie für andere Philosopheme, durchaus von der Art dessen, was Jonas selbst als Korrektiv vorschwebt, denn sogar die Medizin des Descartes sollte dem organischen Leben als der Grundlage des spirituellen Wohlbefindens und Wohlverhaltens die zureichende Basis verschaffen, letztlich der *morale définitive*.

Die Eisberg-Metapher ist hier Ausdruck einer historischen Korrektur, auch einer persönlichen *conversio*. Zur Veranschaulichung des Sachverhalts war sie gar nicht einmal sehr geeignet, weil doch die beiden Substanzen, von denen traditionell zu reden war, in Gestalt des Eisbergs als der notwendig homogenen Substanz, nicht zu veranschaulichen waren, denn es gibt hier nicht das Aufruhen des einen auf dem ganz andersartigen anderen, sondern nur das desselben auf demselben. So spricht denn auch Jonas selbst sogleich, unter Vernachlässigung der quantitativen Proportionen im Eisberg, von dem philosophischen Rückzug auf die geistige Hälfte der Doppelnatur, als die der Mensch dargestellt worden war: *philosophy's retreat into the mental half of the dichotomy.* (a. a. O. XIII)

Die eigentümliche korrektive Verwendung der Eisberg-Metapher legt die Frage nahe, ob der als korrekturbedürftig gesehene Befund zutreffend beschrieben war. Hatte nicht zumal die Phänomenologie, auch und zumal in ihrer von Heidegger gefundenen Form der Existentialontologie, gerade die Einengung auf den theoretischen Typus von Erfahrung aufsprengen wollen?

Zweifellos kann gerade die Skepsis, mit der Jonas auf seinen philosophischen Werdegang im Deutschland der Weimarer Zeit zurückblickt, auch als phänomenologische Konsequenz gesehen werden: noch einmal und noch entschlossener jene Einengung auf das Bewußtsein, auf die wissenschaftliche Erfahrung, auf theoretische Systematik, auf das purifizierte Subjekt der Forschung zu durchbrechen, auf Husserls programmatische Wendung zur ›Lebenswelt‹ noch einmal zurückzugehen und zu fragen, ob sie schon beim Wort genommen worden wäre.

In der Eisberg-Metapher ist die Implikation beherrschend, daß man sich auf eine vordergründige, oberflächliche, momentane Optik nicht verlassen kann; und zwar in einer anderen Weise als der, die in der neuzeitlichen Kritik an der sinnlichen Wahrnehmung, an den sekundären und primären Sinnesqualitäten, maßgebend gewesen war und letztlich in der Unterscheidung von Erscheinung und Ding an sich ihre widerspruchsvolle Endform gefunden hatte. Die Eisberg-Metapher hat eine andere räumlich-metaphorische Implikation. Die Unterscheidung von Erscheinung und Ding an sich ist, ihrer metaphorischen Orientierung nach, horizontal gegliedert: es liegt etwas hinter den Erscheinungen, unzugänglich, unbestimmbar, theoretisch sogar irrelevant. Die Eisberg-Metapher suggeriert eine vertikale Struktur, wie sie in dem anderen Begriffspaar, das zu Ruhm gelangen sollte, dem von Unterbau und Überbau, vorgetreten ist: das Sichtbare wird nicht nur vorgeschoben vom Unsichtbaren, sondern von diesem übermächtig getragen und ermöglicht, obwohl es sich nicht wesentlich dualistisch von ihm unterscheidet. Es ist nicht das prinzipiell Unzugängliche und Unsichtbare, sondern nur das akzidentell Übersehene, obwohl prinzipiell Sichtbare.

Übersehen ist etwas anderes als Unsichtbarkeit. Im Gegenteil gerade das überwältigend Sichtbare, durch Drohung seiner aktiven oder passiven Beteiligung an der Realität Allgegenwärtige, ist dem Übersehenwerden ausgesetzt. Als Hans Jonas 1969, zur ehrenvollen Eröffnung des Internationalen Altphilologen-Kongresses nach Bonn gerufen, zum ersten Mal nach seiner Lehrzeit jener zwanziger Jahre den greisen Heidegger besuchte – ein für manchen unfaßlicher, aber des höchsten menschlichen Respektes würdiger Entschluß –, hielt er ihm vor, sowohl die Existentialanalyse von »Sein und Zeit« als auch die Kehre zum Sein selbst und allein hätten das Thema Leib von der philosophischen Ernstnahme ausgeschlossen. Heideggers Antwort war, wie mir Hans Jonas erzählte, lakonisch, aber nicht ohne Betroffenheit: *Ja, das habe ich immer übersehen.*

Hannah Arendt

Eine der Hauptthesen sprachlicher Bedeutungsforschung ist die von den Griechen eingeführte und durchgesetzte Abhängigkeit unseres theoretischen Sprachschatzes vom Gesichtssinn, von der optischen Wahrnehmung. Das Wort Theorie selbst, das im Unterschied zu anderen Ausdrücken für das beteiligte und emotional angespannte Sehen die Einstellung des unbeteiligten Zuschauers bezeichnet, ist schon Beleg dafür. Gerade deshalb hatten es die Theoretiker des Willens schwer, eine eigene Sphäre sprachlicher Bezeichnungen für die Realität des Willens zu finden; ein Beispiel dafür ist die Sprache Heideggers.

Nun folgt aus dieser fast allgemein akzeptierten generellen These eine weitere, nämlich die von der ›Richtung‹, in der Metaphern von der optischen Sphäre abgezogen und auf genuin dort nicht lokalisierte Phänomene übertragen worden sind. Die große Ausnahme, die Sonderstellung, ist das als Urteilskraft bezeichnete Vermögen, dessen späte Entdeckung oder Bewertung es erlaubte, einen neuen Bereich der Metaphorik zu erschließen, den des individuellsten, privatesten, intimsten Sinnesorgans, des Geschmacks, der zu seinen Gegenständen niemals die Distanz des Gesichtssinns haben kann. Hannah Arendt hat in ihrem nachgelassenen Werk »Vom Leben des Geistes« auf die durch diese Verhältnisse bedingte Relativität des Unsagbaren hingewiesen. Sie hat ferner die wichtige Beobachtung gemacht, daß unsere Erfahrungen von Dauer und Beständigkeit ausschließlich vom optischen Sinn kommen, damit dann auch unsere Präferenz für Konstanz, wenn nicht sogar Ewigkeit. Was dem optischen Sinn diese Erfahrung möglich macht, ist seine Distanz zum Gegenstand, im Gegensatz etwa zum Geschmackssinn, der nur schmeckt, indem er verzehrt. Die Abwesenheit bis hin zur Unsichtbarkeit ist dann nichts anderes als das wiederum im optischen Sinn mögliche Entschwinden des Gegenstandes aus dem Horizont der Sichtbarkeit, die Überdehnung der Distanz, deren absoluter Wert die Transzendenz ist. Das Unsichtbare wird sprachlich mit der Metaphorik des Sichtbaren trotz seiner Abwesenheit gegenwärtig gehalten. Diese Abhilfe für einen Mangel habe, so Hannah Arendt, ihre eigenen Gefahren der Gewichtung und Bewertung.

An dieser Stelle findet sich eine falsche Bezugnahme auf die »Metaphorologie«. (Vom Leben des Geistes. München 1979, I 117) Die Seitenzahl der »Metaphorologie«, die zitiert wird, gibt es nicht; sie bezieht sich vielmehr auf die im »Archiv für Begriffsgeschichte« veröffentlichten »Beobachtungen an Metaphern«. Schlimmer als der falsche Stellenverweis ist das falsche Referat der Stelle: die Eisberg-Metapher sei in die *Bewußtseinstheorie der Psychoanalyse* eingegangen. An der nur der Seitenzahl nach richtig angeführten Stelle steht aber ausdrücklich, daß Freud diese Metapher nicht kennt. Andere, die einen weniger präzisen Begriff vom Unbewußten haben, konnten sich ihrer bedienen, und dafür mag dann gelten: ... *die Beweiskraft der Eisberg-Metapher ist so überwältigend, daß die Theorie keine Argumente oder Beweise braucht*. Der Trost, nur in Pseudowissenschaften würde auf diese Weise gearbeitet, gelte nicht, obwohl man es nur zu gern glauben würde. Dafür freilich fehlt es dem Autor an Beweisen. Aber zutreffend ist, daß wir für solche Verhältnisse, wie das unseres Bewußtseins zum Unbewußten, das unserer optischen Wahrnehmung zu den anderen Sinnesorganen, keine zuverlässigen empirischen Werte haben und doch nicht darauf verzichten mögen, uns dieses Verhältnis entweder als Mißverhältnis oder als das solider Fundierung und Zuordnung vorzustellen. Es gehört ins Repertoire der Kulturkritik, von der Verarmung unseres Verhältnisses zur Wirklichkeit zu sprechen, die Distanz der Optik als das Verhalten des unbeteiligten Zuschauers einer inhumanen Unbeteiligtheit insgesamt zuzuschreiben, die sich längst den Sensorien der Nähe und

Unmittelbarkeit, dem Empfinden von Wärme, dem Geruch von Vertrautheit, entzogen hat. Daß dies alles einmal der Mystik von ›Blut und Boden‹ angehörte und nur seine Bezeichnungen immer wieder wechselt, stört beim Vortrag der Verlustbilanz nicht. Wenn die Sinnesvermögen nicht mehr ausreichen, den vermuteten Verlust zu beschreiben, darf sogar von der verlorenen ›magischen Unmittelbarkeit‹ gesprochen werden, deren Ausdehnung dann durch eine solche Metaphorik wie die des Eisbergs geradezu unter Disziplin gehalten wird: Es sind *nur* sechs Siebtel des ursprünglichen Weltbezugs unter die Oberfläche geraten.

Die rasante Vermehrung der metaphorischen Eisberge wirkt zurück auf die der realen. Die »Titanic« wurde von einem Einzelgänger unter der Wasserlinie zu Tode getroffen. Im Zeitalter der epidemischen Eschatologien, der Energiepanik, schwärmen sie rudelweise aus, um im verborgenen, also untermeerischen Bündnis mit anderen Bedrohungen, wie der OPEC, die Lebensadern und -stränge unserer Welt zu treffen. Man hält es fast für naturgegeben, gottgewollt, zum sonstigen Fatalismus stimmend, wenn man 1980 in Nr. 33 des Spiegel ein Bild des Columbia-Gletschers in Alaska sieht, der nicht einmal gerade kalbt, sondern nur ein Stück drohender Schönheit zu sein scheint, und dazu liest, amerikanische Geologen ließen von diesem Gletscher in den nächsten Jahren zahlreiche Eisberge südwärts driften, um die vom Ölhafen Valdez ausgehende Tankerroute nach der Westküste der USA zu kreuzen. Mit diesem Endpunkt der Alaska-Pipeline würde endlich die Mißbilligung der Auguren für das Transalaskarohrprojekt gerechtfertigt, die jahrelang die Aufmerksamkeit der Welt auf die wechselnden Umweltzerschneidungen gerichtet hatte, welche aus der solidesten Energiehoffnung der Weltmacht schon entstanden sein oder noch entstehen sollten. Jetzt kommen die Eisberge, Inbegriffe dessen, was der oberflächlichen Denkweise des Erwerbssinnes einfach entgangen sein muß.

Ich kann nicht beurteilen, wie präzise Voraussagen von Fachleuten über die Proliferationsrate von Gletschern sein können. Aber ich bin sicher, daß die Eisbergforschung in den USA nach dem Ausstoß dieses Kassandrarufes eine kräftige Dotation aus einem Fonds erhalten hat. Was früher im Londoner Hydepark stattfand, der Wettbewerb der Weltuntergangspropheten, die ihre Schautafeln an den Stühlen aufgestellt hatten, auf denen sie standen und Genaueres verkündeten – das ist inzwischen zum Gewerbe der Eschatologen und Apokalyptiker in allen nur halbwegs einschlägigen Disziplinen geworden. Was man einstmals nur mit dem Versprechen eines kleinen Fortschritts erreichen konnte, bewirkt man derzeit mit der Verheißung eines kleinen Untergangs, dem sichtbaren Teil eines großen, wie die Spitze am Eisberg.

[Paralipomena]

Der Eisberg des Fatalismus

Je älter die Metapher wird, je mehr sie in Gebrauch und Verkehr kommt, um so stärker wird sie in der rhetorischen Ausstrahlung von Fraglosigkeit. Es wirkt wie ausgemacht und abgemacht, was an ihr abzulesen ist und durch sie suggeriert werden soll. Gleichzeitig aber tritt, gegenläufig, ein Verlust an Reizwert ein, ein Mangel an jener Frische und Erfrischung, durch die sich Metaphern der begrifflich ermüdeten Vernunft angenehm und stärkend machen. Auf dieser dekurrenten Schwächung beruht die Nötigung für alle Rhetorik, der Metapher zwar ihre Vertrautheit und fraglose Faßlichkeit zu erhalten, zugleich aber ihr neue Reizwerte durch unverhoffte Änderungen der eingeübten Imagination abzugewinnen.

Fast jede Manipulation an der Eisbergmetapher führt sie *ad absurdum*. Die Spitze des Eisbergs markiert ein Geheimnis und enthüllt es zugleich: Sie verweist auf die Übergröße der verborgenen Masse unter ihr *und* gibt zu erkennen, daß diese doch nur aus demselben Stoff ist wie die Spitze. Jede Abschwächung dieser Überleitung zerstört die Metapher: Das Unsichtbare ist durch das Sichtbare als ganz und gar bekannt vorzustellen. Noch banaler ist die Unvermeidlichkeit, daß Spitze und Gesamtmasse aus demselben Stoff sind, inmitten dessen sie schwimmen und in dem sie sich auflösen werden, als ob nichts gewesen wäre. Der Eisberg ist eine Episode im Homogenen.

Wenn nun jemand in der Spätphase des Flores der Metapher vorschlägt, man müsse endlich einmal die Spitze des Eisbergs verlassen und sich an die Basis begeben, so ist das eine gefährliche rhetorische Partie.

Der bloße Titel, den Rainer Stephan seinem Pamphlet »Prolegomena zu einer Rechtfertigung des Fatalismus« gibt, verheißt genau die Erfrischung, die sich Lichtenberg von Metaphern für den Verstand erhofft hatte: »An der Basis des Eisbergs«. (Neue Rundschau 92. 1981, 116-129) Am Ende der furiosen und globalen Abwertung aller Zustände und Institutionen der Gegenwart mag der Leser hilflos erliegen: Er wird sich in seiner Hilflosigkeit fast schon zur Gleichsetzung von Pragmatismus und Selbstbeschränkung des Denkens, zu dem vorgeschlagenen offensiven Fatalismus – statt des weinerlichen – bereit gefunden haben, da meldet sich die Erinnerung an das vorgeschlagene imaginäre Modell des Eisbergs. Sein »offensiver« Gebrauch mahnt zur Vorsicht gegenüber dem, was nicht vergleichbar der Probe unterzogen werden kann.

Vorgeschlagen wird, auf der Spitze des Eisbergs zu erfahren, wie *der Windhauch der neuen, der pragmatischen Inquisition an dieser Stelle auch besonders kalt ins Gesicht bläst.* Man versteht, daß es da oben kalt sein muß. Schlimmer allerdings werde es, wenn man sich von dort abwärts an *die Basis des Phänomens* heranarbeitet. Da ist mit *Erfrierungen fortgeschrittenen Grades* zu rechnen. Nichts hindert den Autor, seinen Lesern eine bergtouristische Kühnheit zu versprechen, deren Möglichkeit durch die ganze folgende Globalthese der Denkverbote wiederum in Abrede gestellt wird: *Was, wenn wir uns beharrlich und zäh, Denkverbot für Denkverbot, zu jener Basis vorantasten und dann plötzlich feststellen müßten, daß wir am Fuß unseres Eisbergs ganz unverhofft die Grundlage für das Funktionieren unseres Systems entdeckten?* Man braucht die Tollheit dieses Abstiegs zum Fuß eines Eisbergs, wo man sich freilich unvermeidlich nasse Füße holt, kaum zu analysieren.

Der auf dieses Orientierungsbild sich einlassende Leser wird seinen Zweifel belebt finden, ob er im übrigen den großräumigen Behauptungen des Erfinders größere Solidität zutrauen darf. Auch wenn er zu zweifeln nicht weiter lustig sein sollte, wird er einen Eindruck von dem Risiko der Metapher in politischer Rhetorik bekommen und die Auszeichnung der Eisbergmetaphorik gerade darin bestätigt finden, daß ihre Mißbräuchlichkeit offenbar der stärkste Grund für die

Häufigkeit ihres Gebrauchs ist. In der Hast des Tagesjournalismus mag da vieles hingehen, was auf die abgestumpften Sensorien des Lesers zielt. In Samuel Fischers bald hundertjähriger Revue muß man schon etwas genauer hinsehen dürfen.

Die Spitze des Eisbergs ist im letzten Drittel des zwanzigsten Jahrhunderts zum Massenphänomen geworden. Mancher Benutzer weiß offenkundig schon nicht mehr, was es mit dieser Spitze auf sich hat, da doch seit dem Conférencier Hans Rosenthal zumindest die »Spitze«, wenn auch noch ohne Eisberg, so geläufig ist wie einstmals ›prima‹ oder ›pyramidal‹. Da die Rhetorik als Redeschmuck (ornatus dicendi) auf dem Bildungswege verstanden und legitimiert war, ist der primäre Verdacht bei Innovationen politischer und festlicher Redner eben der aufs ›Ornament‹ gehende: es gibt wunderbare Fotos von Eisbergspitzen, zumal im frühen Stadium der Abkalbung im frischesten Weiß stiftförmig aufragender Zinnen einer eben noch verborgenen Zitadelle. Film und Fernsehen haben jedermann dieses optische Eisbergwunder geläufig gemacht, das Gruseln der Katastrophe am Jahrhundertbeginn ist im optischen Rausch aufgegangen.

Die Vorbedingung für den ornamentalen Gebrauch im massenrhetorischen ›Einsatz‹ wären also erfüllt: einen Gedanken, der vielleicht nicht so schön ist, um aus sich selbst zu glänzen, mit der Projektion eines fremden, assoziativ herangeholten Glanzes zu schmücken. Redeschmuck also. Doch ist Schmuck nur eine Gefälligkeit, die Rede annehmlich zu machen, auch wenn es mit der Überzeugungskraft, dem *splendor veritatis*, mal nicht so weit her sein sollte. Analysiert man die zufällig einlaufenden Belege für die Eisbergspitzenrhetorik, so ist unübersehbar, daß sie allermeist *argumentative* Intention hat. Und da ist das eigentlich interessante, fast exklusive Moment die reflexive Verstärkung der Metapher eben in diesem argumentierenden Usus. Die Suggestion verstärkt sich selber, indem sie die Selbstverständlichkeit der Geltung eines Naturgesetzes für sich reklamiert. Hier geht es nicht um den Konsens aller (consensus omnium), den die Stoiker als eine Art Garantie der Natur für eine Vorstellung (von ihr) eingeführt hatten: die Gattung im ganzen, repräsentiert durch die Auslese derer, die auch noch reden können, kann nicht irren, weil sie nicht irren darf im Hinblick auf ihr natürlichstes Interesse, das der Selbsterhaltung. Die geschichtliche Zeitdauer des Bestandes einer Argumentation entspricht der synchronischen Harmonie ihres Gebrauches. Die Natur, so könnte man den Ansatz weiterdenken, garantiert die Proportionen der Eisberganteile für Unterwasser und Überwasser, für Unsichtbares und Sichtbares, genauso, wie sie für das absolute Mehrheitsverhältnis einer Position zu ihren Gegensprechern als Indiz für eine aus ihrer Verborgenheit nie zur vollen Sichtbarkeit oder gar Wägbarkeit zu bringende Tatsache verbürgt. Eine typologisierende Durchsicht einiger Belege führt darüber hinaus zu der Frage hin: Wer hat ein so überragendes Hilfsmittel, gar Durchsetzungsmittel von sonst unverfügbaren Evidenzen eigentlich *erfunden*?

Der Eisberg im Hintergrund (Der Japanerberg)

Die Metapher erfrischt den Verstand; aber sie bedarf auch der Auffrischung durch den Verstand. Die Wandlung, die sie dabei durchmacht, führt einerseits zu den unbedachten und unbeabsichtigten Verfehlungen ihrer Leistungskraft, zur bloßen rhetorischen Überanstrengung; aber auch zur kalkulierten Paradoxie, die nur unter der Voraussetzung haltbar bleibt, daß Hörer oder Leser als im festen Besitz der Standardmetapher angenommen werden können.

In einer Glosse soll die Furcht des deutschen Wirtschaftswunderbürgers vor dem Aufkommen der Japaner verspottet werden. Symbol dieser Furcht ist der japanische Photoapparat. Er wird präsentiert und repräsentiert durch Scharen reisender Japaner, die in der Erzeugung von Photographien noch emsiger zu sein scheinen als ihre europäischen Kunden. Das lasse wiederum darauf schließen, mit welcher Emsigkeit sie bei der Produktion der Apparate zu Hause sein müssen. Folglich sind *diese photographierenden Japaner in Deutschland noch die harmlosesten und sozusagen nur die Spitze des Japanerberges.* (Frankfurter Rundschau, 1. November 1980) Man würde diese Metapher auch verstehen können, wenn man den Berg als ein gewöhnliches Stück Landschaft verstände und die Relation als die von Spitze und Massiv. Doch geht es hier um die Unsichtbarkeit dessen, was durch seine sichtbaren Repräsentanten ebenjene Furcht vor dem noch Unbekannten erweckt. Der Autor kann sich ganz darauf verlassen, daß in dieser Zeit wimmelnder metaphorischer Eisberge der Leser die Umschaltung assoziativ vornehmen wird. So kann das, worauf es physikalisch bei der Begründung der Metapher wesentlich ankam, in ihrer Spätgeschichte ohne Verlust ausgeklammert werden.

Hat schon Heinrich Himmler die Eisbergmetapher gekannt und in einer der übelsten Stunden seiner schrecklichen Macht sogar rhetorisch eingesetzt? Oder ist dies vielmehr die Rhetorik seines Biographen Alan Wykes? Dieser beruft sich, ohne den Wortlaut zu zitieren und die Quelle zu nennen, auf Albert Speer, der Himmlers Gespräch mit Hitler angehört haben soll, worin er seinen ›Führer‹ geradezu angefleht habe, *die Lösung der Judenfrage ganz in seine Hände zu legen.* Er habe Hitler daran erinnert, daß der Apparat dazu verfügbar sei und nur intensiver genutzt zu werden brauche, als bis dahin aus übergroßer Rücksicht geschehen sei. In den legal ausgewiesenen und aufgespürten etwa 45 000 Juden sei *nur die oberste Spitze des Eisbergs sichtbar geworden*, und die noch übrigen *setzten sich in Europa wie Nebelschwaden fest, ... verrieten sich lediglich durch den üblen Geruch ihrer unreinen Gegenwart.* (Alan Wykes, Himmler. 1972. Dt. Ausg. München 1981, 127)

Die Spitze des Eisbergs hat einen rhetorischen Nachteil, der als Hemmung polemischer Hemmungslosigkeit wiederum ein moralischer Vorzug ist: Diese Spitze zeigt immer nach oben und ist daher ungeeignet, als Spitze gegen wen oder was gerichtet zu werden. So ist diese Spitze auch nicht das Tödliche am Eisberg. Die *Titanic* ist nicht von des Eisbergs Spitze aufgerissen worden.

In einer seiner geistvoll-umwegig gespitzten Präsentationen von Schachpartien hat er es auf die andere zeitgenössische Verwendung der Anschaulichkeit von Spitze abgesehen: die Spitzen sportlicher Gewerbe, hier des Schachspiels, wo durchaus eine regionale Spitze die Weltspitze (hier: Hübner gegen Kasparow) bemeistern kann. Spitze gegen Spitze, welcher Größenordnung auch immer – Eisbergspitzen können das nicht sein. Ein pfiffiger Dreh gehört dazu, um dennoch die fünfzig Züge dieser Partie mit jener Metaphorik zu erreichen.

Der Leser wird harmlos in den Gebrauch der rhetorischen Metaphorik eingeführt: Beispiel *Sumpf*. Sagt ein Deutscher *Sumpf*, meint er schon den der Korruption. Gegen naturwüchsige Sümpfe besteht Aversion; sie wurden daher hierzulande stillgelegt. Das erlaubt, den Sumpf *exotisch* zu nennen und über diese Brücke zum *Noch exotischer(en)* zu traversieren: eben dem Eisberg, der *neuerdings* in den spärlichen Vorrat der Politiker Eingang gefunden habe. Ist der rhetorisch zur Entrüstung aufzurüstende Fall nicht vom Ausmaß, das Emotionen auslöst, wird der Fund durch die Unterstellung der Proportionen des Eisbergs alarmierend aufgetrieben. Dabei werde aber *selten bedacht, daß bei einem Eisberg nicht neunundneunzig Prozent, sondern nur acht Neuntel unter Wasser treiben*, das Verhältnis von Spitze und Volumen nicht mit dem Montblanc verglichen werden kann ... Hier verliert sich der Autor im angenehm Unbestimmten und Weitläufigen: Jedes Eisbergproblem löse sich von selbst nach bürokratischem Schema durch Zeitablauf, durch Treibenlassen – an welchem Punkt sogar der letale *Treibhauseffekt* als Verhüter bzw. Entsorger von Unheil – Rettung durch Untergang – einen tröstlichen Zug bekommt. Doch muß man dazu im Hinterkopf ein Diagramm von Meßwerten haben, das irgendwo einer Spitze zutreibt, die mangels Interessenten nicht mehr zum Hoffnungsausblick genutzt werden kann. Diese Konnotation wird unterstellt, nicht ausgeführt – die deutschen Sumpf- und Waldvernichter müssen noch einen Seitenhieb bekommen, der eben mit Eisbergen nur sprachlich vorzubereiten ist. Sprung: *Mit den Spitzen hatten es die Deutschen schon immer. Daher der Spitzenspieler.* Ohne Absatz kann da angeschlossen werden: *Unlängst schlug ...* Die Zeitangaben sind, um den Unsterblichkeitswert solcher Glosse zu sichern, von schöner Vagheit: *neuerdings* und *unlängst*. Dergleichen schmilzt nicht ab und hat doch aktuellen Anschluß und Abschluß. (FAZ Magazin Nr. 644)

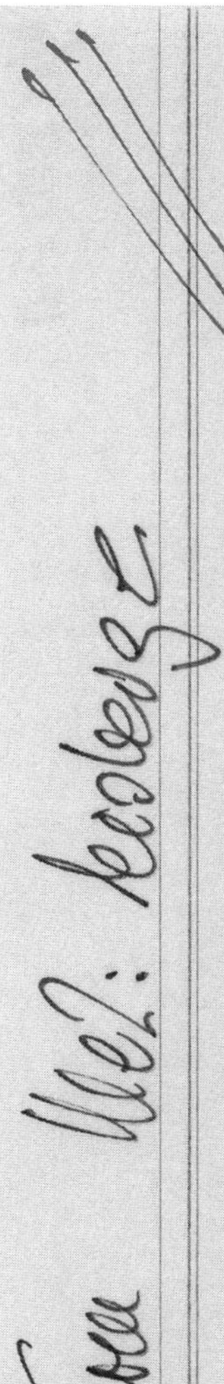

FR Samstag, 1. November 1980, Nr. 255

(Ja-)panische Ängste

Von Dieter Höss

Wenn der deutsche Michel aufwacht und die Augen reibt — was sieht er? Japaner! Japaner, die mit japanischen Photoapparaten Japaner photographieren.

In der Zeit, in der ein Deutscher ein Photo knipst (wenn er eines knipst), knipst der fleißige Japaner zehn. Und weil es nie ein Japaner ist, der da knipst, sondern immer ein ganzer Bus voller knipsender Japaner, kommen auf ein deutsches Photo mindestens fünfhundert japanische Photos, auf denen wiederum Japaner mit japanischen Photoapparaten photographierende Japaner photographieren.

Dabei sind diese photographierenden Japaner in Deutschland noch die harmlosesten und sozusagen nur die Spitz[e] des Japanerberges. Die große Mehrzah[l] aller Japaner ist derweil daheim dam[it] beschäftigt, Photoapparate herzustell[en] — und zwar, so unglaublich es kling[t], mehr Photoapparate, als alle photogr[a]phierenden Japaner zusammen gebra[u]chen können.

Abb. 20: Auf diesen Artikel in der Frankfurter Rundschau *bezieht sich Blumenbergs Kurzessay* Der Eisberg im Hintergrund *(vgl. S. 258f.).*

Term Met.: „Eisberge“ UT

Eisberge
Worauf kommt es an, auf die Spitze oder auf das, was tief im Wasser unsichtbar bleibt? Immer ist es das Wörtchen 'nur', das, der Spitze des Eisbergs hinzugesetzt, von dieser weg verweist auf das, was sie trägt und was das ganze Mißverhältnis zwischen Spitze und Basis doch allein manifestiert, ohne es zugänglich zu machen.
Der Eisberg in der Lyrik:
"Hinterm hohen Schrank stehen die Eis-
berge, glitzern weiß, tief im Wasser.
Schließen plötzlich den Kreis, treiben
schneller auf uns beide ein, riesengroß.
Ich sehe sie auch, Mutter, kalt wird mir."
Hans Georg Bulla, Weitergehen. Frankfurt 1980, 55
Das Gedicht setzt als Situation den Besuch des erwachsenen Sohnes bei der Mutter voraus. Die Eisberge, schon in diesem Plural fremdartig, sind eine paranoide Vor-

021414

stellung, sie bilden einen Kreis, sie schließen ihn, ziehen ihn enger, es ist die Vorstellung der anderen, der Mutter, aber plötzlich nimmt sie der Sohn auch wahr, denn es wird ihm kalt. Der Kontrast: mütterliche Wärme - Kälte der Einschließung macht die Kraft des Bildes für die Situation aus.

Abb. 21/22: Originelle Verwendungsweisen der Eisbergmetapher fand Blumenberg auch in der zeitgenössischen Lyrik.

Term Wez.: „Eisberge"

SPIEGEL NR. 33/1980

Columbia-Gletscher

Eisberg-Gefahr für Öltanker

Einer der größten und schönsten Gletscher Alaskas, der Columbia-Gletscher, droht zur Gefahr für die Tankschiffahrt zwischen dem Ölhafen Valdez und der amerikanischen Westküste zu werden. Von dem Gletscher an der Südküste der Prinz-William-Enge werden sich nach den Erkenntnissen amerikanischer Geologen in den nächsten Jahren zahlreiche Eisberge lösen, die auf ihrer Südwärtsdrift die von Valdez — Verladestation des Alaska-Öls — ausgehende Tankerroute kreuzen.

021415

Term Wez.: „Eisberg"

FAZ 15.4.78

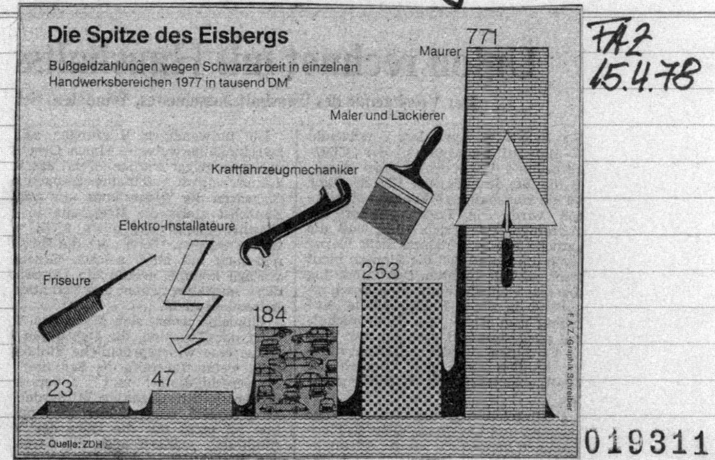

019311

Abb. 23/24: Sowohl der Artikel als auch die Grafik werden im Text erwähnt (vgl. S. 219 und S. 251).

Term Mez.: „Eisberge"

Die Zeit Nr. 18/1979 27. IV. 1979

TV-Programmvorschauen

Bunte Spitze eines Eisberges

ARD, Dienstag, 1. Mai, 21 Uhr: „Es begann bei Tiffany", Fernsehspiel von Walter Kempley (Buch) und Wolfgang Becker (Regie)

herzigen Gangster zu Traumbedingungen Kredite an Bedürftige. Die merkwürdigen Methoden der Bankiers von eigenen Gnaden sorgen für einen solch starken Publikumsverkehr, daß der

020218

10/808MTV

Für die Komik sorgt nicht zuletzt der 69jährige Regisseur Wolfgang Becker, Spezialist für Krimis („Zweikampf") und Komödien („Match"), der zuletzt für das WDR das Kinderbuch „Vorstadtkrokodile" von Max von der Grün verfilmt hat. Beckers Inszenierung der originellen Kempley-Story, die er noch um etliche eigene Ideen anreicherte, verbindet handwerkliche Solidität (Drehzeit: 40 Tage), präzises *timing* und rasantes Tempo: eine amüsante Angelegenheit, die aus dem grauen Fernsehalltag herausragt wie die buntbemalte Spitze eines Eisbergs. Da vertragen sich sogar durchaus derbe, aber nicht überdrehte *slapstick*-Einlagen mit Anflügen von hintergründig-schwarzem Humor. Und den noch in Nebenrollen (etwa Hans Clarin und Heinz Schubert) prominenten Darstellern ist deutlich anzumerken, daß sie mit großem Spaß bei der Sache waren. *Rolf Thissen*

Abb. 25/26: Wo und wann er eine Karteikarte verwendete, notierte der Autor auf der Rückseite (vgl. auch S. 225f.).

Schach

Wenn ein Deutscher Sumpf sagt, meint er keinen Sumpf, sondern Korruption. Da es in Deutschland kaum noch einen richtigen Sumpf gibt, höchstens Moore, Moose und Biotope, verbirgt sich hinter der Metapher zwar nicht gerade Ausländerfeindlichkeit, wohl aber eine Abneigung gegen fremdländische Bodenbeschaffenheiten. Zugegeben: es ist sehr schwierig, in unserer trockengelegten Heimat ein Stück Natur zu finden, das sich als Symbol gesellschaftlicher Verworfenheit eignet. Selbst der Wald ist nicht mehr zu gebrauchen. Wer im frühen zwanzigsten Jahrhundert auf die Deutschen schimpfen wollte, bezeichnete sie als Germanen, die aus ihren Wäldern kröchen. Diese Beleidigung ist eines natürlichen Todes gestorben, weil sich niemand mehr durch sie beleidigt fühlt.

Noch exotischer als der Sumpf, der in Germanien wenigstens zur Zeit Karls des Großen gang und gäbe war, ist der Eisberg, dessen Spitze neuerdings Eingang in den nicht allzu großen Wortschatz der auf Effekthascherei angewiesenen Politiker gefunden hat. Entdeckt jemand ein Skandälchen, obwohl er für sein Leben gern einen Skandal entdecken würde, spricht er, damit sich in der Phantasie des Publikums der Fund vergrößere, von der Spitze eines Eisbergs. Dabei wird selten bedacht, daß bei einem Eisberg nicht neunundneunzig Prozent, sondern nur acht Neuntel unter Wasser treiben, mithin das Verhältnis zwischen Spitze und Volumen nicht so ist wie beim Montblanc, eher schon wie bei einem kaum benutzten Bleistift. Vor allem wird übersehen, daß dem Eis eine Verwaltungspraxis angemessen ist, die ansonsten der Habsburger Monarchie nachgesagt wird: Erledigung durch Nichtbeachtung. In Ruhe gelassen, löst sich ein anständiger Eisberg in einer der wärmeren Zonen des Weltmeers auf. Außerdem

Weiß am Zug

kommt, wenn Eis massenweise verschwinden soll, der Treibhauseffekt gerade recht.

Mit den Spitzen hatten es die Deutschen schon immer. Daher der Spitzenspieler. Unlängst schlug, zum ersten Mal in ihrem Leben, die deutsche Spitze die Weltspitze.

Weiß: Hübner, Schwarz: Kasparow – Königsindisch – 1.d4 Sf6 2.c4 g6 3.g3 Lg7 4.Lg2 0-0 5.Sc3 d6 6.Sf3 Sbd7 7.0-0 e5 8.e4 c6 9.h3 Db6 10.c5 dc5: 11.de5: Se8 12.Sa4 Da6 13.Lg5 b5 14.Sc3 Sc7 15.Le7 Te8 16.Ld6 Se6 17.a4 b4 18.Se2 Da5 19.Sd2 La6 20.f4 c4 21.Kh2 Tad8 22.Dc2 Sb6 23.Tfd1 Lf8 24.Sf3 c3 25.Sed4 Sd4: 26.Sd4: cb2: 27.Db2: Sc4 28.Db3 Db6 29.a5 Db7 30.Lf8: Kf8: 31.e6 c5 32.e5 Dc7 33.ef7: Df7: 34.Sc6 Td1: 35.Td1: Se5: (siehe Diagramm) 36.Ld5 Lc4 37.Dc2 Sg4+ 38.hg4: Te2+ 39.De2: Le2: 40.Lf7: Ld1: 41.Lc4 b3 42.Sa7: b2 43.La2 Le2 44.Kg2 Ld3 45.Kf3 Ke7 46.Ke3 b1D 47.Lb1: Lb1: 48.Sb5 Kd7 49.a6 Kc6 50.f5 (Schwarz gab auf)

Roswin Finkenzeller

Darum ging's

Auflösung zu Nummer 643

Schach: 1. Sc4 Da6 2. Lg5+ Kf7: 3. Sd6 matt.

Findling: SEI DIR SELBER TREU, UND DARAUS FOLGT, SO WIE DIE NACHT DEM TAGE, DU KANNST NICHT FALSCH SEIN GEGEN IRGEND WEN. (Shakespeare)

Ortstermin: Am 24. Juli 1810 wurde im Schloß Hohenzieritz bei Neustrelitz (Mecklenburg) die fünf Tage zuvor im Alter von vierunddreißig Jahren verstorbene Königin Luise von Preußen feierlich aufgebahrt, ehe die Überführung des Leichnams nach Berlin erfolgte. Luise war zum Besuch ihres Vaters, des Herzogs Carl II. von Mecklenburg-Strelitz, nach Hohenzieritz gekommen. Dort erkrankte sie an einer Lungenentzündung, die zum Tode führte. Theodor Fontane hat („Wanderungen durch die Mark Brandenburg" I, 1862) die Aufbahrung beschrieben. Schon früh war die mecklenburgische Prinzessin, die mit siebzehn Jahren Ehefrau des späteren preußischen Königs Friedrich Wilhelm III. wurde, durch ihre Natürlichkeit und Impulsivität und ihre Vorliebe für einen damals unter Fürstlichkeiten unüblichen einfachen Lebensstil populär geworden. Nach der Niederlage Preußens im Jahre 1806 mußte sie mit Ehemann und Kindern nach Königsberg, später nach Memel (heute Klaipeda, Litauen) flüchten. Der Sieger Napoleon beschuldigte sie der Kriegshetze. Um für ihr Land mildere Friedensbedingungen zu erreichen, fand sie sich zu einer Unterredung mit dem Kaiser bereit, die ergebnislos verlief, doch auf Napoleon nicht ohne Eindruck blieb. Die feste Haltung der Königin und ihr Schicksal in dieser Krisenzeit sicherten ihr allgemeine Verehrung. Die angeführten Zitate stammen von dem Dichter Heinrich von Kleist (1777 bis 1811). Schon Fontane hatte Bedenken gegen die nationalen Phrasen, mit denen später das Andenken der Königin verherrlicht wurde. 1814 wurde der preußische „Luisen-Orden" gestiftet. 1923 entstand als Parallelorganisation zum „Stahlhelm, Bund der Frontsoldaten" der nationalistische „Luisenbund", der später in nationalsozialistischen (
nen aufging. Erst Veröffentlichun
Zeit haben das Bild der ungewöhr
aus dem Bereich der Legende in de
tät zurückgeholt.

Kreuzworträtsel: Waagerecht: 1
netz, 9 Dakar (westlichste Stadt
Miete, 13 (Kraut +)Ruebe(n: I
der), 14 Ski, 16 Lenau, 17 Start, 1
jan. Pferd), 22 Ablauf, 25 Emaille
29 Malus, 30 Amalgam (Zahnfüll
rero, 36 Mensch (vgl. 1 Mos 1,27
41 Rasta, 44 Ren, 45 (roter) Mi
nigsweihe), 47 (H. Manns Ro
Henri (Quatre), 48 Diana (Rigg:
Charme und Melone), 49 Legast
Senkrecht: 1 Schreibmaterial, 2
poleon bzw. Civil), 3 Ecke,
(STROH), 5 (Golf von) Izmir (un
Lesbos), 6 Siel, 7 (Sir) Eden, 8 Zu
cen, 10 Abba (Gott Vater), 12 Tell
Sem (Stammvater der Semiten;
tungselement), 18 Tal, 20 Inder
(röm. Silbermünze), 23 Bemme (
24 Arles (Bizet: L'Arlesienne-Su
(Sternbild Altar), 27 Log(buch), 3
heit des Molekulargewichtes), 3
Amt(sschimmel), 35 Ente, 37 Ne
(Maria Remarque), 40 Anden,
Anis(öl: Pernod etc.), 45 Mark,
Hinkender Bote)

Frankfurter Allgemeine M

Chefredakteur: Thomas Schröder
Art Director: Hans-Georg Pospischil
Text: Johannes Roth; Dr. Siegfried D
Redaktion: Jürg Altwegg, Paul Badde
Mareike Boom, Michael J. Freitag,
Dr. Franz Josef Görtz, Rolf Heggen,
Dr. Ingrid Heinrich-Jost, Dr. Heriber
Erna Lackner, Jordan Mejias,
Dr. Josef Oehrlein, Dr. Wolfgang Sa
Christopher Schwarz, Dr. Jürgen We
Schlußredaktion: Albrecht von Croÿ,
Martin Faust
Layout: Peter Breul, Bernadette Gott
Christian Mehrtens, Ulrich Scholpp
Bildredaktion: Monika Rettschnick
Redaktionsfotografen: Serge Morenc
Jürgen Röhrscheid
Herstellung: Franz Hofbauer
Anzeigen-Herstellung: Franz Schling
Dieter Taplick
Anzeigen: Wolf-Dietrich Auerbach
Verlag: Frankfurter Allgemeine Zeit
Hellerhofstraße 2–4, Postfach 10 08 0
6000 Frankfurt, Telefon 069 / 759 10
Telefax 069 / 7 59 11 171, Fernschreib
Satz: Frankfurter Societäts-Druckere
Frankfurt
Druck: Burda GmbH, Darmstadt
Anzeigen-Preisliste Nr. 10 vom 1. Ok

© Foto Seite 3: Andreas Böttcher –
wurde uns freundlicherweise von „Di
zur Verfügung gestellt; Illustration S
Schwartman; Foto Seite 43: Peter Pei
nen Seiten 46 bis 53: The Pushpin Gr
56: Andrew French.

Abb. 27: Diese Seite aus dem FAZ Magazin *von 1992 war die Grundlage für einen eigenen Kurzessay (vgl. S. 260f.).*

TERM MET: " E I S B E R G E "

Botho Strauß, Groß und Klein. München 1978, Hanser, 28:

Lotte: Sie können von Glück sprechen: Sie haben Ihre eigene Note.

Frau: Ich spüre aber: die Leute hassen gerade das.
Die hassen meine eigene Note. Die hassen mich von oben ab: mein Gesicht, mein Rouge, mein Weiß. Ich steh doch heute vor keinem Schaufenster mehr, ohne ständig die An gst, daß einer mir von hinten den Schädel in die Scheibe drückt.

Mann: Es ist vermutlich nur die Spitze des Eisbergs der allgemeinen Erregung in der Heutzeit –

Lotte: Die Spitze des Eisbergs? Hoho!

Frau: Eine anspruchsvolle Aussage, Egbert!

020210

[illegible]

[illegible]

Lotte: Die Spitze des Eisbergs! Hoho! Ein geglückter Vergleich, Egbert!

Frau: Vorsicht!

Ironie auf den redensartlichen Überfluß des Gebrauchs?

Abb. 28/29: Aus Blumenbergs Zettelkasten.

Terme Met.: Eisberge !!

Der lang gesuchte Erfinder der Eisbergmetapher für das Unbewußte ist Stefan Zweig in seinem 1931 bei der Insel erschienenen Buch "Die Heilung durch den Geist" (Leipzig 1931; 3.Aufl. Frankfurt 1952, 313):

"Wer deshalb das unbewußte Wollen nicht bei allen Entschließungen mit einrechnet, der sieht irrig, weil er damit den wesentlichsten Antrieb unserer inneren Spannungen aus der Berechnung lässt; so wie man die Stoßkraft eines Eisbergs nicht nach dem Bruchteil einschätzen darf, der von ihm oberhalb der Wasserfläche zutage tritt (die eigentliche Wucht bleibt unter dem Spiegel verdeckt), so narrt sich selbst, wer vermeint, unsere taghellen Gedanken, unsere wissenden Energien bestimmten allein unser Fühlen und Tun." Nachdem diese Quelle gefunden ist, ist es auch sehr plausibel, zu welcher Verbreitung diese Metapher für das Unbewußte gefunden hat und daß sie schon ununterscheidbar zum Produkt der eigenen

024239

Sprache Freuds geworden zu sein schien. Denn Zweig ist die heimliche Quelle aller Halbbildung in biographischen Dingen und zumal in denen, die das Grenzgebiet der Psychologie betreffen.

Abb. 30/31: Diese Karteikarte entstand im Jahr 1984, also in einer Zeit, als Blumenberg sein Manuskript Eisberge *bereits abgeschlossen hatte.*

Ulrich von Bülow / Dorit Krusche

Nachwort

1. Metapher und Metaphysik

Wasser ist lebensnotwendig, im buchstäblichen wie im übertragenen Sinn. Ohne die Sprachbilder des Wassers wäre unser Denken ein anderes, bliebe vieles ungesagt und unvorstellbar. Metaphern sind unersetzlich – diese Einsicht erhob Hans Blumenberg in den Rang eines philosophischen Prinzips, aus dem er ein umfangreiches Arbeitsprogramm entwickelte, das Philosophie, Anthropologie, Rhetorik, Literatur und Ideengeschichte umgreift. Dem von ihm erfundenen Forschungsgebiet der »Metaphorologie« widmete er zahlreiche Bücher und Aufsätze, die zum Teil erst nach 1996, also postum, erschienen.

Dem weitverzweigten Projekt, dessen tatsächliche Ausmaße der Nachlaß zeigt, liegt der Gedanke zugrunde, der Mensch sei trotz Wissenschaft weit davon entfernt, die unendlich zufällige Realität, in der er lebt, zu verstehen, geschweige denn zu beherrschen. Seit der »kopernikanischen Wende« und dem Zusammenbruch der mittelalterlichen Glaubenswelt sieht er sich jenem »Absolutismus der Wirklichkeit« ausgesetzt, der die anthropologische Grundsituation kennzeichnet. Schon immer, so erläutert Blumenberg in seiner 2006 publizierten *Beschreibung des Menschen,* sei es darum gegangen, die Kontingenz der Wirklichkeit und ihren Schrecken zu verarbeiten; zu diesem Zweck wurden und werden Bilder, Mythen und kulturelle Techniken erfunden und tradiert. Sie versprechen Entlastung und Orientierung, auch wenn sich ihre »Wahrheit« nicht beweisen läßt.

Dem Bestreben, die Wirklichkeit auf Distanz zu halten, dienen Ersatzhandlungen verschiedener, nicht zuletzt metaphorischer Art: Das Unbekannte verliert sein Unheimliches, sobald es auf Bekanntes bezogen wird. Neue Sachverhalte beschreibt man mit Hilfe gängiger

Worte, begrifflich nicht Faßbares sucht man auf gewohnte Vorstellungen zurückzuführen. Rhetorische Bilder und Vergleiche erinnern an magische Verfahren und scheinen kaum geeignet, objektive Erkenntnisse zu gewinnen – ihr Sinn besteht zunächst darin, dem Unerkennbaren eine anschauliche Form zu geben. Mit manchmal fast grimmigem Humor zeigt Hans Blumenberg, wie sich das »metaphysische Bedürfnis« nach einem Bild vom eigentlich Unvorstellbaren jederzeit und überall metaphorischen Ausdruck verschafft, gerade im Nebensächlichen oder Anekdotischen. Neben dem argumentativen Zusammenhang interessiert ihn an philosophischen Texten die Logik der sprachlichen Bilder. Diese betrachtet er nicht als zufälligen Redeschmuck, sondern als Hinweise auf tragende metaphysische Vorstellungen, die um so wirksamer sind, als sie unthematisch mitlaufen und der Diskussion in der Regel entzogen bleiben.

Bilder vom unvorstellbaren Ganzen des Daseins, der Welt oder der Geschichte bezeichnet Blumenberg als »absolute Metaphern«; wie »regulative Ideen« wirken sie als Denkmodelle im Hintergrund. Sie geben dem Denken einen Rahmen, ohne es ganz festzulegen; sie sind verschieden interpretierbar und haben doch ihre eigene Logik, die nicht ohne Folgen mißachtet oder »gesprengt« werden kann. Metaphern deuten auf die metaphysischen Fundamente des Denkens, Veränderungen in der Bildersprache erlauben Rückschlüsse auf ideengeschichtliche Bewegungen.

Ein zentrales Axiom von Kant, das die phänomenologische Philosophie übernommen hat, besagt: Begriffe (Intentionen) bleiben leer, solange sie sich nicht mit Anschauungen erfüllen lassen. In diesem Sinn erinnert Blumenberg seinen Verleger Siegfried Unseld in einem Brief am 27. 1. 1980 selbstbewußt daran, daß »Theorie« ursprünglich »Anschauung« und nicht »Abstraktion« bedeutete. Damit setzt er sich von reinen Theoretikern ab, zu denen er wohl nicht zuletzt die Vertreter der »Kritischen Theorie« zählte.

Blumenberg konnte sich auf Husserl berufen, mit dessen Werk er sich seit seinem Studium bei dessen Assistenten Ludwig Landgrebe beschäftigte. Husserl hatte 1936 in seiner kulturkritischen Abhandlung *Die Krisis der europäischen Wissenschaften und die transzendentale Phänomenologie* die Hauptursache der von ihm diagnostizierten Fehlentwicklungen in der Loslösung der neuzeitlichen Wissenschaft von der »Lebenswelt« gesehen. Blumenbergs Vorliebe für Anekdotisches und für Beispiele aus Trivialbereichen – die ihm gelegentlich als »Feuilletonismus« angekreidet wurde – läßt sich vor diesem Hintergrund als das Bestreben deuten, Theorie, Anschauung und Lebenswelt einander wieder anzunähern. Wo gedanklich Intendiertes aus prinzipiellen Gründen nicht mit adäquaten Anschauungen erfüllt werden kann, weil das »Große und Ganze« auf dem Spiel steht, springen Metaphern als »geborgte« Anschauungen ein, die zumeist aus der Lebenswelt stammen. Da »absolute Metaphern« nicht durch Begriffe austauschbar sind, kann es bestenfalls darum gehen, treffendere Metaphern zu finden – dies betrachtet Blumenberg als Aufgabe »philosophischer Metaphernkritik« (vgl. S. 167).

Seine Metapherntheorie hat einige Gemeinsamkeiten mit Arnold Gehlens anthropologischer Theorie der Entlastung durch Institutionen und mit Ernst Cassirers *Philosophie der symbolischen Formen*. Manches spricht auch dafür, daß Blumenberg sich durch die »Toposforschung« anregen ließ, die Ernst Robert Curtius 1948 mit seinem Buch *Europäische Literatur und lateinisches Mittelalter* begründete. Kurz nach Kriegsende wollte Curtius vor allem den nationen- und epochenübergreifenden Zusammenhang der europäischen Literatur seit der Antike nachweisen. Dazu untersuchte er Texte nicht als eigenständige Ganzheiten, sondern konzentrierte sich auf einzelne Stilelemente, die er als Topoi bezeichnete. Im Gegensatz zur antiken Rhetorik und Dialektik verstand er darunter sehr pauschal »feste Clichés oder Denk- und Ausdrucksschemata«; die Metapher stellt eine besonders prominente Unterart dar. Um seine Methode der »historischen Topik« vorzustellen, beschäftigte sich Curtius mit »Schiffahrtsmetaphern«, Topoi wie »Göttin Natura«, »Unsagbarkeit«, »Lustort und Hain«, »Musen« oder das »Buch als Symbol« und belegte ihr Erscheinen durch die Jahrhunderte mit zahlreichen, oft überraschenden Zitaten.

Hans Blumenberg las das Buch von Curtius in den Jahren 1957 und 1958. Vermutlich ist es kein Zufall, wenn er in dieser Zeit damit begann, systematisch Beispiele für Metaphern zu sammeln. Bei allen Parallelen – im fragmentarischen Darstellungsstil und in der Freude an entlegenen Zitaten – sollte man die Unterschiede nicht übersehen: Während es Curtius, seinerseits inspiriert von Aby Warburg, vor allem darauf ankam, das Weiterwirken antiker Rhetorik, Topik und Metaphorik zu zeigen, geht es Blumenberg um mehr: Er analysiert die Funktion von Metaphern und versucht, sie philosophisch und anthropologisch zu erklären. Wo er die Verwendung einzelner Metaphern historisch verfolgt, interessiert er sich weniger für den Nachweis von Kontinuitäten als für die geschichtlichen Bruchstellen und »Umbesetzungen«. Blumenberg entwickelt seine Metaphorologie in genauem Widerspruch zur Toposforschung. Indem er den Begriff der Metapher ebenso weit definiert wie Curtius den Topos-Begriff, gewinnt seine Methode Universalität.

Bereits in dem Aufsatz *Licht als Metapher der Wahrheit. Im Vorfeld der philosophischen Begriffsbildung* (1957) will er zeigen, »wie die Umformungen der Grundmetapher die Wandlungen des Welt- und Selbstverständnisses indizieren« (*Studium Generale* 10, 1957, S. 433). Diesen Gedanken führt er drei Jahre später in seinen programmatischen *Paradigmen zu einer Metaphorologie* weiter aus, wobei ihm Metaphern wie die »Macht der Wahrheit« oder die »Terra incognita« als Beispiele dienen. Ähnlich aufgebaut ist sein Aufsatz *Beobachtungen an Metaphern* von 1971, in dem er unter anderem auf die Metaphern des Schiffbruchs, der Quellen und des Eisbergs eingeht.

1975 entwickelte er seine Ansichten zur Metaphorologie in einer Vorlesung an der Universität Münster unter dem Titel *Theorie der Unbegrifflichkeit*; einen »Ausblick« zu diesem Thema veröffentlichte er 1979 in seinem Band *Schiffbruch mit Zuschauer*. Darin lehnt er, ohne daß dessen Name genannt wird, die Methode von Curtius grundsätzlich ab, indem er betont, eine Metapher sei wesentlich mehr als ein »Belegsammlungsobjekt der Toposforschung«; richtig verstanden führe sie auf die »zugrundeliegenden lebensweltlichen Sinngebungen« (S. 81).

Seine unveröffentlichten Nachlaßpapiere zeigen, daß sich Blumenbergs Interesse auf Metaphern nahezu jeder Art richtete. In seinen Zettelkästen finden sich Einträge zu den Stichworten »Traum«, »Gericht«, »Geld und Schatz«, »Eigentum«, »Terra incognita«, »Fernrohr«, »Insel«, »Theater«, »Spiel«, »genius malignus«, »List«, »Wald«, »Wüste«, »Garten«; zu situativen Metaphern oder Topoi wie »Schiff auf dem Meer«, »Macht der Wahrheit«, »Der imaginäre Blickpunkt«, »Der Mensch vergleicht sich mit Gott«, zu abstrakten Gegensätzen wie »organisch – mechanisch«, »oben – unten«, »innen – außen«, »horizontal – vertikal« oder zu ganzen Bereichen wie der politischen, mathematischen oder medizinischen Metaphorik.

Was macht das Besondere der Wasser-Metaphern aus, mit denen sich Blumenberg intensiver als mit anderen Metaphern beschäftigte? Unter allen sichtbaren Dingen ist das Wasser – wenigstens in unseren Breiten – zunächst durch seine Gewöhnlichkeit, sein alltägliches Vorkommen ausgezeichnet. Wasser ist das Medium schlechthin: Die Moleküle, aus denen es besteht, sind gleichförmig, kontinuierlich, aber nur lose miteinander verbunden; daher kann Wasser je nach einwirkenden Kräften seine Gestalt leicht ändern; als Inbegriff des Formbaren wird es zum Sinnbild jenes Stoffs, aus dem die Welt gemacht ist. Seine Unbestimmtheit verleiht dem Wasser einen abstrakten, »philosophischen« Charakter. Am Wasser meint man unmittelbar ablesen zu können, was Raum und Zeit bedeuten. Während das Meer von jeher als Sinnbild der Zeitlosigkeit gilt, veranschaulicht der Fluß den Zeitlauf.

Vermutlich wurde das Wasser für den Lübecker Hans Blumenberg zunächst in Gestalt des Meeres auffällig. Der Konstellation des *Schiffbruchs mit Zuschauer* ist die Sicht des Küstenbewohners eingeschrieben, der aus zeitloser (»meerhafter«) Perspektive das irdische Unglück beobachtet. Mit den drei Wasser-Metaphern, die er um 1980/81 untersucht, setzt Blumenberg das Wasser in Bewegung und folgt seinem natürlichen Ablauf: von der Quelle über den Strom bis hin zu den im Meer treibenden Eisbergen. Es handelt sich um absolute Metaphern der Erfahrung, die besagen, daß die Wirklichkeit nicht so ist, wie es scheint, denn ihre Ursprünge, ihre Geschichtlichkeit und ihre tatsächlichen Ausmaße entziehen sich der unmittelbaren Wahrnehmung.

Mit seiner Interpretation der Quellen-Metapher stellt Hans Blumenberg vor allem die vermeintliche Einheit und Reinheit des Ursprünglichen in Frage. Am wenigsten problematisch erscheinen die Quelle des Philologen und dessen Suche nach dem unverderbten Urtext, der am Anfang einer Abfolge von mehr oder weniger ungenauen Reproduktionen steht. In dieser romantischen Weltsicht gibt es für jeden Text einen Urtext, den es aufzufinden oder zu rekonstruieren gilt. Doch woher nahm der Autor des Originals seine Gedanken und Worte? Der Historiker Johann Gustav Droysen bezweifelt die Existenz absoluter Ursprünge, indem er das Quellen-Bild weiterdenkt und an die Niederschläge als dessen atmosphärische Voraussetzungen erinnert. In gleicher Weise, meint Droysen, setzen die Quellen der Geschichte viele unbekannte alltägliche Geschichten voraus. Martin Heidegger sucht in der Philosophiegeschichte nach versiegten Quellen, um sie wieder zum Sprudeln zu bringen. Das läßt sich schwer anschaulich vorstellen, und genau dies spricht Blumenberg zufolge gegen das Denkmodell. Verräterische Brüche im Bildgebrauch findet er auch dort, wo Goethe als heilende und inspirierende Quelle beschrieben und zur Nachahmung empfohlen wird.

Mit der Metapher der Quelle wird Ursprünglichkeit weniger thematisiert als suggeriert, das zeigen Beispiele aus Schriften von Immanuel Kant, Arthur Schopenhauer und Sigmund Freud. Blumenbergs Bildanalyse deckt das Konstruktive ihrer Denkgebäude auf: Wo Argumente fehlen, liegt es nahe, Evidenz rhetorisch zu erzeugen. Derselben Technik bedienen sich Politiker, wenn sie eigene Entscheidungen als Naturgesetzlichkeit erscheinen lassen.

Die Antike verwendete die Quelle noch nicht als Herkunftsmetapher, erst in der Neuzeit wurde sie zum Bild für eine abstrakte Sehnsucht nach Reinheit und Ursprung. Aber legt nicht Blumenbergs Auswahl der Beispiele – von den Quellen zu Delphi bis zur Quellensteuer – selbst eine geschichtliche Abwärtsbewegung nahe? Dem widerspricht sein ironischer Begleitton, der zu verstehen gibt, daß der Autor sich seiner rhetorisch-ästhetischen Verfahren und ihrer unzureichenden Gründe bewußt ist.

Im Zentrum von Blumenbergs Buchprojekt zu den Wasser-Metaphern steht – zwischen Quelle und Eisberg – der Strom. Er verweist als Bild für die Geschichtlichkeit des Daseins auf einen wichtigen unbegrifflichen Hintergrund moderner Konzepte von Bewußtsein, Leben und Überlieferung. Insbesondere im Werk von Edmund Husserl fließen allerorten metaphorische Ströme, vor allem solche, die das Bewußtsein faßbar machen sollen. Blumenberg nimmt sie beim Wort, versucht sie anschaulich nachzuvollziehen und arbeitet Unstimmigkeiten heraus, die er in diesem Fall nicht auf das Unvermögen des Autors, sondern auf Problemlagen in der Sache zurückführt: »das metaphorologische Instrument läßt eine Krise am Präparat heraustreten« (vgl. S. 112).

Im Widerspruch zur postulierten Einheit des Subjekts erscheint das Bewußtsein in Husserls Strombildern stets gedoppelt: Das Ich ist zugleich Schwimmer und Beobachter am Ufer. Wird das Ich mit dem irreversiblen Strom seiner Bewußtseinsinhalte identifiziert, denkt man es sich bewegt; stellt man sich das Ich dagegen als Betrachter des Stromes vor, erscheint es unbewegt. »Innerweltliche« Subjektivität läßt sich ohne transzendentale Subjektivität nicht denken. Diese Dualität, die die neuzeitlichen Philosophien seit Descartes prägt, ist nach Blumenberg bereits bei Heraklit angelegt: Kein Fluß ohne Ufer. Das Bedürfnis, sich eine absolute, unteilbare Einheit anschaulich vorzustellen, kann nicht einmal metaphorisch erfüllt werden.

Francis Bacon bezieht die Metapher des Stroms nicht auf das Bewußtsein, sondern auf den Traditionszusammenhang. Die überlieferten Werke vergleicht er mit Treibgut im Fluß der Zeit. Nur die leichtgewichtigen, unbedeutenden Werke erreichen die Nachwelt, da die gewichtigeren frühzeitig untergehen. Mit dieser Interpretation – so Blumenberg – wollte Bacon seinen Lesern die Zukunftsgewißheit nehmen, um sie zur Tätigkeit anzuspornen.

Das Verhältnis von Vergänglichkeit und Dauer sieht Blumenberg auf neue Weise im biologischen Modell des Fließgleichgewichts dargestellt. Folgt man dieser systemtheoretischen Erklärung, ist die Entstehung von Organismen mit der Bildung von Wirbeln zu vergleichen, die durch zufällige Ablenkungen in Strömungen erzeugt werden. Gerade weil sie sich dem Strom der Materie nicht entgegensetzen, sondern anpassen, bleiben lebende Systeme ähnlich wie Wirbel relativ beständig. Auch diese Verwendung des Strombildes erklärt lediglich Teilaspekte, es handelt sich um ein weiteres Zwischenergebnis bei der unabschließbaren Arbeit an der Metapher.

Während Strom-Metaphern sich bereits in der Antike finden – tatsächlich gibt es wohl keine Naturerscheinung, die eine kontinuierliche, unumkehrbare Bewegung so evident vor Augen führt –, wurde das Bild des Eisbergs nach Blumenbergs Untersuchungen erst seit den siebziger Jahren des 20. Jahrhunderts häufiger verwendet, mehr als ein halbes Jahrhundert nachdem die Öffentlichkeit durch den Untergang der *Titanic* 1912 auf das Naturphänomen aufmerksam wurde. Doch warum entwickelte ausgerechnet das wissenschaftlich-technische Zeitalter eine Vorliebe für dieses Bild, das ein Mißverhältnis zwischen Sichtbarem und Unsichtbarem anschaulich macht?

Der »Evidenzeffekt« der Eisberg-Metapher beruht auf zwei Eigenschaften: Sein unsichtbarer Teil ist gleicher Art wie der sichtbare, und er ist sieben Mal so groß. Das zeigt Blumenberg ex negativo durch die ausführliche Analyse von verunglückten Sprachbildern, die er vor allem der Tagespresse und der Werbung entnimmt. Fast scheint es, als ginge es ihm um Stilkritik. Doch der Schein trügt: Die Eisberg-Metapher ist durchaus auf seine zentrale These zu beziehen, nach der wir über die Wirklichkeit erschreckend wenig wissen und das Wissensdefizit durch Rhetorik und Metaphorik kompensieren. Geht allerdings das Bewußtsein vom hypothetischen Charakter der Metapher verloren, wird nicht mehr mitbedacht, inwiefern und warum jeder Vergleich »hinkt«, kann die Metapher der Manipulation dienen. Auf diesen Zusammenhang spielt Blumenberg an, wenn er beschreibt, wie in der Bundesrepublik der siebziger Jahre der »Verdacht auf hinterhältige Verhältnisse im Bewußtsein, in der Gesellschaft, in der Wissenschaft« mit Hilfe des Eisberg-Bildes zielgerichtet teils zur Beruhigung, teils als Drohung eingesetzt wurde (vgl. S. 237).

2. Der Synkretismus der Zettelkästen

Blumenbergs Buchprojekt *Quellen, Ströme, Eisberge* ist ein Torso geblieben. Die Eigenart und der Zusammenhang der Texte erklären sich aus seiner Arbeitsweise. Der Autor hielt nahezu jeden seiner Denk- und Arbeitsschritte schriftlich fest; auch dann, wenn er sie nicht selbst datierte, ist der Zeitpunkt der Niederschrift auf verschiedenen Wegen rekonstruierbar. Die überlieferten Dokumente zeugen von einem genau geplanten Arbeitsprogramm und nicht zuletzt davon, daß es Hans Blumenberg nicht nur um die Endprodukte – Bücher, Vorträge oder Aufsätze – ging, sondern daß er der Aufzeichnung seines Denkwegs eigenen Wert beimaß.

Wie arbeitete Hans Blumenberg? Am Anfang steht die analytische Lektüre. Mit dem gesamten Katalog der ihn interessierenden Metaphern und Lebensthemen im Hintergrund seziert er den Text mit Stift und Lineal; mittels Unterstreichung werden Formulierungen als Präparate für die weitere Bearbeitung isoliert und hier und da mit einer erläuternden Randbemerkung versehen. In einigen Fällen finden sich in Büchern auch Karteikarten, auf denen er festhielt, wann er darin gelesen hatte, wo die Lektüre unterbrochen und wann sie fortgesetzt wurde. Darüber hinaus ist ein Notizbuch überliefert, in dem der Autor die Titel der von ihm gelesenen Bücher chronologisch notierte.

Besonders wertvolle Zitate wurden im Anschluß an die Lektüre handschriftlich oder mit der Maschine auf Karteikarten im Format DIN A5 exzerpiert und mit einem Rollstempel numeriert. Aufgrund der Nummernfolge läßt sich rekonstruieren, wann und in welcher Abfolge Hans Blumenberg an bestimmten Themen arbeitete. In frühen Jahren notierte er die Karteikartennummer zusätzlich neben dem angestrichenen Zitat im Buch, das ihm als Quelle diente. Außerdem verzeichnete er sämtliche Karteikarten mit einer Inhaltsangabe numerisch in eigenen Listen. Erst mit dem Anwachsen des Zettelkastens, das er wiederum auf eigenen Karten statistisch erfaßte, verzichtete er auf allzu aufwendige Mehrfachverzeichnungen.

Den ersten Zettelkasten legte Blumenberg vermutlich bereits Anfang der vierziger Jahre an, einer Zeit, in der er wegen seiner jüdischen Herkunft Verfolgungen und Benachteiligungen ausgesetzt war. Dafür spricht nicht nur der Zustand der frühen Karteikarten, sondern auch eine Randbemerkung auf einer Kopie von Niklas Luhmanns Erfahrungsbericht *Kommunikation mit Zettelkästen* (in: *Universität als Milieu*, Bielefeld 1992, S. 53-61). Gegen Luhmanns Erklärung, er arbeite seit nunmehr 26 Jahren mit seinem Zettelkasten, setzt Blumenberg 1981 handschriftlich die Zahl »40!« Blumenbergs Zettelkästen umfassen insgesamt etwa 30 000 Karten. Die überarbeiteten Überschriften und Siglen zeugen davon, daß die Karten – den Erfordernissen der jeweiligen Arbeitsphase entsprechend – mehrfach umgeordnet wurden.

Blumenberg hielt nicht nur den »Input« der Lektüren fest; in zwei Notizbüchern notierte er seit Mitte bzw. Ende der vierziger Jahre mehr oder weniger vollständig auch den »Output« seiner Arbeit, also seine Publikationen und Vorträge. In seiner *Beschreibung des Menschen* erörtert er mit Hilfe der Ausdrücke »Input« und »Output« die Besonderheit der menschlichen Reizverarbeitung, die auf einer actio per distans beruhe, auf einer spezifischen Verzögerung zwischen Wahrnehmung und Handlung. Auf dem Weg vom Lesen zum Schreiben, in der wichtigen Phase des Durcharbeitens und der Reflexion, war der Karteikasten das entscheidende Hilfsmittel: eine Art Brutkasten der Gedanken.

Handelte es sich zunächst um einen relativ konventionellen Zettelkasten, wie er in den Nachlässen vieler Gelehrter anzutreffen ist, begann Blumenberg spätestens in den siebziger Jahren ein immer freier werdendes Spiel mit und auf den Karten. Auf der Suche nach neuem Material exzerpierte er nicht mehr nur Bücher, er sammelte auch Belege und Bilder aus Zeitungen und Zeitschriften, teilweise klebte er sie direkt auf die Karten. Er notierte metaphorische Entwicklungen im Fernsehen und erlaubte sich Experimente beim Beschreiben der Karten. Eine Karteikarte, auf der er Gottfried Benn zitiert, der sich 1940 in einer Rezension über den Satz »Treue zum Quellgrund ist Macht der Quellung« lustig machte, versieht er beispielsweise mit einer ornamentalen Leiste aus versalen Qs (vgl. Abb. 7).

Um überflüssige Schreibarbeit zu vermeiden, notierte Blumenberg auf vielen Karteikarten die Projekte, in denen er sie verwenden wollte, abgekürzt als Siglen, hinter denen ein Stichwort, gelegentlich auch der Titel eines bereits veröffentlichten Werks steht. So verweist »BMT« auf »Beobachtungen an Metaphern«, »Q« auf »Quellen«, »GTH« auf »Goethe« oder »PHA« auf »Phänomenologie«.

In den Zettelkästen »reiften« die Themen, bis der Autor sie – oft erst nach Jahrzehnten des Sammelns – in einem Manuskript ausarbeitete. Dabei konnte er aus einer Überfülle von Belegen auswählen und mit ihrer Hilfe komplexe Verweisungssysteme herstellen. Die so entstandenen Texte beeindrucken durch Weite des Horizonts und polyhistorische Gelehrsamkeit. Allerdings besteht die Gefahr der Zerstreuung und Fragmentarisierung. Ein ideales Medium fand Blumenbergs Fähigkeit zur pointierten Formulierung in der Kürze der Karteikarten; in seinen Abhandlungen verlockte ihn der Vorrat an Beispielen mitunter zu ausführlichen Exkursen, durch die seine Grundthesen fast in den Hintergrund treten. Freilich sah er darin weniger einen Mangel als einen Vorzug: Nicht selten betonte er, Umwege beförderten die Erkenntnis.

Beim Diktieren von umfangreicheren Texten – spätestens seit den sechziger Jahren mit Hilfe einer »Stenorette« – hatte er vermutlich die benutzten Karteikarten vor sich liegen; ansonsten formulierte er – wie in seinen Vorlesungen – frei. Vergleicht man die verwendeten Karteikarten mit den dazugehörigen Manuskripten, sieht man, daß der Autor oft die auf den Karten notierten Kommentare in wenig abgewandelter Form in den Text übernommen hat. Dieses Verfahren könnte gewisse Wiederholungen oder stilistische Inhomogenitäten in seinen ersten, wenig bearbeiteten Textentwürfen erklären.

Karteikarten mit Zitaten, die in Manuskripte eingegangen waren, kennzeichnete er durch rote Schrägstriche am rechten oberen Rand (Abb. 8) und fügte zusätzlich auf der Rückseite Monats- und Jahreszahl hinzu (Abb. 26). Nach dem Abschluß eines Manuskripts verpackte er die benutzten Karteikarten meist in beschriftete Briefumschläge, die er mit Papier umwickelte, mit Tesafilm verklebte und mit der Aufschrift: »erl. KK« (für »erledigte Karteikarten«) sowie einer Sigle versah.

Blumenberg ließ sich beim Formulieren längerer Texte von seinen Karteikarten inspirieren und leiten: Im Schreibprozeß wirkten sie wie Kristallisationskerne. Aufgrund der Vielzahl der gesammelten Belege und Gedanken zu einem Thema konnte selbstverständlich nicht das gesamte Material in den Text eingehen. Manchmal möchte man fast bedauern, daß bestimmte Karten nicht berücksichtigt wurden. So setzt er einmal Heideggers Sehnsucht nach der einen Quelle sein Bekenntnis zur Pluralität entgegen, indem er auf die Tatsache hinweist, daß »nur viele Quellen den Fluß und nur viele Flüsse das Meer speisen« (vgl. Abb. 3). Ungenutzt blieben auch zahlreiche witzige Metaphernfunde bei Autoren von Wilhelm Busch bis Botho Strauß (vgl. Abb. 19, 28 und 29).

Aus vielen Karteikarten entstanden kurze, oft nur eine DIN-A4-Seite umfassende Typoskripte, die Blumenberg mit der Sigle »UNF« versah. Steht sie für »Unfertiges« oder scherzhaft für »Unerlaubte Fragmente«, wie der Autor selbst auf einer der Mappen notierte? Einzelne Kurzessays aus dem mit »UNF« bezeichneten Konvolut, das am Ende seines Lebens etwa 10 000 Seiten umfaßte, publizierte er in Zeitungen und Zeitschriften; andere stellte er zu eigenen Sammlungen wie *Die Sorge geht über den Fluß* zusammen; und nicht wenige integrierte er in größere Werke, so auch in das Buch über die Wasser-Metaphern (UNF 681, 3305 und 513).

Aus dem Briefwechsel zwischen Blumenberg und dem Suhrkamp Verlag geht hervor, daß 1977 zwei große Projekte vereinbart wurden: das Buch *Arbeit am Mythos*, das 1980 erschien, und ein Band mit dem Arbeitstitel *Metaphorologie.* In einem Reisebericht hält Siegfried Unseld im Dezember 1977 fest: »Blumenberg schreibt an einer großen Metaphorologie, das ist ein geisteswissenschaftlich-ästhetisches Problem, auch eine Art Rehabilitierung der Metapher« (Siegfried Unseld-Archiv, Deutsches Literaturarchiv Marbach). Am 15. November 1978 kommt Blumenberg in einem Brief an den Verleger darauf zurück. Er wolle »in jedem Jahr nur ein Kapitel schreiben« und fragt, »ob es möglich wäre, solche größeren und thematisch selbständigen Teilstükke voraus als Taschenbuch zu bringen, ohne dadurch das schließlich entstehende Buch mit seinem theoretisch-methodischen Teil zu inhibieren«. Ihm liege sehr daran, »durch solche Teilpublikationen dem Arbeitsprozeß an dem abschließenden Buch den Druck zu nehmen und zugleich meine Weiterarbeit an dem großen Thema öffentlich anzuzeigen, nachdem die ersten Arbeiten dazu nun zwei Jahrzehnte zurückliegen (›Licht als Metapher der Wahrheit‹ 1957, ›Paradigmen zu einer Metaphorologie‹ 1960)«. Um Korrekturarbeiten zu sparen, schlägt er vor, »das Taschenbuch so [zu] setzen, daß der Satz später für das Buch übernommen werden« kann. Als ersten Beitrag bietet er den Band *Schiffbruch mit Zuschauer* an.

Aus dieser Entstehungsgeschichte erklärt sich, warum die Anmerkungen im Taschenbuch *Schiffbruch mit Zuschauer*, das im Herbst 1979 erschien, in einem sehr kleinen Schriftgrad gesetzt sind: Sie waren für das größere Hardcover-Format berechnet. Um deutlich zu machen, daß es sich um den Beginn eines größeren Projekts handelt, gab Blumenberg dem Taschenbuch den bereits erwähnten theoretischen »Ausblick« bei, den er später nicht mehr wie geplant durch eine umfassendere Metapherntheorie ersetzte.

Im folgenden Jahr 1980 wünscht sich Siegfried Unseld für die geplante *Metaphorologie*-Serie einen zweiten, »etwas umfangreicheren Band« (Unseld an Blumenberg, 3. 1. 1979). Hans Blumenberg verspricht im Juli 1979, bis Jahresende »ein weiteres Stück größeren Umfangs« zur Metapher »Die Welt als Buch, das Buch als Welt« fertigzustellen; zugleich erwähnt er, er könne auch noch »einige Stücke ›Beobachtungen an Metaphern‹« liefern (Blumenberg an Unseld, 7. 7. 1979). Während sich die Publikation des zweiten Bandes verzögert, weil das Manuskript immer umfangreicher wird – es erscheint erst 1981 unter dem Titel *Die Lesbarkeit der Welt* –, beunruhigt Blumenberg der schlechte Absatz des *Schiffbruch*-Bandes: »Weshalb mich der schlechte Start deprimiert, können Sie sich denken: damit sollte die weiträumige Neufassung der ›Metaphorologie‹ doch erst begonnen werden. Dann wäre der Test aufs Appetenzverhalten negativ ausgefallen?« Im Brief an seinen Lektor Friedhelm Herborth neigt er am 12. März 1980 zu einer »Pause, wenn nicht sogar zu einem Themenwechsel«. Unseld jedoch drängt am 4. September 1980 zur Fortsetzung. Nach Abschluß der *Lesbarkeit der Welt* arbeitet Blumenberg nun die Texte zu den drei Wasser-Metaphern aus. Die Datierungen auf den verwendeten Karteikarten erlauben den Schluß, daß die Texte kurz hintereinander entstanden sind: das Manuskript der *Eisberge* zwischen September und November 1980, das *Quellen*-Manuskript zwischen Februar und August 1981, das Manuskript der *Ströme* zwischen September und November 1981.

Als dritter Band des *Metaphorologie*-Projekts war offenbar der Essay über die Quellen im Gespräch, denn sein Lektor fragt im Frühjahr 1981: »Haben Sie sich in Bezug auf den Band über die Metapher der Quelle, den wir für nächstes Jahr vorgesehen haben, schon für eine bestimmte Titelformulierung entschieden?« (Herborth an Blumenberg, 19. 5. 1981). Mitte des Jahres gesteht Blumenberg, er könne »das

Versagen vor dem großen Projekt nicht ausschließen« (Blumenberg an Herborth, 27. 6. 1981). Von nun an ist vom Großprojekt der *Metaphorologie* im Briefwechsel nicht mehr die Rede. Allerdings hat der Autor die Wasser-Metaphern noch nicht aufgegeben; in seinen privaten Publikationsplänen von 1983 und 1985 erscheinen sie noch als eigener Band; auf zwei Karteikarten probierte er bereits Titelformulierungen (vgl. Abb. 1 und 2).

Die Materialien zum niemals realisierten Band bewahrte er unter dem Obertitel *Beobachtungen an Metaphern* (BMT) in einer Reihe von Mappen auf, die sich auf acht numerierte Metaphern beziehen: »Kugel« (BMT II), »Schlaf und Weckung« (BMT III), »Licht« (BMT IV), »Eisberge« (BMT V), »Quellen« (BMT VI), »Ströme« (BMT VII), »Naturbild« (BMT VIII) und »Abgrund« (BMT IX). Zur Metapher des Lichts liegt ein circa hundertseitiges, bisher unveröffentlichtes Manuskript vor; ansonsten enthalten nur die Mappen zu den Wasser-Metaphern längere Texte.

Ziel der vorliegenden Edition ist es, Blumenbergs Buchprojekt in seiner Unabgeschlossenheit zu dokumentieren und dabei Einblicke in seine Arbeitsweise, in die »Werkstatt« seiner Zettelkästen und Entwürfe, zu vermitteln. Aus diesem Grund wurden nicht nur die durchpaginierten längeren Essays zu den Wasser-Metaphern aufgenommen, sondern auch kürzere Texte, die der Autor beigelegt hatte. Materialien, die sich außerhalb der Mappen – beispielsweise in den Zettelkästen – befinden, sind nicht Gegenstand dieser Edition, weil es für die Absicht, sie in das Buchprojekt einzubeziehen, keinen Hinweis gibt. Dennoch wurden einige von ihnen exemplarisch abgebildet, um zu zeigen, wie sehr Blumenbergs Buchprojekt mit dem Nachlaß vernetzt ist. Manche Belege zu Wasser-Metaphern stammen aus den frühen neunziger Jahren, aus einer Zeit also, als Blumenberg das Buchprojekt bereits aufgegeben hatte.

Zur Edition

1. Textgrundlagen

Die Textgrundlagen der vorliegenden Edition befinden sich in sechs Mappen im Nachlaß des Autors. Sämtliche darin enthaltenen Texte von Hans Blumenberg wurden wiedergegeben, neben den längeren durchpaginierten Typoskripten alle beigelegten kürzeren Texte, die von den Editoren als »Paralipomena« bezeichnet wurden.

Quellen

2 Mappen mit der Aufschrift »BMT VI Quelle Orig.+Kop.« und »BMT VI ab S. 21, korr.«:

S. 7-77 *Quellen.* Erstdruck in: Hans Blumenberg: Quellen (= Aus dem Archiv 1). Hg. v. Ulrich von Bülow und Dorit Krusche, Marbach am Neckar 2009.
Typoskript mit handschriftlichen Korrekturen, 66 einseitig beschriebene Blätter im Format DIN A 4; paginiert 1-11, 11 a, 11 b, 12-52, 60-66; dazwischen 2 nicht pag. Einschübe: nach S. 2 (»Wasser ist nicht gleich Wasser [...] die im Wort ›Quelle‹ liegt«) und nach S. 11 b (»Der deutsche Betrachter [...] der Qualität hinnehmen.«).
Nach Seite 52 findet sich ein Blatt mit dem Hinweis: »BMT VI 53-59 Prophyrios' Nymphengrotte → nach HGL Teil III als Kap. 3«. Die damit bezeichneten Seiten wurden nach einem unkorrigierten Typoskript-Durchschlag ediert, der sich in der Mappe befand. (Vgl. die vom Autor überarbeitete Fassung der Passage in: *Höhlenausgänge*, S. 235-242.)

S. 78-98 *[Paralipomena]*

S. 78: »Der klassische Philologe ...«: Typ. m. hs. Korr., 2 pag. S., mit der Sigle »Q Bernays«.

S. 81: »Die Metapher der Quelle ...«: Typ. m. hs. Korr., 1 S., mit der Sigle »Nin Q«.

S. 83: »Narcissus erkennt ...«: Typ. m. hs. Korr., 1 S., mit der Sigle »Q«.

S. 84: An der Quelle der Farbenlehre: Typ. m. hs. Korr., 6 pag. Seiten, oben mit der Sigle »Q« versehen (bereits publiziert in: *Goethe zum Beispiel*, S. 764-171).

Nicht edierte Beilagen:

2 frühere Typoskript-Fassungen (Durchschläge und Kopien) des *Quellen*-Textes, pag. 1-66 (mit einzelnen Korr.) und 21-66 (unvollst., ohne Korr.).

Treueurkunde des Versandhauses *Quelle*, 1 S. (vgl. Abb. 11).

Brunold, Georg und Frey, Peter: Der Nil und das Geheimnis seiner Quellen. In: Neue Zürcher Zeitung, 26./27. 6. 1993, S. 73-75; 1 Zeitungsausschnitt mit dem hs. Zusatz »Qu VI« (vgl. Abb. 10).

Brunold, Georg und Frey, Peter: An den Nilquellen. In: Neue Zürcher Zeitung, 3./4. 6. 1993, S. 72-74; 1 Zeitungsausschnitt.

Handwörterbuch des Steuerrechts. Bd. 2. München: Beck, 1972, S. 850, 976/977, 709; 3 Bl. Kopie.

Amtliche Entscheidungssammlung des Bundesverfassungsgerichts (BVrfGE). Bd. 19, S. 119ff., S. 119-129; 6 Bl. Kopie.

Brestel, Heinz: Braut als Werbungskosten von der Steuer abgesetzt. In: Frankfurter Allgemeine Zeitung, 6. 6. 1981; 1 Bl. Kopie.

Seifert, Arno: Droysen und die Objektivität. In: Historisches Jahrbuch, 99 (1979), S. 414-424; 7 Bl. Kopie, beiliegend eine Karteikarte mit der bibliographischen Quellenangabe.

Balthasar, Hans Urs von: Im Strom fließt die Quelle. In: Vom Sinn der Tradition. Hg. v. Leonhard Reinisch. München: Beck 1966, S. 89-105; 10 Bl. Kopie.

Schelling, Friedrich Wilhelm Joseph von: Sämmtliche Werke, 1. Abt. 2. Bd., Stuttgart, Augsburg: Cotta, 1857, Inhaltsverzeichnis, Übersicht und S. 400-405; 8 Bl. Kopie.

Ströme

2 Mappen mit der Aufschrift »BMT VII Strom« bzw. »BMT VII«:

S. 101-168 *Ströme*
Typ. m. hs. Korr., 72 einseitig beschriebene Blätter DIN A 4. Das erste, unpaginierte Blatt enthält die handschriftliche Notiz: »Vorangestellt: Heraklits Strom UNF 681«. Der bezeichnete Text wurde am angegebenen Ort im Konvolut mit der Sigle UNF gefunden und nach dieser Vorlage ediert (*Ein Spruch des Heraklit*). (Dieser Text findet sich unter der Überschrift *Eine absolute Metapher* nahezu unverändert im Band *Zu den Sachen und zurück*, S. 12). Darauf folgen 60 pag. Seiten (»Daß Flüssiges fließt ...« S. 1-2, 2 a-c, 2 ca-cb, 2 d-e, 3-15, 15 a-b, 16, 16 a, 17, 17 a-g, 18-43 »›Erscheinung an sich‹ geworden.«) (vgl. Abb. 14).

S. 169-193 *[Paralipomena]*
S. 169: »Der Strom ist eine Metapher ...«: Typ. m. hs. Korr., 3 unpag. S.
S. 174: Des Forschers Schwimmen mit dem Strom: Typ. m. hs. Korr., 4 pag. S.
S. 180: »Zeit fließt nicht nur ...«: Typ. m. hs. Korr., 1 S., publiziert in: *Begriffe in Geschichten*, S. 254 (entspricht dem Typ. *Zeitverlauf*, UNF 3305).
S. 181: »Welche Aufschlußwerte ...«: Typ. m. hs. Korr., 4 S. (pag. 101-104).
S. 186: Phänomenologie. Grenzen der Bewußtseinsmetapher am Willensakt?: 3 Karteikarten (Nummern 023514-023516) mit der Sigle »PHA III«.

S. 189: Husserl. Grundmetaphern der »Selbstanzeige«: Wolke / Boden / Quellen / Strom: 1 Karteikarte (Nummer 023956) mit der Sigle »PHA IV«.

S. 191: Phänomenologie. Palágyi. Innerhalb der fließenden Zeit keine fließenden Intervalle für (punktuelle) geistige Akte: 1 Karteikarte (Nummer 023824) mit der Sigle »STROM«.

S. 192: Phänomenologie Palágyi: Intermittenz: Bewußtsein als Strom macht Zeit unmöglich und wäre die »Erscheinung an sich«!!!: 1 Karteikarte (Nummer 023838) mit der Sigle »STROM DNW«.

S. 193: »Anschauung und Anschaulichkeit ...«: 1 Karteikarte (ohne Nummer).

Nicht edierte Beilagen:

2 unkorrigierte weitere Exemplare des *Strom*-Textes, pag. S. 1-2, 2 a-e, 3-15, 15 a-b, 16, 16 a, 17, 17 a-g, 18-38 (aus Mappe 1) und S. 1-43; weiterhin 4 S. Typ. mit dem hs. Vermerk »aF« für »alte Fassung« S. 1-2, S. 15, S. 17b (aus Mappe 2).

1 Karteikarte »AM Bewußtseinsstrom«, die als Deckblatt verwendet wurde.

Eisberge

2 Mappen mit der Aufschrift »BMT V Eisberg« und »BMT V, korr.«:

S. 203-252 *Eisberge*

52 einseitig mit der Maschine beschriebene Blätter DIN A 4, hs. pag. S. 1-4, 4a, 5-14, 14a-14f, 15-45. Dabei wurde eine frühere maschinenschriftliche Zählung überschrieben: S. 20-22, 2 unpag. S., 23-28, 28 a-d, 29, 29 a-e, 30, 30 a, 31-35, 6- 8, 3-5, 35a, 36- 38, 14-16 »Das Unsichtbare der reinen Theorie«, 1-2 »Hans Jonas«, 9-13 »Hans Jonas II«, 17-19 »Hannah Arendt«, 1 unpag. S.

S. 253-261 *[Paralipomena]*

S. 253: Der Eisberg des Fatalismus: Typ. m. hs. Korr., 2 S. mit der Sigle »BMT V«.

S. 256: Die Frage nach dem Erfinder: Typ. m. hs. Korr., 1 S. mit der Sigle »EISB«.

S. 258: Der Eisberg im Hintergrund: Typ. m. hs. Korr., 1 S. mit der Sigle »UNF 513«.

S. 259: »Hat schon Heinrich Himmler ...«: Typ. m. hs. Korr., 1 S. mit der Sigle »BMT V«.

S. 260: Roswin Finkenzeller: Typ. m. hs. Korr., 1 S. mit der Sigle »EISBG«.

Nicht edierte Beilagen:

2 frühere Typoskript-Fassungen des *Eisberg*-Textes (beide aus Mappe 2) mit wenigen hs. Korr.; die erste folgt der maschinenschriftlichen Paginierung (»BMT V«, S. 1-28, 28 a-d, 29, 29 a-e, 30-30 a, 31-40 sowie Dubletten von S. 27-28)

1 Karteikarte mit der Nummer 4473 und dem hs. Text »A. Meyer, Freud-Reg., ›Eisberg‹, telef. 7/XII/70: kein Befund, BMT in ABgg: eisberge wann?«

Finkenzeller, Roswin: Schach. In: FAZ-Magazin, Nr. 644, 3. 7. 1992, S. 60; Zeitungsausschnitt mit dem hs. Zusatz »MT ›Eisberg‹, Nr. 644« (vgl. Abb. 27).

Forster, Georg: Reise um die Welt, 1. Teil. In: Werke. Sämtliche Schriften, Tagebücher, Briefe. Bd. 2. Bearb. von Gerhard Steiner, Berlin: Akademie Verlag, 1965, Vorsatzblatt sowie S. 98-121; 14 Bl. Kopie mit dem hs. Zusatz »Eisberge«.

Dünnhaupt, Gerhard: Der barocke Eisberg. Überlegungen zur Erfassung des Schrifttums des 17. Jahrhunderts. In: Aus dem Antiquariat, 1980, H. 10, S. A 441-A 446, Börsenblatt für den Deutschen Buchhandel, Nr. 92, 4. 11. 1980; 6 Bl. Kopie mit 1 Karteikarte.

Kampf gegen die Algenplage. In: Münsterischer Anzeiger, 12. 9. 1989; Zeitungsausschnitt mit dem hs. Zusatz: »MET Eisberg«.

Im Flüchtlingsstrom der Tamilen bleiben Schlepper unsichtbar. Für Kommunalpolitiker nur die Spitze eines Eisbergs – »Spitze eines Eisberges« – Gericht rügte »bauernschlauen« Kuhhandel. In: Tagesspiegel, 15. 2. 1985; 1 Zeitungsausschnitt mit hs. Anstreichungen.

Roellecke, Gerd: Bildungsreform und Himbeersaft im hessischen Förderstufenstreit. In: Mitteilungen des Hochschulverbandes, 76 (1986), S. 294-295; 2 Bl. Kopie mit dem hs. Zusatz »Eisberge Met.«.

2. Editionsprinzipien

Die vom Autor für die Mappenaufschriften und die Typoskripte verwendeten Siglen ergeben die Reihenfolge: Eisberge (BMT V), Quellen (BMT VI), Ströme (BMT VII). Davon abweichend, entschieden sich die Herausgeber für die Abfolge, die Hans Blumenberg in den erwähnten Projektplänen der frühen achtziger Jahre mehrfach festgehalten hat. Um die Arbeitsweise des Autors zu veranschaulichen und zu zeigen, um wie vieles größer der Fundus war, aus dem Hans Blumenberg beim Entwerfen seiner Texte auswählte, wurden zusätzlich einige Nachlaßdokumente abgebildet, die sich außerhalb der Mappen befanden.

Die Texte wurde mit unterschiedlichen Schreibmaschinen geschrieben, der größte Teil wohl nach Diktatbändern von Blumenbergs Sekretärin, die gelegentlich die Nummer der jeweiligen Bänder am Rand notierte. Zweifellos hätte Blumenberg seine Texte vor einer Veröffentlichung gründlich überarbeitet. Um den vorläufigen Status der Texte nicht zu verschleiern, folgt die Edition zeichengenau dem Original, soweit die Lesbarkeit dabei gewährleistet bleibt. Handschriftliche Korrekturen des Autors wurden berücksichtigt, aber nicht als solche kenntlich gemacht. Übernommen wurden auch die Absatzgestaltung und die wenigen Zwischenüberschriften, die der Autor bei seiner weiteren Arbeit am Text gewiss noch vereinheitlicht hätte.

Gestrichene Stellen wurden nicht wiedergegeben. Nur an wenigen Stellen haben die Editoren zugunsten der Lesbarkeit behutsam eingegriffen. Korrigiert wurden eindeutige Hörfehler der Sekretärin (z. B. fälschlich »die Generation« statt »Degeneration«; »schlicht« statt »schlecht«, »Störfaktorzeit« statt »Störfaktor Zeit«), Verwechslungen (»Meerquellensystem« statt »Mehrquellensystem«), offenkundige Tippfehler, vereinzelte grammatikalische Unstimmigkeiten und uneinheitliche Schreibweisen (»Strommetapher« statt »Strom-Metapher«). Übernommen wurden auch Zusätze, die kaum zur Veröffentlichung bestimmt waren, wie Karteikartennummern oder Siglen, beispielsweise »BDN« für »Buch der Natur«. Zweimal wurden Leerräume, mit denen die Sekretärin Stellen markierte, die sie auf dem Band nicht verstanden hatte, dem Kontext entsprechend ausgefüllt. Editorische Eingriffe sind grundsätzlich durch eckige Klammern gekennzeichnet. In ihrer Vorläufigkeit belassen wurden die schwierigen Sätze am Ende des Quellen-Manuskriptes, die wahrscheinlich eher als Stichpunkte für die weitere Arbeit anzusehen sind (vgl. dazu *Die Lesbarkeit der Welt*, S. 303 f.).

Im Typoskript wechselt die Schreibung von »dass« und »daß«. Der üblichen Praxis des Autors folgend, entschieden sich die Herausgeber durchgehend für die zweite Form. Individuelle Varianten einzelner Wörter wie die französische Schreibung von »Homogeneität« und »Heterogeneität« (statt Homogenität und Heterogenität) wurden beibehalten. Unterstreichungen, die der Autor zum Zweck der Hervorhebung, aber auch zur Kennzeichnung von Zitaten verwendete, erscheinen grundsätzlich kursiv, nur innerhalb der kursiven Passagen blieben Unterstreichungen erhalten. Die Anführungszeichen wurden hier und da vereinheitlicht. Um des besseren Verständnisses willen wurden einige Kommata eingefügt.

Eine Überprüfung der Zitate ergab nur kleinere Abweichungen, die prinzipiell nicht korrigiert wurden. Allerdings wurde in einigen wenigen Fällen Jahres-, Seiten- bzw. Paragraphenzahlen verbessert. Bis auf die Ergänzung einiger fehlender Klammern blieben die Quellenangaben im Text unverändert.

Quellenverzeichnis

Aufgenommen wurden von Blumenberg zitierte Quellen, die sich bestimmten Ausgaben zuordnen ließen. Mit * gekennzeichnete Bücher oder Materialien befinden sich in der Arbeitsbibliothek bzw. im Manuskriptnachlaß von Hans Blumenberg im Deutschen Literaturarchiv Marbach.

Arendt, Hannah: Vom Leben des Geistes. München: Piper, 1979. (*Karteikarte 021412.)

Bach, Hans Israel: Jacob Bernays. Ein Beitrag zur Emanzipationsgeschichte der Juden und zur Geschichte des deutschen Geistes im 19. Jahrhundert. Tübingen: Mohr, 1974.

Bacon, Francis: The Works. Collected and edited by James Spedding, Robert Leslie Ellis and Douglas Denon Heath. 14 Vol. London: Longmans, Green, Reader and Dyer, 1857-1874.

Baumgart, Reinhard: Über Goethes Wahlverwandtschaften. In: Die Zeit, Nr. 4, 19. 1. 1979. (*Karteikarte 020028.)

Benjamin, Walter: Aufsätze, Essays, Vorträge. Hg. v. Rolf Tiedemann und Hermann Schweppenhäuser. Frankfurt am Main: Suhrkamp, 1977. (Gesammelte Schriften. Bd. II,1.)

– Aufsätze, Essays, Vorträge. Anmerkungen. Hg. v. Rolf Tiedemann und Hermann Schweppenhäuser. Frankfurt am Main: Suhrkamp, 1977. (Gesammelte Schriften. Bd. II,3.)

Bernays, Jacob: Ueber die Chronik des Sulpicius Severus. Ein Beitrag zur Geschichte der classischen und biblischen Studien. In: Gesammelte Abhandlungen. Bd. 2. Berlin: Wilhelm Hertz, 1985, S. 81-200.

Bertalanffy, Ludwig von: Theoretische Biologie. Bd. 2: Stoffwechsel, Wachstum. Bern: Francke, 1942.

Blüthmann, Heinz: Wenn die Macher versagen. In: Die Zeit, Nr. 21, 9. 5. 1978. (*Karteikarte 019541.)

Ein Bonner Steuerskandal zeichnet sich ab. In: Frankfurter Allgemeine Zeitung, 30. 10. 1980. (*Karteikarte o. Nr.)
Der Briefwechsel zwischen Goethe und Zelter. Im Auftrag des Goethe- und Schiller-Archivs nach den Handschriften hg. v. Max Hecker. Bd. 1: 1799-1818. Leipzig: Insel-Verlag, 1913.
Briefe an Goethe. Bd. 1: 1764-1808. Textkrit. durchges. und mit Anm. vers. v. Karl Robert Mandelkow. 2., durchges. und verb. Aufl. München: Beck, 1982. (Hamburger Ausgabe in 2 Bänden.)
Briefe an Goethe. Bd. 2: 1809-1832. Textkrit. durchges. und mit Anm. vers. v. Karl Robert Mandelkow. 2., durchges. und verb. Aufl. München: Beck, 1982. (Hamburger Ausgabe in 2 Bänden.)
Bröcker, Walter: Die Geschichte der Philosophie vor Sokrates. Frankfurt am Main: Klostermann, 1965.
Cicero: De natura deorum libri tres. Erklärt v. Georg Friedrich Schömann. Berlin: Weidmann, 1876.*
Deckenbrock, Margret: Hochschule macht die Studenten krank. In: Westfälische Nachrichten, 20. 12. 1978. (*Karteikarte 020026.)
Demandt, Alexander: Metaphern für Geschichte. Sprachbilder und Gleichnisse im historisch-politischen Denken. München: Beck, 1978.
Dienstleistungspflichten von Kreditinstituten. In: Entscheidungen des Bundesverfassungsgerichts. Hg. v. den Mitgliedern des Gerichts. Bd. 22. Berlin: Heymann, 1966, S. 380 ff.
Droysen, Johann Gustav: Historik. Vorlesungen über Enzyklopädie und Methodologie der Geschichte. Hg. v. Rudolf Hübner. Darmstadt: Wissenschaftliche Buchgesellschaft, 1972.
– Texte zur Geschichtstheorie. Mit ungedruckten Materialien zur Historik. Hg. v. Günter Birtsch und Jörn Rüsen, Göttingen: Vandenhoeck & Ruprecht, 1972.
– Zur Quellenkritik der deutschen Geschichte des siebzehnten Jahrhunderts. In: Forschungen zur deutschen Geschichte, Bd. 4, 1864, S. 13-55.
Eick, Jürgen: Immer mehr Staat? In: Frankfurter Allgemeine Zeitung, 14. 12. 1973. (*Karteikarte 018616.)

Eisberggefahr für Öltanker. In: Der Spiegel, Nr. 33, 11. 8. 1980, S. 157. (*Karteikarte 021415.)

Freud, Sigmund: Briefe an Wilhelm Fließ: 1887-1904. Hg. v. Jeffrey Moussaieff Masson. Bearb. der dt. Fass. v. Michael Schröter. Frankfurt am Main: S. Fischer, 1986.*

– /Zweig, Arnold: Briefwechsel. Hg. v. Ernst L. Freud, Frankfurt am Main: S. Fischer, 1969.*

– Die Traumdeutung. Frankfurt am Main: S. Fischer, 1979.*

– Neue Folge der Vorlesungen zur Einführung in die Psychoanalyse. Frankfurt am Main: S. Fischer, 1940 (Gesammelte Werke. Bd. 15.)

– Vorlesungen zur Einführung in die Psychoanalyse. Frankfurt am Main: S. Fischer, 1940. (Gesammelte Werke. Bd. 11.)

– Werke aus den Jahren 1925-1931, Frankfurt am Main: S. Fischer, 1940. (Gesammelte Werke. Bd. 14.)

Die Goldpreisexplosion ist nur die Spitze des Eisbergs. [Anzeige eines Börseninformationsdienstes]. In: Frankfurter Allgemeine Zeitung, Sept. 1979. (*Karteikarte 020593.)

Gicklhorn, Josef und Renée: Freuds akademische Laufbahn im Lichte der Dokumente. Wien, Innsbruck: Urban und Schwarzenberg, 1960.

Goethe, Johann Wolfgang: Briefe der Jahre 1764-1786. Zürich: Artemis, 1951. (Gedenkausgabe der Werke, Briefe und Gespräche. Bd. 18.)*

– Briefe der Jahre 1814-1832. Zürich: Artemis, 1951. (Gedenkausgabe der Werke, Briefe und Gespräche. Bd. 21.)*

– Gespräche. Erster Teil. Zürich: Artemis, 1949. (Gedenkausgabe der Werke, Briefe und Gespräche. Bd. 22.)*

– Naturwissenschaftliche Schriften. Erster Teil. Zürich: Artemis, 1949 (Gedenkausgabe der Werke, Briefe und Gespräche. Bd. 16.)*

Gomperz, Theodor: Distichen. In: Essays und Erinnerungen. Stuttgart: Deutsche Verlags-Anstalt, 1905, S. 226-227.

– Der Zionismus. In: Essays und Erinnerungen. Stuttgart: Deutsche Verlags-Anstalt, 1905, S. 196-199.

Harder, Richard: Quelle oder Tradition? In: Les sources de Plotin.

Dix exposés et discussions par E.R. Dodds, Willy Theiler et al. Vandœuvres-Genève 21-29 août 1957. Fondation Hardt: Genève, 1960, S.327-339. (Entretiens sur l'Antiquité Classique 5.)

Heidegger, Martin: Die Grundprobleme der Phänomenologie. Frankfurt am Main: Klostermann, 1975. (Gesamtausgabe. Bd. 24.)*

– Holzwege. Frankfurt am Main: Klostermann, 1950.*

– Prolegomena zur Geschichte des Zeitbegriffs. Frankfurt am Main: Klostermann, 1979. (Gesamtausgabe. Bd. 20.)*

– Sein und Zeit. Erste Hälfte. Halle an der Saale: Niemeyer, 1941.*

Heraclitus. The cosmic fragments. A Critical Study. With Introduction, Text and Translation by Geoffrey Stephen Kirk. Cambridge: University Press, 1954.

Herder, Johann Gottfried: Auch eine Philosophie der Geschichte zur Bildung der Menschheit. Nachwort v. Hans-Georg Gadamer. Frankfurt am Main: Suhrkamp, 1967.

Hermann Samuel Reimarus (1694-1768): Ein »bekannter Unbekannter« der Aufklärung in Hamburg. Göttingen: Vandenhoeck & Ruprecht, 1973. (*Karteikarte 02147.)

Hermann, Armin: Wolfgang Pauli – das Gewissen der Physik. In: Frankfurter Allgemeine Zeitung, 2. 1. 1980. (*Karteikarte 020615.)

Hessler, Klaus: Brief an einen Freund – den mutmaßlichen Terroristen D. Hamburg: Hoffmann und Campe, 1978. (*Karteikarte 019932.)

Höss, Dieter: (Ja-)panische Ängste. In: Frankfurter Rundschau, 1. 11. 1980. (*Karteikarte o. Nr.)

Horatius: Epistula ad Pisones [De Arte Poetica]. In: Briefe. Erklärt v. Adolf Kiessling, bearb. v. Richard Heinze. Dublin/Zürich: Weidmann, 1968.

– Oden und Epoden. Erklärt v. Adolf Kiessling, besorgt v. Richard Heinze. Dublin, Zürich: Weidmann, 1968.

Husserl, Edmund: Analysen zur passiven Synthesis. Aus Vorlesungs- und Forschungsmanuskripten 1918-1926. Hg. v. Margot Fleischer. Den Haag: Martinus Nijhoff, 1966. (Gesammelte Werke. Bd. XI.)*

– Cartesianische Meditationen und Pariser Vorträge. Hg. v. Stephan Strasser. Den Haag: Martinus Nijhoff, 1950. (Gesammelte Werke. Bd. I.)*
– Formale und transzendentale Logik. Versuch einer Kritik der logischen Vernunft. Mit ergänzenden Texten. Hg. v. Paul Janssen. Den Haag: Martinus Nijhoff, 1974. (Gesammelte Werke. Bd. XVII.)*
– Die Idee der Phänomenologie. Fünf Vorlesungen. Hg. v. Walter Biemel. Den Haag: Martinus Nijhoff, 1950. (Gesammelte Werke. Bd. II.)*
– Ideen zu einer reinen Phänomenologie und phänomenologischen Philosophie. Hg. v. Walter Biemel. Den Haag: Martinus Nijhoff, 1950. (Gesammelte Werke. Bd. III.)*
– Logische Untersuchungen. Erster Band: Prolegomena zur reinen Logik. Hg. v. Elmar Holenstein. Den Haag: Martinus Nijhoff, 1975. (Gesammelte Werke. Bd. XVIII.)*
– Logische Untersuchungen. Zweiter Band: Untersuchungen zur Phänomenologie und Theorie der Erkenntnis. Hg. v. Ursula Panzer. Den Haag: Martinus Nijhoff, 1984. (Gesammelte Werke, Bände XIX.1, XIX.2.)*
– Vorlesungen zur Phänomenologie des inneren Zeitbewusstseins. Hg. v. Martin Heidegger. In: Jahrbuch für Philosophie und phänomenologische Forschung. Bd. 9. Halle an der Saale 1928, S. 367-498.
– Zur Phänomenologie des inneren Zeitbewusstseins (1893-1917). Hg. v. Rudolf Boehm. Den Haag: Martinus Nijhoff, 1966. (Gesammelte Werke. Bd. X.)*
– Zur Phänomenologie der Intersubjektivität. Texte aus dem Nachlaß. Erster Teil: 1905-1920. Hg. v. Iso Kern. Den Haag: Martinus Nijhoff, 1973. (Gesammelte Werke. Bd. XIII.)*
– Zur Phänomenologie der Intersubjektivität. Texte aus dem Nachlaß. Dritter Teil: 1929-1935. Hg. v. Iso Kern. Den Haag: Martinus Nijhoff, 1973. (Gesammelte Werke, Bd. XV.)*
Jonas, Hans: Philosophical Essays: From Ancient Creed to Technological Man. Englewood Cliffs, New Jersey: Prentice-Hall, 1974.*

Jonas, Hans: Das Prinzip Verantwortung. Versuch einer Ethik für die technologische Zivilisation. Frankfurt am Main: Insel, 1979.*

Jones, Ernest: Das Leben und Werk von Sigmund Freud. Bern u. a.: Huber, 1960. (*Karteikarte o. Nr.)

Jünger; Ernst: Strahlungen. Tübingen: Heliopolis, 1949.*

Kant, Immanuel: Kritik der reinen Vernunft (1. Aufl. 1781). Prolegomena. Grundlegung zur Metaphysik der Sitten. Metaphysische Anfangsgründe der Naturwissenschaft. Berlin: Reimer, 1911. (Kant's gesammelte Schriften. Bd. IV.)

– Kritik der reinen Vernunft. (2. Aufl. 1787). Berlin: Reimer, 1911. (Kant's gesammelte Schriften. Bd. III.)

– Der Streit der Fakultäten, Anthropologie in pragmatischer Hinsicht. Berlin: Reimer, 1917. (Kant's gesammelte Schriften. Bd. VII.)

– Vorkritische Schriften I. 1747-1756. Berlin: Reimer, 1910. (Kant's gesammelte Schriften. Bd. I.)

Kissinger, Henry A.: Memoiren. Bd. 1. München: Bertelsmann, 1979. (*Karteikarte 021413.)

Koselleck, Reinhard; Gadamer, Hans-Georg: Hermeneutik und Historik. Heidelberg: Winter, 1987. (Sitzungsbericht der Heidelberger Akademie der Wissenschaften, Philosophisch-Historische Klasse, Jg. 1987, Bericht 1.)

Mach, Ernst: Die Analyse der Empfindungen und das Verhältnis des Physischen zum Psychischen. Jena: S. Fischer, 1911.

– Die Geschichte und die Wurzel des Satzes von der Erhaltung der Arbeit. Prag: Calve, 1872.

– Die Gestalten der Flüssigkeit. In: Populärwissenschaftliche Vorlesungen. Leipzig: Johann Ambrosius Barth, 4. verm. und durchges. Aufl. 1910, S. 1-16.

– Die ökonomische Natur der physikalischen Forschung. In: Populärwissenschaftliche Vorlesungen. Leipzig: Johann Ambrosius Barth, 4. verm. und durchges. Aufl. 1910, S. 217-244.

– Über Umbildung und Anpassung im naturwissenschaftlichen Denken. In: Populärwissenschaftliche Vorlesungen. Leipzig: Jo-

hann Ambrosius Barth, 4. verm. Aufl. 1910, S. 245-265.
Lichtenberg, Georg Christoph: Vermischte Schriften. Hg. v. Ludwig Christian Lichtenberg und Friedrich Kries. Bd. 1. Göttingen: Johann Christian Dieterich, 1800.
Luther, Martin: Disputatio de homine. In: Werke. Kritische Gesamtausgabe. Bd. 39, Abt. 1. Weimar: Böhlau, 1964.
Mauz, Gerhard: Gewinnsucht wurde nicht bewiesen. Spiegel-Reporter Gerhard Mauz im Prozeß gegen den Waffenhändler Bührle in Lausanne. In: Der Spiegel, Nr. 49, 30. 11. 1970, S. 144-145. (*Karteikarte 024246.)
Merleau-Ponty, Maurice: Vorlesungen I. Aus dem Franz. übers. und eingef. durch ein Vorwort v. Alexandre Métraux. Berlin, New York: Walter de Gruyter, 1973.*
Nansen, Fridtjof: In Nacht und Eis. Die Norwegische Polarexpedition 1893-1896. Leipzig: Brockhaus, 1897 (2 Bände).
Paul Natorp: Einleitung in die Psychologie nach kritischer Methode. Freiburg im Breisgau: Mohr, 1888.
– Allgemeine Psychologie nach kritischer Methode. Freiburg im Breisgau: Mohr, 1912.
Nietzsche, Friedrich: Die fröhliche Wissenschaft. In: Gesammelte Werke. Bd. 12. Hg. v. Richard und Max Oehler und Friedrich Würzbach. München: Musarion, 1924.
– Menschliches, Allzumenschliches. Ein Buch für freie Geister. Zweiter Band. Aus der Zeit des Menschlichen, Allzumenschlichen. München: Musarion, 1923. (Gesammelte Werke. Bd. IX.)*
Nin, Anaïs: Die Tagebücher. Bd. IV: 1944-1947. Hg. v. Gunther Stuhlmann. Aus dem Amerikan. übertr. v. Manfred Ohl und Hans Sartorius, Frankfurt am Main: S. Fischer, 1980.
Nolte, Ernst: Was ist bürgerlich? In: Frankfurter Allgemeine Zeitung, 24. 6. 1978. (*Karteikarte 019542.)
Otto, Walter Friedrich: Die Musen und der göttliche Ursprung des Singens und Sagens. Darmstadt: Wissenschaftliche Buchgemeinschaft, 1954.

Palagyi, Melchior: Naturphilosophische Vorlesungen über die Grundprobleme des Bewußtseins und des Lebens. Zweite, wenig veränderte Aufl. Leipzig: Johann Abrosius Barth, 1924.

Pauli, Wolfgang: Wissenschaftlicher Briefwechsel mit Bohr, Einstein, Heisenberg u. a. Bd. 1: 1919-1929. Berlin u. a.: Springer, 1979.

Pfister, Kurt: Söhne großer Männer. München: Hugendubel, 1941.

Picht, Georg: Die Macht des Denkens. In: Erinnerung an Martin Heidegger. Hrsg. v. Günther Neske. Pfullingen: Neske, 1977, S. 197-205.

Pongratz, Ludwig J.: Problemgeschichte der Psychologie. Bern u. a.: Francke, 1967. (*Karteikarte o. Nr.)

Porphyry: The cave of the nymphs in the Odyssey. A revised text with translation by Seminar Classics 609. State University of New York at Buffalo, 1969.

Raddatz, Fritz J.: Menschen – soziale Einwegflaschen? Zum Kursbuch 54 »Jugend«. In: Die Zeit, Nr. 4, 19. 1. 1979. (*Karteikarte 020029.)

Reifenberg, Jan: [Bericht aus Washington]. In: Frankfurter Allgemeine Zeitung, 19. 1. 1974. (*Karteikarte 16510.)

Reimarus, Hermann Samuel: Vernunftlehre. Nachdr. der 1. Aufl. v. 1756 mit fortlaufenden Hinweisen auf die Parallelen der 3. Aufl. v. 1766. Hg. v. Frieder Lötzsch. München: Hanser, 1979. (Gesammelte Schriften. Bd. 1.)

– Vernunftlehre. Nachdr. der 3. Aufl. v. 1766 mit fortlaufenden Hinweisen auf die Parallelen der 2. und 4. Aufl. Hg. v. Friedrich Lötzsch. München: Hanser, 1979. (Gesammelte Schriften. Bd. 3.)

Riesenkamp, Die Frau als Freiwild. In: Die Zeit, Nr. 40, 28. 9. 1979, S. 67. (*Karteikarte 020596.)

Rühmkorf, Peter: Freiheit und Unfreiheit des freien Schriftstellers. Rede bei der Entgegennahme des Alexander Zinn-Preises der Freien und Hansestadt Hamburg. In: Die Zeit, Nr. 1, 28. 12. 1979. (*Karteikarte 020612.)

Scheler, Max: Versuche einer Philosophie des Lebens. In: Vom Um-

sturz der Werte. Der Abhandlungen und Aufsätze zweite durchgesehene Aufl. Leipzig: Der neue Geist, 1919, Bd. 2, S. 141-190.*
– Der Formalismus in der Ethik und die materiale Wertethik. Vierte, durchgesehene Aufl. Hg. v. Maria Scheler. Bern, München: Francke, 1954. (Gesammelte Werke. Bd. 2.)
Schelling, Friedrich Wilhelm Joseph: Philosophie der Mythologie. Bd. 1: Einleitung in die Philosophie der Mythologie. Darmstadt: Wissenschaftliche Buchgesellschaft, 1976.
– Von der Weltseele. In: Sämmtliche Werke. Abt. 1. Bd. 2. Stuttgart, Augsburg: Cotta, 1857. (*Kopie im Nachlaß.)
Schleich, Barbara: Wir schreien nicht mehr leise. Gewalt gegen Frauen. In: Die Zeit, Nr. 19, 5. 5. 1978. (*Karteikarte 019309.)
Schopenhauer, Arthur: Der handschriftliche Nachlaß. Bd. 1: Frühe Manuskripte (1804-1818). Hg. v. Arthur Hübscher. Frankfurt am Main: Kramer, 1966.*
– Der handschriftliche Nachlaß. Bd. 2: Kritische Auseinandersetzungen (1808-1818). Hg. v. Arthur Hübscher. Frankfurt am Main: Kramer, 1967.*
– Der handschriftliche Nachlaß. Bd. 3: Berliner Manuskripte 1818-1830. Hg. v. Arthur Hübscher. Frankfurt am Main: Kramer, 1970.*
– Der handschriftliche Nachlaß. Bd. 4,1: Die Manuskriptbücher der Jahre 1830 bis 1852. Hg. v. Arthur Hübscher. Frankfurt am Main: Kramer, 1974.*
– Parerga und Paralipomena. Kleine philosophische Schriften. Darmstadt: Wissenschaftliche Buchgesellschaft, 1963. (Sämtliche Werke. Bände 4 u. 5.)*
– Die Welt als Wille und Vorstellung I. Darmstadt: Wissenschaftliche Buchgesellschaft, 1961. (Sämtliche Werke. Bd. 1.)*
Schuhmann, Karl: Husserl-Chronik. Denk- und Lebensweg Edmund Husserls. Den Haag: Martinus Nijhoff, 1977.
Schur, Max: Sigmund Freud. Leben und Sterben. Frankfurt am Main: Suhrkamp, 1973.
Schwerin von Krosigk, Lutz: Staatsbankrott. Die Geschichte der

Finanzpolitik des Deutschen Reiches von 1920 bis 1945, geschrieben vom letzten Reichsfinanzminister. Göttingen: Musterschmidt, 1974.*

Der Senat droht dem Präsidenten (Kampftruppen auf Kuba). In: Frankfurter Allgemeine Zeitung, 8.9.1979, S. 1-2. (*Karteikarte 020608.)

Seneca, Lucius Annaeus: Ad Lucilium epistulae morales. Achilles Beltrami rec. 2 Vol. Romae: Typis Publicae officinae Polygraphicae, 1931.

Sigusch, Volkmar: »Im Unbewußten wirkt der Reiz oft anders.« Bonner Hearing über die Reform des Sexualstrafrechts. In: Der Spiegel, Nr. 49, 30.11.1970, S. 47-54. (*Karteikarte o. Nr.)

Simmel, Georg: Eine Fastenpredigt. Von dem Opfer der Wohlhabenden. In: Frankfurter Zeitung, 18.3.1917. (*Karteikarten 019940 und 019937.)

Sperber, Manès: Die Wasserträger Gottes. All das Vergangene ... Wien: Europaverlag, 1974.

Die Spitze des Eisbergs [Schaubild zur Schwarzarbeit]. In: Frankfurter Allgemeine Zeitung, 15.4.1978. (*Karteikarte 019311.)

Steig hinab, Moses. In: Der Spiegel, Nr. 51, 16.12.1959, S. 61-81.

Stephan, Rainer: Prolegomena zu einer Rechtfertigung des Fatalismus. In: Neue Rundschau 92, 1981, S. 116-129.

Syberberg, Hans Jürgen: [Über den Film »Winifred Wagner und die Geschichte des Hauses Wahnfried«] In: Zeit-Magazin, 25.7.1975. (*Karteikarte 018989.)

Tavor, Moshe: [Bericht aus Jerusalem]. In: Frankfurter Allgemeine Zeitung, 19.1.1974. (*Karteikarte 16510.)

Tersteegen, Wolfgang: [Über Lüchow-Dannenberg und Gorleben]. In: Frankfurter Allgemeine Zeitung, 19.3.1979. (*Karteikarte 020225.)

Thissen, Rolf: Bunte Spitze eines Eisbergs. In: Die Zeit, Nr. 18, 29.4.1979. (*Karteikarte 020218.)

Tipke, Klaus: Steuerrecht. Ein systematischer Grundriß. Köln: O. Schmidt, 1978.

Vico, Giambattista: De Nostri Temporis Studiorum Ratione / Vom

Wesen und Weg der geistigen Bildung. Lat./dt. Ausg. Übertragen v. Walter F. Otto, mit einem Nachw. v. C. Fr. von Weizsäcker und einem erläuternden Anhang v. Fritz Schalk. Godesberg: Küpper, 1947.

Wilamowitz-Moellendorff, Ulrich von: Erinnerungen 1848-1914. Leipzig: Koehler, [1928].

Weizsäcker, Carl Friedrich von: Begegnungen in vier Jahrzehnten. In: Erinnerung an Martin Heidegger. Hg. v. Günther Neske. Pfullingen: Neske, 1977, S. 239-247.

Wolff, Emil: Francis Bacon und seine Quellen. Berlin: Ferber, 1910. (2 Bände.)

Wolff, Karl Friedrich: Voß in seiner Wirksamkeit als Schulmann. In: Briefe von Johann Heinrich Voß nebst erläuternder Beilagen hg. v. Abraham Voß. 3. Bd., 2. Abt. Halberstadt: Brüggemann, 1833, S. 239-293.

Wykes, Alan: Reichsführer SS Himmler, München: Moewig, 1981.

[Arme bzw. Stadtstreicher in Berlin]. In: Frankfurter Allgemeine Zeitung, 26.5.1979. (*Karteikarte 020216.)

[Einfuhr von Textilien aus Niedriglohnländern über die DDR in die BRD]. In: Frankfurter Allgemeine Zeitung, 7.7.1979. (*Karteikarte 020602.)

[Gerichtsreportage über Rauschgifthandel]. In: Frankfurter Allgemeine Zeitung. Stadtausgabe Frankfurt am Main, 29.9.1979. (*Karteikarte 020594.)

[Leserbrief zum Artikel »Studentin ist über Busfahrer empört« vom 23. Mai 1980]. In: Westfälische Nachrichten, 30.5.1980. (*Karteikarte 021081.)

[Leserbrief zum Dossier »Terrorismus«]. In: Die Zeit, Nr. 27, 30.6.1978. (*Karteikarte 019543.)

[Munitionsfund bei der Reparatur einer Boeing 707]. In: Frankfurter Allgemeine Zeitung, 13.12. 1977. (*Karteikarte 018984.)

[Prinz als Waffenhändler]. In: Die Welt, 31.8.1976. (*Karteikarte o. Nr.)

[Prozeß über Zigarettenschmuggel]. In: Frankfurter Allgemeine Zeitung, Rhein-Main-Blatt, 18. 1. 1980. (*Karteikarte 020955.)

Die Herausgeber danken Bettina Blumenberg, Friedhelm Herborth, Ulrich Raulff, Henning Ritter und Manfred Sommer für hilfreiche Hinweise.

Inhalt

Bibliothek Suhrkamp
Verzeichnis der letzten Nummern

1250 Paul Celan, Schneepart
1251 György Dalos, Die Beschneidung
1252 René Depestre, Hadriana in all meinen Träumen
1253 Jurek Becker, Bronsteins Kinder
1255 Cesare Pavese, Der Teufel auf den Hügeln
1256 Hans Magnus Enzensberger, Kiosk
1257 Paul Bowles, Zu fern der Heimat
1258 Adolfo Bioy Casares, Ein schwankender Champion
1259 Anna Maria Jokl, Essenzen
1261 Giuseppe Ungaretti, Das verheißene Land/La terra promessa
1262 Juan Carlos Onetti, Magda
1263 Hans Blumenberg, Schiffbruch mit Zuschauer
1264 Hermann Lenz, Die Augen eines Dieners
1265 Hans Erich Nossack, Um es kurz zu machen
1266 Joseph Brodsky, Haltestelle in der Wüste
1267 Mário de Sá-Carneiro, Lúcios Bekenntnis
1268 Gerhard Meier, Land der Winde
1269 Gershom Scholem, Judaica 6
1270 Rafael Alberti, Der verlorene Hain
1271 Bertolt Brecht, Furcht und Elend des III. Reiches
1272 Thomas Wolfe, Der verlorene Knabe
1273 E. M. Cioran, Leidenschaftlicher Leitfaden
1274 Bertolt Brecht, Flüchtlingsgespräche
1275 Else Lasker-Schüler, In Theben geboren
1276 Samuel Joseph Agnon, Buch der Taten
1277 Volker Braun, Die unvollendete Geschichte und ihr Ende
1279 Yasushi Inoue, Shirobamba
1281 György Konrád, Heimkehr
1282 Peter Bichsel, Der Busant
1284 Carlos Fuentes, Der alte Gringo
1285 Peter Rühmkorf, Lethe mit Schuß
1286 Cees Nooteboom, Der Ritter ist gestorben
1287 Christopher Isherwood, Praterveilchen
1288 Ernst Weiß, Jarmila
1289 Vladimir Nabokov, Pnin
1291 Rainer Maria Rilke, Mitten im Lesen schreib ich Dir
1293 S.J. Agnon, Liebe und Trennung
1295 Inger Christensen, Das Schmetterlingstal
1296 Rosario Castellanos, Die Tugend der Frauen von Comitán
1297 Marcel Proust, Freuden und Tage
1298 Weniamin Kawerin, Vor dem Spiegel
1299 Juan Carlos Onetti, Wenn es nicht mehr wichtig ist
1300 Peter Handke, Drei Versuche
1301 Hans Henny Jahnn, 13 nicht geheure Geschichten
1302 Claude Simon, Die Akazie
1303 Hans Blumenberg, Begriffe in Geschichten

1304 Friederike Mayröcker, Benachbarte Metalle
1305 S. Yishar, Ein arabisches Dorf
1306 Paul Valéry, Leonardo da Vinci
1308 Octavio Paz, Im Lichte Indiens
1309 Gertrud Kolmar, Welten
1310 Alberto Savinio, Tragödie der Kindheit
1311 Zbigniew Herbert, Opfer der Könige
1314 Augusto Roa Bastos, Die Nacht des Admirals
1315 Frank Wedekind, Lulu – Die Büchse der Pandora
1316 Jorge Ibargüengoitia, Abendstunden in der Provinz
1317 Marina Zwetajewa, Ein Abend nicht von dieser Welt
1318 Hans Henny Jahnn, Die Nacht aus Blei
1319 Julio Cortázar, Andrés Favas Tagebuch
1320 Thomas Bernhard, Das Kalkwerk
1321 Marcel Proust, Combray
1322 Ludwig Wittgenstein, Logisch-philosophische Abhandlung
1323 Hermann Lenz, Spiegelhütte
1325 Sigrid Undset, Das glückliche Alter
1326 Botho Strauß, Gedankenfluchten
1328 Paul Nizon, Untertauchen
1330 Sherwood Anderson, Winesburg, Ohio
1331 Derrida / Montaigne, Über die Freundschaft
1332 Günter Grass, Katz und Maus
1333 Gert Ledig, Die Stalinorgel
1335 Heiner Müller, Ende der Handschrift
1337 Konstantinos Kavafis, Gefärbtes Glas
1338 Wolfgang Koeppen, Die Jawang-Gesellschaft
1339 Jorge Semprun, Die Ohnmacht
1341 Hermann Hesse, Der Zauberer
1342 Hermann Broch, Hofmannsthal und seine Zeit
1343 Bertolt Brecht, Kalendergeschichten
1344 Odysseas Elytis, Oxópetra / Westlich der Trauer
1345 Hermann Hesse, Peter Camenzind
1346 Franz Kafka, Strafen
1347 Amos Oz, Sumchi
1348 Stefan Zweig, Schachnovelle
1349 Ivo Andrić, Der verdammte Hof
1350 Rudolf Borchardts Leben von ihm selbst erzählt
1351 André Breton, Nadja
1352 Ted Hughes, Etwas muß bleiben
1353 Arno Schmidt, Das steinerne Herz
1354 José María Arguedas, Diamanten und Feuersteine
1355 Thomas Brasch, Vor den Vätern sterben die Söhne
1356 Federico García Lorca, Zigeunerromanzen
1357 Imre Kertész, Der Spurensucher
1358 István Örkény, Minutennovellen
1360 Giorgio Agamben, Idee der Prosa
1361 Alfredo Bryce Echenique, Ein Frosch in der Wüste
1363 Ted Hughes, Birthday Letters
1364 Ralf Rothmann, Stier

1365 Arno Schmidt, Seelandschaft mit Pocahontas
1366 Bertolt Brecht, Geschichten vom Herrn Keuner
1367 M. Blecher, Aus der unmittelbaren Unwirklichkeit
1368 Joseph Conrad, Ein Lächeln des Glücks
1369 Christoph Hein, Der Ort. Das Jahrhundert
1370 Gertrud Kolmar, Die jüdische Mutter
1371 Hermann Lenz, Vielleicht lebst du weiter im Stein
1372 Ludwig Wittgenstein, Philosophische Untersuchungen
1373 Thomas Brasch, Der schöne 27. September
1374 Péter Esterházy, Die Hilfsverben des Herzens
1375 Stanislaus Joyce, Meines Bruders Hüter
1376 Yasunari Kawabata, Schneeland
1377 Heiner Müller, Germania
1378 Du kamst, Vogel, Herz, im Flug; Spanische Lyrik
1379 Giorgio Agamben, Kindheit und Geschichte
1380 Louis Begley, Lügen in Zeiten des Krieges
1381 Alejo Carpentier, Das Reich von dieser Welt
1382 Nagib Machfus, Das Hausboot am Nil
1383 Guillermo Rosales, Boarding Home
1384 Siegfried Unseld, Briefe an die Autoren
1385 Theodor W. Adorno, Traumprotokolle
1386 Rudolf Borchardt, Jamben
1387 Günter Grass, »Wir leben im Ei«
1389 Hans-Ulrich Treichel, Der Felsen, an dem ich hänge
1388 Palinurus, Das ruhelose Grab
1390 Edward Upward, Reise an die Grenze
1391 Adonis und Dimitri T. Analis, Unter dem Licht der Zeit
1392 Samuel Beckett, Trötentöne/Mirlitonnades
1393 Federico García Lorca, Dichter in New York
1394 Durs Grünbein, Der Misanthrop auf Capri
1395 Ko Un, Die Sterne über dem Land der Väter
1396 Wisława Szymborska, Der Augenblick/Chwila
1397 Brigitte Kronauer, Frau Melanie, Frau Martha und Frau Gertrud
1398 Idea Vilariño, An Liebe
1399 M. Blecher, Vernarbte Herzen
1401 Gert Jonke, Schule der Geläufigkeit
1402 Heiner Müller / Sophokles, Philoktet
1403 Giorgos Seferis, Ionische Reise
1404 Christa Wolf, Nachdenken über Christa T.
1405 Günther Anders, Tagesnotizen
1406 Roberto Arlt, Das böse Spielzeug
1407 Hermann Hesse / Stefan Zweig, Briefwechsel
1408 Franz Kafka, Die Zürauer Aphorismen
1409 Saadat Hassan Manto, Schwarze Notizen
1410 Arno Schmidt, Die Gelehrtenrepublik
1411 Bruno Bayen, Die Verärgerten
1412 Marcel Beyer, Flughunde
1413 Thomas Brasch, Was ich mir wünsche
1414 Reto Hänny, Flug
1415 Zygmunt Haupt, Vorhut

1416 Gerhard Meier, Toteninsel
1417 Gerhard Meier, Borodino
1418 Gerhard Meier, Die Ballade vom Schneien
1419 Raymond Queneau, Stilübungen
1420 Jürgen Becker, Dorfrand mit Tankstelle
1421 Peter Handke, Noch einmal für Thukydides
1422 Georges Hyvernaud, Der Viehwaggon
1423 Dezső Kosztolányi, Lerche
1424 Josep Pla, Das graue Heft
1425 Ernst Wiechert, Der Totenwald
1427 Leonora Carrington, Das Haus der Angst
1428 Rainald Goetz, Irre
1429 A. F. Th. van der Heijden, Treibsand urbar machen
1430 Helmut Heißenbüttel, Über Benjamin
1431 Henri Thomas, Das Vorgebirge
1432 Arno Schmidt, Traumflausn
1433 Walter Benjamin, Träume
1434 M. Blecher, Beleuchtete Höhle
1435 Edmundo Desnoes, Erinnerungen an die Unterentwicklung
1436 Nazim Hikmet, Die Romantiker
1437 Pierre Michon, Rimbaud der Sohn
1438 Franz Tumler, Der Mantel
1439 Munyol Yi, Der Dichter
1440 Ralf Rothmann, Milch und Kohle
1441 Djuna Barnes, Nachtgewächs
1442 Isaiah Berlin, Der Igel und der Fuchs
1443 Frisch, Skizze eines Unglücks / Johnson, Skizze eines Verunglückten
1444 Alfred Kubin, Die andere Seite
1445 Heiner Müller, Traumtexte
1446 Jannis Ritsos, Monovassiá
1447 Volker Braun, Der Stoff zum Leben 1-4
1448 Roland Barthes, Die helle Kammer
1449 Siegfried Kracauer, Straßen in Berlin und anderswo
1450 Hermann Lenz, Neue Zeit
1451 Siegfried Unseld, Reiseberichte
1452 Samuel Beckett, Disjecta
1453 Thomas Bernhard, An der Baumgrenze
1454 Hans Blumenberg, Löwen
1455 Gershom Scholem, Die Geheimnisse der Schöpfung
1456 Georges Hyvernaud, Haut und Knochen
1457 Gabriel Josipovici, Moo Pak
1458 Ernst Meister, Gedichte
1459 Meret Oppenheim, Träume Aufzeichnungen
1460 Alexander Kluge, Gerhard Richter, Dezember
1461 Paul Celan, Gedichte
1462 Felix Hartlaub, Kriegsaufzeichnungen aus Paris
1463 Pierre Michon, Die Grande Beune
1464 Marie NDiaye, Mein Herz in der Enge
1465 Mandelstam, Anna Achmatowa
1467 Walser, Mikrogramme